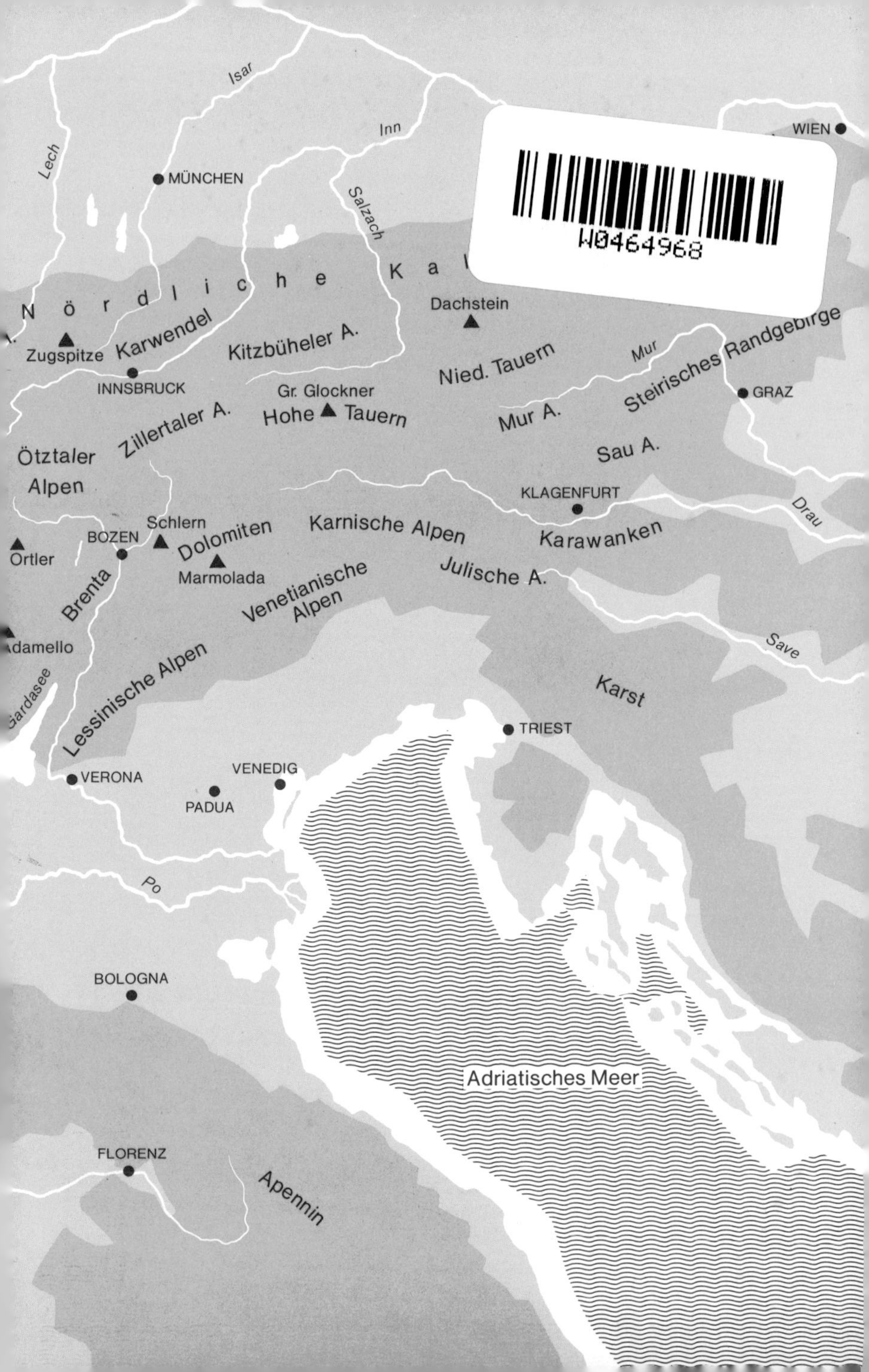
Isar
Inn
Lech
MÜNCHEN
Salzach
WIEN
W0464968
N ö r d l i c h e K a l
Dachstein
Zugspitze
Karwendel
Kitzbüheler A.
INNSBRUCK
Gr. Glockner
Nied. Tauern
Mur
Steirisches Randgebirge
GRAZ
Zillertaler A.
Hohe Tauern
Mur A.
Ötztaler Alpen
Sau A.
KLAGENFURT
Drau
Schlern
BOZEN
Dolomiten
Karnische Alpen
Karawanken
Ortler
Marmolada
Julische A.
Brenta
Venetianische Alpen
Adamello
Save
Gardasee
Lessinische Alpen
Karst
TRIEST
VENEDIG
VERONA
PADUA
Po
BOLOGNA
Adriatisches Meer
FLORENZ
Apennin

Alpenpflanzen Alpentiere

Lisa Bellmann
von Fifi

Thomas Schauer · Claus Caspari

Alpenpflanzen Alpentiere

Über 700 Pflanzen,
Tiere, Steine
und Mineralien farbig abgebildet

Vorwort von Walter Pause

Büchergilde Gutenberg
Frankfurt am Main · Wien · Zürich

Lizenzausgabe mit Genehmigung der
BLV Verlagsgesellschaft mbH, München

Einbandgestaltung: Heinz Richter, Steinheim
Druck: Mandruck München
Bindung: Grimm & Bleicher, München
Printed in Germany 1974 · ISBN 3-7632-1782-7

Inhalt

7 Vorwort von Walter Pause

8 Einleitung

9 Die Pflanzenwelt der Alpen

Die Höhenstufen der Alpen 9
Die Vegetation in der alpinen Stufe und ihre Standorte 13
Zur Geschichte der Alpenpflanzen 16
Erklärung der Abkürzungen und der botanischen Fachausdrücke 18
Familienmerkmale der abgebildeten Arten 23
Übersicht der Gattungen und die Familienzugehörigkeit der abgebildeten Blütenpflanzen 27
Weiterführende Literatur 29

Bildteil der Pflanzen 30
- Die Waldstufen der Alpen 30
- Pflanzen der Kalkfelsspalten 36
- Pflanzen der Silikatfelsspalten 42
- Pflanzen auf Kalkschieferschutt 46
- Pflanzen auf Kalkschutt 48
- Pflanzen auf Silikatschutt und Moränen 56
- Pflanzen der Schneeböden auf Kalk 60
- Pflanzen der Schneeböden auf Silikat 64
- Pflanzen der Quellfluren und Alpenmoore 66
- Pflanzen der Polsterseggenrasen 70
- Pflanzen der Blaugras-Horstseggenrasen 80
- Pflanzen der Rostseggenrasen 90
- Pflanzen der Violettschwingelrasen 96
- Pflanzen der Alpenfettweiden 98
- Pflanzen der Borstgrasrasen 100
- Pflanzen der Krummseggenrasen 104
- Pflanzen der Silikatmagerrasen der inneralpinen Trockentäler 112
- Pflanzen montaner und subalpiner Wiesen und steiniger Hänge der Süd-Alpen 114
- Pflanzen der Buntschwingelrasen 116
- Pflanzen der Nacktriedrasen 118
- Pflanzen der Alpenazaleen-Windheide 122
- Pflanzen der Krummholz- und Zwergstrauchstufe auf Kalk 124
- Pflanzen der Krummholz- und Zwergstrauchstufe auf Silikat 126
- Pflanzen der Hochstaudenfluren 128

133 Die Tierwelt der Alpen

Einführung 133
Weiterführende Literatur 150
Bildteil der Tiere 152
Schnecken und Muscheln 152
Gliederfüßer 156
Fische 184
Lurche 188
Kriechtiere 192
Vögel 194
Säugetiere 204

210 Geologie und Mineralogie der Alpen

Mineral und Gestein 210
Geologische Karte der Alpen 212
Bildteil der Mineralien und Steine 214
Die Vorgänge in der festen Erdkruste 223
Erdgeschichte 224
Der Bau der Alpen 226
Gesteine und Mineralien der Alpen 231
Weiterführende Literatur 238

242 Register

Bergsteigen als Abenteuer

In unserem Hochgebirge der Alpen schmilzt das Pathos des Schönen und Erhabenen aus vielen Einzelerscheinungen zusammen: Höhe und Formen der Berge, die Polarweite der Gletscherbecken, das Feuer der Bergblumen in der höchsten Kampfzone, die Stille in den abgelegenen Hochkaren, die bunte Struktur im metallisch harten Granitfels des urweltlichen Chaos und das verzweifelte Selbstbehaupten der letzten Pflanze, das ebenso oft Absterben wie Überleben in kräftigeren Schäften und leuchtenderen Farben bedeuten kann — all dies besteht als Pathos, ist Abenteuer, ist großes Welttheater. Ich schreibe diese Sätze unterhalb von Saas-Fee, wo mich die Eispyramiden von Lenzspitze, Nadelhorn, Allalinhorn und Täschhorn blenden. Ein Aufstieg ins Almageller Hochtal erfüllt mich dort mit tiefer Freude: wenn ich jene steilen Granitrampen durchsteige, über die mehrfach im Jahr Schneelawinen donnern, auf denen aber heute viele kleine magere Lärchen ihre Taufe durch die Höhensonne empfangen, und wenn ich die weißen Baumleichen sehe, um endlich die letzte Vorhut zu erreichen —, dann frage ich, warum dies nicht alle Besucher dieses malträtierten Hochtales sehen? Können hier Bergbücher helfen? Müßten sie nicht Abertausenden die Sinne öffnen? Müßte man die Banalisierung des alpinen Wanderbetriebes nicht durch erstklassige Bergbücher aufhalten?
Ich begrüße in diesem Sinne das hier vorliegende neue Werk über Alpenpflanzen und Alpentiere. Was sich bescheiden als Bestimmungsbuch gibt, ist in Wahrheit ein klassisches alpines Bildungsinstrument. Und sind es nur 700 Pflanzen, Tiere, Steine und Mineralien von vielleicht Tausenden, so stellen sie sich in beglückend naturgetreu gemalten Bildern und in zuverlässigen botanischen Texten vor, dazu in moderner, gut überschaubarer und lesbarer Form. Mit diesem Handbuch gehen wir künftig als Wissende zwischen zehntausend Ahnungslosen. Und aus zufälligen Blicken abseits des Steiges werden immer öfter und gewisser Einblicke in das innerste Wesen des Hochgebirges. Aus Gehen und Steigen wird Schauen und Beobachten. Dann ist man Bergsteiger »comme il faut« geworden.
Ein Geständnis: meine über 50jährige Existenz als Bergbummler, Bergsteiger und Skifahrer hat mir selten die Beschaulichkeit gegönnt, die Bergblumen und Bergtiere verlangen dürfen. Mein Leben verlief im Laufschritt. So kenne ich wohl Zwergheide, Alpenrose und Zwergröserl, Heidelbeere und Moosbeere, Erika, Alpenrebe, Aurikel, Edelweiß und blaue Kugelblume, ich kenne Gams, Murmeltier, Schneehuhn und Schneehase, Dachln, Bussard und Sperber, Feuersalamander und Landmolch. Alles habe ich mit Augen und Herz gesehen — aber all dies ist ein beschämendes Nichts. Man müßte das Zehnfache wissen, genießen können. Hätte mir nicht öfters meine Frau mit ihrer geduldigen Naturliebe und ihrem aufmerksam gesammelten Wissen ausgeholfen, dann wäre ich allzu oft zwischen den Nichtswissern gestanden, den Blinden und Stummen. Dabei habe ich lebenslang gewußt, wieviel ein stiller Gang mit fünf Sinnen einbringt. Ich habe immer Goethes klassische Formel im Ohr gehabt, »daß jedem Wanderer mit dem Rhythmus des gelassenen Ausschreitens immer auch der Rhythmus guter Gedanken ankomme«. Diese so erstaunlich einfache Weisheit rührt an einen Urquell von Besonnenheit und geistigem Wachstum. Das Lesen bekömmlicher Bücher gehört dazu. *Walter Pause*

Einleitung

Die gewaltigen Höhenzüge der Alpen beherbergen vom Tal bis zu den Gipfeln der Berge eine überwältigend große Pflanzen- und Tierwelt. Bei den Pflanzen ist es in ihrer überreichen Fülle kaum möglich, im Rahmen eines Buches die wichtigsten Arten darzustellen und zu beschreiben; zu ihnen gehören auch jene Gräser und Pflanzenarten, die der Bergwanderer vielleicht in einem Tal oder Gebirgszug in besonders reicher Individuenzahl findet, die im übrigen Alpengebiet aber oft schon selten anzutreffen sind. Deshalb wurde nicht eine bestimmte Anzahl von Alpenpflanzen, in systematischer Anordnung nach Familien und Gattungen aufgereiht, vorgestellt, sondern versucht, vor allem solche Pflanzen in einer oder mehreren aufeinanderfolgenden Tafeln zu gruppieren, die in den Alpen immer wiederkehrende Lebensräume oder Standorte, vorwiegend der alpinen Stufe, charakterisieren wie z. B. Schuttkare, Felsspalten, Schneeböden oder Quellfluren. Die Arten sind also nach ihren natürlichen Pflanzengesellschaften geordnet, worunter man Pflanzenbestände von gleichartiger oder ähnlicher floristischer Zusammensetzung unter mehr oder weniger gleichartigen Standortsbedingungen versteht. Auf diese Weise lernt man nicht nur die Einzelpflanze, sondern auch den Standort, die Geschichte seiner Entstehung und seiner möglichen Weiterentwicklung kennen.
Jeder Standort unterliegt bestimmten Gesetzmäßigkeiten in der Besiedlung, der Bodenbildung, der Entwicklung der Pflanzengesellschaften usw. Aber diese Gesetzmäßigkeiten sind nicht starr, sondern flexibel, variabel. Auch der Zufall spielt oft eine gewisse Rolle und läßt an Stellen Arten wachsen, die dort nach den Regeln der Wissenschaft gar nicht wachsen dürften. Außerdem leben viele Charakterarten extremer Standorte in der alpinen Stufe — etwa mit extrem langer Schneebedeckung, extrem großen Temperaturunterschieden oder extremer Trockenheit — unter diesen Bedingungen, aber nicht, weil sie ihnen besonders zusagen, sondern nur deshalb, weil sie sich dort ohne Konkurrenten behaupten können. Um die Vielfalt der Gesetzmäßigkeiten und der Variabilität zu erfassen, ist man gezwungen zu vergleichen und zu beobachten. — Zur Beobachtung anzuregen ist Ziel des Buches.
Das gleiche gilt für die Tierwelt und ebenso für die Welt der Gesteine und Mineralien, die zwar leblos ist, aber eine bewegte Geschichte hat, die den Grundstock liefert, worauf die gesamte Pflanzen- und Tierwelt lebt.
Bei der Beschreibung der Tierwelt bestand aus technischen Gründen keine andere Möglichkeit, als jede Tiergruppe für sich gesondert zu bringen, denn die Zahl und Größe der darzustellenden Arten bei den einzelnen Gruppen schwankt enorm. So werden z. B. von den Insekten etwa 160, von den Vögeln etwa 30 und von den Fischen nur 9 Arten aufgeführt. Berücksichtigt wurden vor allem die Tierarten, die in der alpinen und subalpinen Stufe heimisch sind; sie können außerdem aber auch noch tiefer, in geringeren Meereshöhen vorkommen.
Jede Tiergruppe und der geologische Teil haben einen eigenen Bearbeiter mit eigenem Stil und Vorstellungen, wodurch das Buch den Vorteil sachkundiger Bearbeitung durch bekannte Fachwissenschaftler hat.

Thomas Schauer

Die Pflanzenwelt der Alpen

Die Höhenstufen der Alpen

Jedem Bergsteiger ist die ständige Veränderung der Vegetation und des Landschaftsbildes beim Aufstieg auf einen 3- oder 4000er vertraut: anfangs düstere, schattige Schluchtwälder, dann lichtere Bergwälder, baumlose Matten, spärlich bewachsene Schuttkare, Schrofen und Felsen und zuletzt Firn- und Gletscherfelder. Um in der Ebene eine ähnliche Veränderung der natürlichen Vegetation zu erleben, müßte man eine Wanderung von Süden nach Norden, etwa vom 45. bis zum 80. Breitengrad unternehmen, das sind rund 4000 km. Eine ähnliche Wanderung macht man innerhalb von 1 oder 2 Tagen, wenn man die einzelnen Höhenstufen der Alpen durchwandert.

Die unterste Stufe bezeichnet man als die **kolline Stufe (Hügelstufe).** Sie reicht in den N-Alpen bis etwa 700 m, in den Zentral-Alpen und den S-Alpen bis 800—900 m. Kennzeichnend sind Laub- und Mischwälder und in den Trockengebieten Föhrenwälder, soweit die Flächen nicht verbaut, landwirtschaftlich genutzt (Obst-, Wein-, Ackerbau oder Milchwirtschaft) oder in forstliche Monokulturen umgewandelt sind. Die Vegetationszeit dauert über 250 Tage.

Die nächsthöhere Stufe ist die **montane Stufe (Bergwaldstufe).** Sie reicht in den N-Alpen bis etwa über 1300 m, in den Zentral-Alpen bis 1300 oder 1500 m, in den S-Alpen bis 1500 oder 1700 m hinauf. Charakteristisch sind in den randlichen Ketten Bergmischwälder, in den Zentral-Alpen Fichten-, Lärchen- und Föhrenwälder. Die landwirtschaftliche Nutzung ist in der Bergstufe noch sehr stark. Die Vegetationszeit dauert über 200 Tage.

Darüber schließt sich die **subalpine Stufe (Gebirgsstufe)** an. Sie reicht in den N-Alpen bis 1700 oder 1900 m, in den Zentral-Alpen bis 1900, häufig, bis 2400 m, in den S-Alpen bis 1800 oder 2000 m. Charakteristisch sind in den N-Alpen Fichtenwälder und in den Zentral-Alpen Zirben-Lärchenwälder. Almwirtschaft wird und wurde auf dieser Stufe stark betrieben und an vielen Stellen in den vergangenen Jahrhunderten die Waldgrenze um 200—500 m herabgedrückt, um Weideflächen zu gewinnen. Die Vegetationszeit dauert 100—200 Tage.

Am Übergang zur nächsthöheren (alpinen) Stufe schließt sich ein Zwergstrauchgürtel aus Latsche, Grünerle, Alpenrose und Wacholder an.

Die **alpine Stufe (Hochgebirgsstufe)** umfaßt die Matten- und Felsregion oberhalb der Baumgrenze bis zu den Eis- und Firnfeldern der höchsten Gipfeln. Die Vegetationszeit dauert etwa 70—100 Tage.

Oft wird noch die Region oberhalb der klimatischen Schneegrenze (sie schwankt zwischen 2500 und 3200 m) als **nivale Stufe** abgetrennt; das ist die Grenze, bei der der Schnee auf horizontaler Fläche im Sommer nicht schmilzt.

Die Wälder in den verschiedenen Höhenstufen der Alpen

Da in diesem Buch hauptsächlich die alpinen Pflanzen, also die Arten über der Waldgrenze, die den Bergsteiger besonders interessieren, berücksichtigt sind, sollen auch die auffälligsten Vertreter der Waldregion, die Bäume und deren Verbreitung gezeigt werden. Fichte, Tanne, Zirbe, Föhre, Lärche, Buche, Ahorn — um nur die wichtigsten Arten zu nennen — sind nicht regellos über das Alpengebiet, das eine Ost-Westerstreckung von etwa 1000 km, und eine Nord-Südstreckung von etwa 200 km hat, verteilt. Je nach den Klimabedingungen, der Meereshöhe und der geographischen Lage treten stets nur einige Baumarten vorherrschend auf, die jedoch dort, wo ihnen die Bedingungen nicht zusagen, fehlen. Für die montane Stufe der N-Alpen sind z. B. Tannen- und Buchenwälder, für die subalpine Stufe der Zentral-Alpen Zirben-Lärchenwälder charakteristisch. Seite 12 bringt in einer stark schematisierten Darstellung die für die jeweilige Höhenstufe charakteristischen Wälder oder Bäume, und zwar für die nördlichen, zentralen und südlichen Alpenketten getrennt, weil eine generalisierende Höhenstufeneinteilung für den gesamten Alpenraum unmöglich ist. Bei der Betrachtung der Waldstufen fällt auf, daß in den Zentral-Alpen die Laubbäume zugunsten der Nadelhölzer stark zurückgehen oder ganz fehlen, und daß die einzelnen Stufen und die Waldgrenze höher hinaufsteigen als in den randlichen Ketten. In Zusammenhang damit werden die höheren Massenerhebungen der zentralen Ketten und die Kontinentalität des Klimas in den Inner-Alpen gebracht.

Das Klima der N-, S- und Zentral-Alpen ist recht unterschiedlich; es bestimmt weitgehend die Waldformen. In den nördlichen und südlichen Ketten herrscht ein ozeanisches Klima mit insgesamt hohen Niederschlägen (bis zu 3000 mm im Jahr) und relativ milden, schneereichen Wintern, das von Laubmischwäldern mit hohem Buchenanteil bevorzugt wird. In den Zentral- oder Inner-Alpen herrscht ein kontinentales Klima mit geringeren Niederschlägen (in den inneralpinen Trockentälern nur 400—700 mm im Jahr) und vor allem sehr tiefe Wintertemperaturen, d. h. in einem Gebiet mit kontinentalem Charakter sind die mittleren, jährlichen Temperaturschwankungen viel größer als in einem ozeanisch getönten. Niederschlagsarmut und vor allem winterliche Kälte lassen in den Zentral-Alpen nur Nadelhölzer hochkommen.

Die am höchsten hinaufsteigenden Wälder sind in den Gebieten der Zentral-Alpen mit den großen Massenerhebungen. Die Ursachen, die bei solchen größeren Massenerhebungen die Waldgrenze hinaufsteigen lassen, konnten noch nicht befriedigend festgestellt werden. Eine Erklärung ist die größere Sonnenscheindauer in dem wolkenärmeren Kontinentalklima der Zentral-Alpen. Diese bewirkt im Sommer eine stärkere Erwärmung als es bei gleicher Meereshöhe in den feuchteren Randketten der Fall ist. Andererseits setzen langandauernde tiefe Wintertemperaturen in den Hochlagen auch der Existenz der frostresistenten Nadelhölzer bald ein Ende.

Für einen noch möglichen Baumwuchs in den Alpen scheinen vor allem folgende klimatische Bedingungen wichtig zu sein: ausreichend lange Vegetationszeit und sommerliche Wärme, damit die neuen Jahrestriebe und deren Nadeln ausreifen können, und damit der Baum genügend Reservestoffe anreichern kann; ferner keine allzu lang andauernde, tiefe Schneedecke und eine nicht zu strenge Winterkälte, die den Boden nur so tief frieren läßt, daß die tiefreichenden Wurzeln noch Wasser entnehmen können und der Baum nicht an Frosttrockenheit eingehen muß. Untersuchungen an den Nadeln der Zirbe nahe der Waldgrenze haben gezeigt, daß der Wassergehalt der Nadeln im Winter dem tödlichen Minimum recht nahe kommt. Andererseits ist die Zirbe besonders frostresistent, denn ihre Nadeln ertragen im Winter Temperaturen bis unter —40° (im Sommer dagegen sind die Nadeln nicht an tiefe Temperaturen angepaßt und leiden bereits bei —8°).

Selbstverständlich hört der Baumwuchs an der klimatischen Wald- oder Baumgrenze nicht schlagartig ab einer bestimmten Höhenlinie auf, sondern der Wald löst sich in Einzelgruppen auf, die Bäume werden kleiner und krüppelig, bis weiter höher nur noch einzelne zwerghafte Wetterbäume als letzte Posten des Waldes vorkommen. Man unterscheidet daher zwischen einer Waldgrenze, der Linie des geschlossenen Waldes, und einer Baumgrenze, die um 200, manchmal sogar um 500 m höher sein kann.

Diese Höhendifferenz zwischen Wald- und Baumgrenze, die nach Untersuchungen in anderen, von Menschen kaum bewohnten Gebirgen nicht vorkommt, ist auf die jahrhundertelange Tätigkeit des Menschen zurückzuführen. Holzentnahme und Weidebetrieb ließen in einem ehemals geschlossenen Wald nur noch einzelne Bäume übrig. Der an den subalpinen Wald angrenzende Zwergstrauchgürtel aus überwiegend Ericaceen der Gattungen *Rhododendron* und *Vaccinium,* der im unteren Teil noch krüppelhafte Einzelbäume hat, wird von manchen Forschern als der Rest eines ehemaligen Waldes betrachtet, dessen Grenzen durch Klimaveränderungen und später zusätzlich durch den Menschen herabgesenkt wurde.

In den östlichen Teilen der zentralen Ketten (z. B. in den Tauern), die um so ozeanischer werden, je weiter man nach Osten kommt, ist ein breiter Ericaceengürtel vorhanden, von dem man annimmt, daß er in der nacheiszeitlichen Wärmezeit mit Wald bestockt gewesen ist. Das darauf folgende feuchtere und kühlere Klima senkte die Waldgrenze; zurückblieb als ehemaliger Unterwuchs der Ericaceengürtel.

In den kontinentaleren Teilen der westlichen Zentral-Alpen ist der Ericaceengürtel auf Nordhänge beschränkt und höchstens als schmaler Streifen ausgebildet. Meistens folgt auf die Waldgrenze, soweit diese nicht durch Rodung herabgedrückt wurde, die Mattenregion. Die Streitfrage, ob der Zwergstrauchgürtel, der heute am Übergang zwischen Wald- und Mattenregion steht, zur subalpinen oder zur alpinen Stufe zu rechnen ist, erscheint hier unwichtig.

Es ist bekannt, daß in Mitteleuropa das Flach- und Hügelland einst zum größten Teil mit Wald bedeckt war, der durch den Menschen entfernt oder stark verändert wurde. Die Wälder (und auch die übrige Vegetation) der Alpen werden oft für ursprünglich und kaum als verändert betrachtet. Dies trifft jedoch nicht zu. Selbst in den höheren Lagen machte sich der Einfluß des Menschen stark bemerkbar; die Herabsenkung der Waldgrenze um 300 m und mehr wurde schon angedeutet.

Die meisten Almwiesen in der subalpinen Stufe und tiefer (etwa unter 1800 m) sind, so schön und erhaltenswert sie auch sein mögen, nicht ursprünglich und natürlich. Der menschliche Einfluß hat vor allem die Wälder in der montanen Stufe stark betroffen. So wurde und wird die Fichte aus rein forstwirtschaftlichen Gründen stark gefördert, so daß oft Fichtenkulturen mit verarmter Pflanzen- und Tierwelt und ohne die anhaltende Schutzfunktion der Mischwälder die Hänge überziehen.

In den Zentral-Alpen wurde die Lärche oft übermäßig gefördert, denn in den lichten Lärchenwäldern ist neben der Holzwirtschaft auch gleichzeitig noch Weidebetrieb möglich. Die anspruchslosen Bergföhrenwälder im Unterengadin z. B. sind zum großen Teil erst nach der Zerstörung der ursprünglichen Zirben-Lärchenwälder in den letzten Jahrhunderten entstanden.

In den unteren Lagen der S-Alpen herrschen die seit der Römerzeit kultivierten Kastanienwälder vor. Die übrigen Wälder sind oft stark dezimiert oder durch Niederwaldbetrieb, d. h. durch regelmäßiges Schlagen alle 15—25 Jahre zur Gewinnung von Brennholz verändert worden, wobei nur die Holzarten mit gutem Stockausschlagvermögen erhalten blieben. Heute, wo die Gewinnung

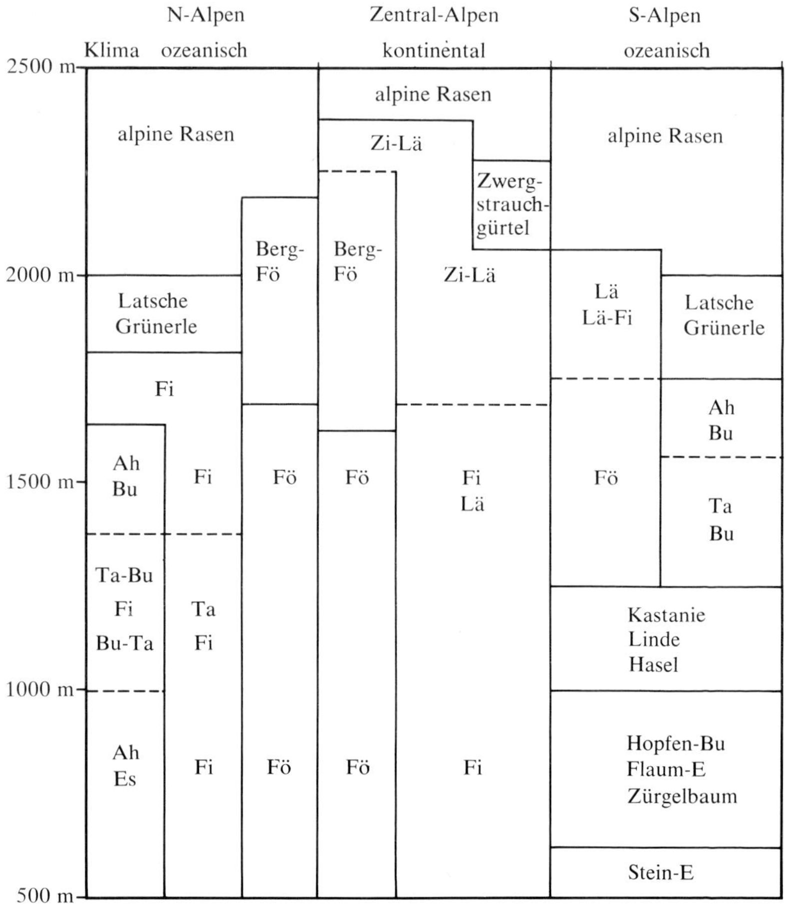

Schema der Verteilung der Wälder in den verschiedenen Höhenstufen der N-, Zentral- und S-Alpen. Ah = Bergahorn, Bu = Buche, E = Eiche, Es = Esche, Fi = Fichte, Fö = Föhre, Lä = Lärche, Ta = Tanne, Zi = Zirbe.

von Brenn- und teilweise auch von Nutzholz zweitrangig geworden ist, erscheint ein anderer Feind des Waldes und seiner Lebensgemeinschaft, nämlich die Jagd, die mit ihren geforderten hohen Wildbeständen jegliche natürliche Verjüngung der Wälder verhindert und z. B. die Tanne zum Aussterben bringt.

Auf den Tafeln I—III (S. 30—35) wird versucht, die verbreitetsten Wälder und Waldgesellschaften der Alpen zu beschreiben, zu deren Erfassung und Charakterisierung die Pflanzen des Unterwuchses in der Kraut- und Moosschicht verwendet werden, weil dieselben die standortlichen Unterschiede viel differenzierter anzeigen als die Bäume allein. Fichte oder Lärche z. B. kommen in der Ebene und auch auf einer Höhe bis über 2000 m vor. Sie können vom Forstmann auch an solchen Standorten angepflanzt werden, die von Natur aus von anderen Gehölzen bestockt sein würden. Oft weist dann z. B. die zurückbleibende Krautschicht auf ehemalige Buchenbestände hin. — Selbstverständlich darf man diese kurze Aufzeichnung nicht als eine Übersicht über die Systematik der Waldgesellschaften der Alpen werten, die den Rahmen dieses Buches sprengen würde.

Die Vegetation in der alpinen Stufe und ihre Standorte

Die Bedingungen, die die Pflanzen in der alpinen Stufe vorfinden, wechseln auf ganz kurzen Strecken wie in keiner anderen Stufe. Klima und Bodenverhältnisse sind die wesentlichsten Faktoren, die den Standort der alpinen Pflanzen bestimmen (selbstverständlich lassen sich z. B. die Bodenverhältnisse noch in Teilfaktoren wie Nährstoffgehalt, Wasserhaushalt, Säuregrad usw. aufgliedern). Im allgemeinen nimmt die Temperatur um 0,5—1° und die Verkürzung der Vegetationszeit um 6—7 Tage bei einem Anstieg von je 100 Höhenmetern in dieser Stufe ab. Aber unterschiedliche Steilheit des Geländes, Exposition, Windausgesetztheit und andere Umstände schaffen oft ein ganz anderes Lokalklima, als es der Meereshöhe entspricht. Sonst dürften über der klimatischen Schneegrenze (s. Seite 9), die zwischen 2500 und 3200 m liegt, keine Pflanzen mehr vorkommen. Aber noch bei über 4200 m gibt es einige Arten (doch davon später). Das Lokalklima bestimmt die Dauer der Schneedecke, die Länge der Vegetationszeit, die Häufigkeit von Frost und Wind; es setzt damit bereits die wichtigsten Merkmale der Standorte der Pflanzengesellschaften fest, worunter immerwiederkehrende Vergesellschaftungen von einem ähnlich zusammengesetzten Artenbestand unter ähnlichen Standortsbedingungen verstanden werden.

Die Schneedecke kann von wenigen Wochen — Standorte, die ständig vom Wind freigeblasen werden — bis zu 10 Monaten im Jahr — z. B. Schneetälchen — dauern. Der Schnee schützt vor tiefen Temperaturen, aber er verkürzt die Vegetationszeit. Pflanzen an windausgesetzten und meist schneefreien Stellen können auch im Winter assimilieren, wenn sich bei der Strahlungsintensität des Hochgebirges der Boden und die bodennahe Luftschicht kurzzeitig erwärmen; sie müssen aber der Wirkung des Windes wie Austrocknung, mechanischer Beschädigung, starker Abkühlung auf tiefe Temperaturen und allen extremen Temperaturschwankungen standhalten.

Nun zu den Bodenverhältnissen: Die klassische Einteilung in Kalk- und Silikatstandorte läßt sich in den meisten Fällen auch hier anwenden. Es gibt Pflanzen, die ausschließlich auf stark basischem Gestein wie Kalk, Dolomit und kalkreichem Mergel wachsen, und solche Arten, die ausschließlich auf saurem Gestein wie Granit, Gneis, Sandstein und kalkfreiem Schiefer leben. Weitgehend unabhängig vom Ausgangsgestein, sind die Bewohner einer dicken, sauren Rohhumusdecke. Häufig kommt in einem Bergzug ein buntes Gemisch von verschiedenem Gestein mit recht unterschiedlichem Kalkgehalt und Säuregrad vor. Ein ähnliches mosaikartiges Nebeneinander von sogenannten Kalk- und Kieselpflanzen findet man auch in der Vegetation.

Die Mannigfaltigkeit der Bodenverhältnisse wird noch durch den ständigen Wechsel der unterschiedlichen Bodenentwicklung erhöht. Felsen und Felsspalten mit Flechtenüberzügen, anhaftenden Moosen und kleinen Rosettenpflanzen in den Ritzen und die Schuttkare mit spärlicher Pflanzendecke sind kaum

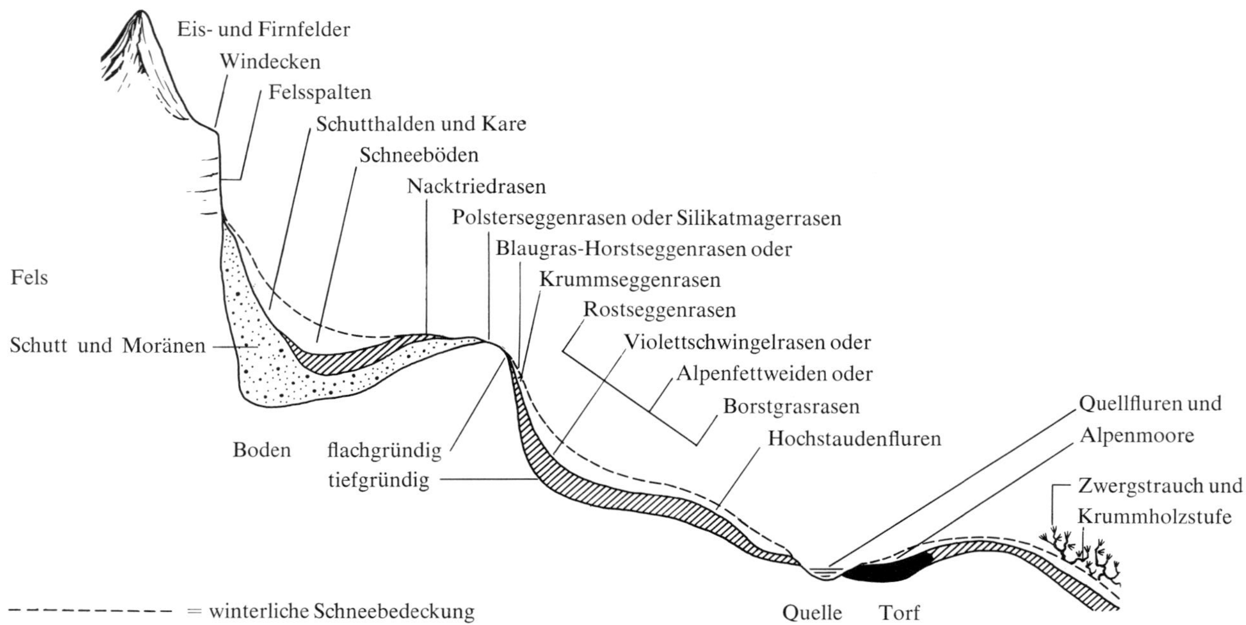

Schema der Pflanzengesellschaften und deren Standorte in der alpinen Stufe (nach Ellenberg 1963, verändert).

über die ersten Stadien der Bodenentwicklung hinausgekommen. Bei der geringen Stoffproduktion in der alpinen Stufe wächst die Humusdecke meist äußerst langsam und die hohen Niederschläge waschen die Basen aus, so daß die oberen Schichten allmählich versauern. Die besten und nährstoffreichsten Böden liefern weiche Ausgangsgesteine, die leicht in erdig verwitternde Mergel zerfallen. Almwirtschaftlich genutze Wiesen- und Rasengesellschaften oder auch Hochstaudenfluren finden sich dort ein. Im folgenden ist eine kurze Übersicht der auffälligsten Pflanzengesellschaften und deren Standorten mit einem schematischen Profil als erste Orientierung gegeben. Nähere Einzelheiten werden in einem Vorspann bei den Bildtafeln zu den jeweiligen Gesellschaften vermerkt.

Pflanzen der Felsspalten (Kalk und Silikat; Tafel 1—5), extrem steiles und ausgesetztes Gelände mit geringer Schneedauer, langer Vegetationszeit und starken Temperaturgegensätzen. Humus und Nährstoffe nur in feinen Spalten.
Pflanzen der Schutthalden und Kare (Kalk, Kalkschiefer und Silikat; Tafel 6—12), hohe Beweglichkeit und Nährstoffarmut des Bodens. Lange Schneebedeckung.
Pflanzen der Schneeböden (Kalk und Silikat; Tafel 13—15), extrem lange Schneebedeckung und kurze Vegetationszeit. Nährstoffreiche, tiefgründige, lange durchfeuchtete Böden mit hohem Gehalt an mineralischer Feinerde.
Pflanzen der Quellfluren und Alpenmoore (Tafel 16—17), ziemlich konstante, niedrige Temperatur über das ganze Jahr und geringe Schneedauer.
Pflanzen der Polsterseggenrasen (Tafel 18—22), Pioniergesellschaft auf felsigen, flachgründigen, windexponierten, mäßig steilen oder flachen Kalk- und Dolomitböden mit geringer Schneedauer; in etwa vergleichbar mit den **Silikatmagerrasen** (Tafel 39) und dem **Buntschwingelrasen** (Tafel 41).
Pflanzen der Rasengesellschaften (Tafel 23—38 und 41 —43): auf steilen, sonnigen Kalkhängen mit geringer Schneedauer die **Blaugras-Horstseggenrasen** (Tafel 23—27); an ähnlichen Silikatstandorten die **Krummseggenrasen** (Tafel 35—38); auf trocknen Silikathängen der S-Alpen die **Buntschwingelrasen** (Tafel 41); auf lange schneebedeckten, tiefgründigen, mergeligen Böden mit genügender Durchfeuchtung die **Rostseggenrasen** (Tafel 28—30) und die **Violettschwingelrasen** (Tafel 31); auf gedüngten (Almwirtschaft) Böden die **Alpenfettweiden** (Tafel 32); auf überbeweideten, durch Tritt und Verbiß geschwächten Rasen die anspruchslosen **Borstgrasrasen** (Tafel 33—34); auf windgefegten Graten und Hochflächen mit gut entwickelter Humusschicht, aber großen Temperaturgegensätzen die **Nacktriedrasen** (Tafel 42—43).
Pflanzen der Windkanten (Tafel 44), windexponierte Felsgrate, in extremen Hochlagen nur mit Flechtengesellschaften.
Pflanzen der Krummholz- und Zwergstrauchstufe (Tafel 45—46), am Übergang zwischen subalpinem Wald und alpinen Matten.
Pflanzen der Hochstaudenfluren (Tafel 47—48), auf nährstoffreichen, genügend durchfeuchteten Mulden, Rinnen und flachen Hängen der unteren alpinen und der subalpinen Stufe mit genügend langer Aperzeit.

Die höchststeigenden Blütenpflanzen

In den extremen Hochlagen, etwa über 3300 m, findet man nur noch in sonnseitigen Felsnischen und in wenig beweglichen, windgeschützten Schutthalden meist polsterförmige Blütenpflanzen. In diesen Höhen herrscht ein Frostwechselklima. Tagsüber erwärmen sich bei der intensiven Höhenstrahlung der Fels und die bodennahe Luftschicht viel stärker als die übrige Luft; nachts aber ist die Ausstrahlung so groß, daß die Temperatur unter 0° sinkt. Die tiefen Nachttemperaturen während der Vegetationszeit bewirken, daß nur wenig Zucker, der durch die assimilatorische Tätigkeit gewonnen wurde, in Stärke umgewandelt wird. Der hohe Zuckergehalt erhöht die Frostresistenz. Mit zunehmender Meereshöhe nimmt die Häufigkeit und Heftigkeit der Winde immer stärker zu, so daß die Oberfläche der Pflanzen trotz der kräftigen Strahlung nicht mehr genügend erwärmt wird. In großen Höhen ist daher nur noch an windgeschützten Stellen Wachstum von Blütenpflanzen möglich, wo sie von der kräftigen Hochgebirgsstrahlung stärkere Übererwärmung erwarten dürfen.

Die höchststeigenden Blütenpflanzen findet man in den W-Alpen. Am Finsteraarhorn kommen noch bei 4280 m der Gletscher-Hahnenfuß, *Ranunculus glacialis,* und die Schwarze Schafgarbe, *Achillea atrata,* vor. Weitere Arten, die noch über 4000 m wachsen, sind: Alpen-Mannsschild, *Androsace alpina,* Fladnitzer Hungerblümchen, *Draba fladnizensis,* Alpen-Leinkraut, *Linaria alpina,* Moschus-Steinbrech, *Saxifraga moschata,* Moos-Steinbrech, *S. bryoides,* Zweiblütiger Steinbrech, *S. biflora,* Kurzblättriger Enzian, *Gentiana brachyphylla,* und Alpen-Rispengras, *Poa alpina* var. *minor.*

Hingewiesen sei noch auf eine Kuriosität der nivalen Stufe, auf die Flora von Schnee und Eis. Manchmal kann man auf dem Firnschnee himbeerrot gefärbte Flächen von wenigen bis zu einigen 100 Quadratmetern beobachten. Die Färbung kommt von mikroskopisch kleinen, einzelligen, rot gefärbten Algen (z. B. *Chlamydomonas nivalis* oder anderen Arten), die zu Millionen in den obersten cm der Schneedecke von dem angewehten organischen und anorganischen Teilchen leben und bei Massenvermehrung den Schnee rot färben. Die Lebensansprüche dieser Algen sind recht eigentümlich; bereits bei +4° gehen sie zugrunde, während sie Abkühlung auf —36° gut ertragen.

Zur Geschichte der Alpenpflanzen

Die Alpen sind ein junges Gebirge. Eine bewegte Geschichte hat ihre Pflanzen- und Tierwelt hinter sich, die uns im Vergleich zu den übrigen, meist verarmten Lebensräumen Mitteleuropas reichhaltig, aber gemessen an der Artenfülle vergleichbarer Gebiete Ostasiens und des südlichen Nordamerikas verarmt erscheinen muß. Im Tertiär trug Europa eine ähnliche und ebenso reichhaltige Flora wie diese Kontinente. Damals, vor etwa 75 Millionen Jahren, war die nördliche Hemisphäre von artenreichen Wäldern tropischer und subtropischer Gewächse wie Magnolien, Tulpenbaum, Sumpfzypressen und Palmen bedeckt, deren nah verwandte Arten heute noch die südlichen USA und Ostasien bewohnen. Zwei Ereignisse brachten der damaligen mitteleuropäischen Flora eine Wandlung, nämlich eine langsame Abnahme der Jahresmitteltemperaturen und die Gebirgsbildungen.

Wie man aus der Häufigkeit versteinerter Pflanzenfunde schließen kann, waren bereits in der jüngeren Tertiärzeit, etwa vor 5 Millionen Jahren, die Arten der sommergrünen Laub- und Nadelwälder (verwandte Arten unserer heimischen Fichte, Tanne, Lärche, Föhre, Eiche und Buche) stärker vertreten als die Arten subtropischer Wälder, die bei weiterer Abkühlung des Klimas zu

Beginn der Eiszeiten der Tundrenvegetation weichen mußten. Doch vorher setzten die Gebirgsbildungen in Europa ein (Pyrenäen, Alpen, Apennin, Karpaten). Durch die Heraushebung der Alpen entstanden in Mitteleuropa neue Lebensräume, für die die tertiären Pflanzen des rings umgebenden Tieflandes nicht geeignet waren. In dem jungen, tertiären Gebirge bildete sich eine neue Flora und zwar durch Entstehung neuer Sippen und durch Einwanderung von Arten aus älteren Gebirgen des mediterranen und asiatischen Raumes. Nur wenige Arten entstanden in den Alpen und in den benachbarten Gebieten, so z. B. Alpen-Akelei, *Aquilegia alpina,* Steinröserl, *Daphne striata,* Behaarte Alpenrose, *Rhododendron hirsutum,* Schweizer- und Alpenmannsschild, *Androsace helvetica* und *alpina,* Zwerg- und Felsen-Baldrian, *Valeriana supina* und *saxatilis,* Geröll-Veilchen, *Viola cenisia,* und Pyrenäen-Drachenmaul, *Horminum pyrenaicum.* Von den Gattungen, deren Arten überwiegend aus dem Mittelmeerraum einwanderten, sind zu nennen: Kopfgras, *Sesleria,* Lauch, *Allium,* Narzisse, *Narcissus,* Leimkraut, *Silene,* Nelke, *Dianthus,* Sonnenröschen, *Helianthemum,* Leinkraut, *Linaria,* Kugelblume, *Globularia,* und Glockenblume, *Campanula.* Aus den asiatischen Gebirgen stammen viele Arten folgender Gattungen: Eisenhut, *Aconitum,* Tragant, *Astragalus,* Spitzkiel, *Oxytropis,* Alpenrose, *Rhododendron,* Primel, *Primula,* Mannsschild, *Androsace,* Enzian, *Gentiana,* Läusekraut, *Pedicularis,* Edelraute, *Artemisia,* Alpenscharte, *Saussurea,* und Pippau, *Crepis.*
Auf die allmähliche Temperaturabnahme in der jüngeren Tertiärzeit, deren Ursachen unklar sind, folgten die Eiszeiten. Die Gletscher drangen mehrmals von Norden weit nach Mitteleuropa und aus den Alpen weit in das Vorland vor. Zwischen den Hauptvereisungen, von denen meist 4 unterschieden werden (benannt als Günz-, Mindel-, Riß- und Würmeiszeit, nach neueren Untersuchungen noch als 5. die Donau-Eiszeit) herrschte in den sogenannten Zwischeneiszeiten ein gemäßigtes Klima. Durch den extremen Klimaumschwung wurde die ältere, tertiäre Flora Europas fast ganz zum Aussterben gebracht. Nur wenige tertiäre Waldpflanzen leben noch im südlichen Spanien, in Portugal, Griechenland und am Schwarzen Meer. Ein Ausweichen der mitteleuropäischen Arten nach Süden wurde durch den Ost-Westverlauf der Gebirge verhindert (im Gegensatz zu N-Amerika mit Nord-Südverlauf der Gebirge).
Aus Nordeuropa und Sibirien wanderten Arten der Tundra nach Mitteleuropa ein, so z. B. Nacktried, *Elyna myosuroides,* Netz- und Kraut-Weide, *Salix reticulata* und *herbacea,* Silberwurz, *Dryas octopetala,* und Alpen-Azalee, *Loiseleuria procumbens,* und traten mit der vorhandenen Vegetation der Alpen in Konkurrenz, die vielerorts stark dezimiert wurde. Bei jedem erneuten Vordringen des Eises wurden die Pflanzen zu Wanderungen gezwungen. Arten mit geringen Ausbreitungsfähigkeiten mußten eingehen.

Sicherlich wäre die Pflanzen- und auch die Tierwelt der Alpen extrem verarmt, wenn deren Arten nur durch mehrmalige Wanderungen eine Chance der Überdauerung gehabt hätten. Doch die Alpen waren nicht überall unter einem mächtigem Eisschild begraben, sondern es ragten selbst im Alpeninneren größere Berge heraus, die im Sommer ausaperten und eine Vegetation tragen konnten. Die Schotterfelder, von den Eisströmen abgelagert, hatten eine moosreiche Vegetation etwa wie die der heutigen Schneebödenflora. Früher mutete man den Pflanzen, die während der verschiedenen Eiszeiten die Alpen verlassen haben sollen, um nachträglich wieder einzuwandern, enorme Wanderfähigkeiten in relativ kurzer Zeit zu, ungeachtet der Tatsache, daß viele Arten in den Alpen an spezielle Standorte (z. B. Kalk oder Silikat) gebunden sind, die sie auf den Wanderstrecken nicht finden konnten. Jetzt kommt man immer mehr zu der Ansicht, daß viele Arten der heutigen Alpenflora und -fauna die Eiszeit an günstigen Stellen in den Alpen, an sogenannten Reliktstandorten, überdauerten. Dafür sprechen auch die Tatsachen, daß gerade in den Gebieten, die nach geomorphologischen Untersuchungen während der allgemeinen Vereisung unvergletschert waren, das Vorkommen dieser Reliktarten — ob Moose, Blütenpflanzen, Schnecken oder Käfer — sich häuft und daß diese Arten — gleich welcher Herkunft (z. B. aus Asien oder dem Mittelmeerraum) — nahezu die gleichen Gebiete oder Teilareale in den Alpen einnehmen. Viele Reliktpflanzen wie z. B. Großblütiges Leimkraut, *Silene elisabethae,* Vandellis Steinbrech, *Saxifraga vandellii,* Blaues Mänderle, *Veronica bonarota,* Schopf-Teufelskralle, *Phyteuma comosum* und Insubrische Glockenblume, *Campanula raineri,* birgt der Alpensüdrand, wobei die Tessiner- und Bergamasker Alpen, Dolomiten, Karawanken und Julischen Alpen als Beispiele besonders reicher Gebiete zu nennen sind.

Erklärung der im botanischen Teil verwendeten Abkürzungen

Pfl.	Pflanze	(Die Abkürzungen werden auch in zusammengesetzten Wörtern verwendet, z. B. b.los = blattlos, B.chen = Blättchen, Bl.b. Blütenblatt oder -blätter, Bl.traube = Blütentraube, St.b. = Stengelblatt oder -blätter.)
B.	Blatt	
Bl.	Blüte	
St.	Stengel	

* 5—7 bedeutet Blütezeit, die Ziffern die Monate, hier z. B. Mai-Juli

A. Alpen bedeutet Vorkommen in den ganzen Alpen, sagt aber nichts über die Häufigkeit oder Seltenheit aus, die Pflanze kann auch in größeren Gebieten fehlen. Das gleiche gilt für:

W-A.	West-Alpen	N-A.	Nord-Alpen
O-A.	Ost-Alpen	S-A.	Süd-Alpen

Erklärung der botanischen Fachausdrücke

Bildung der Oberfläche der Pflanze

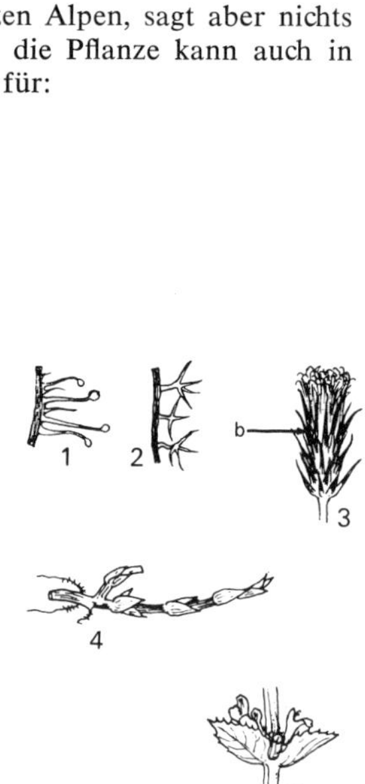

Dornen umgewandelte B. oder Zweige.
Haare 1zellige oder mehrzellige, 1fache oder verzweigte, gerade oder gekrümmte Vorstülpungen der Oberhaut der Pflanzen z. B.
Borsthaare steif, stechend.
Drüsenhaare Haare mit einem Drüsenköpfchen an der Spitze (1).
Sternhaare sternförmig verzweigt (2).
Stacheln harte, stechende Auswüchse der Oberhaut an B. und St.

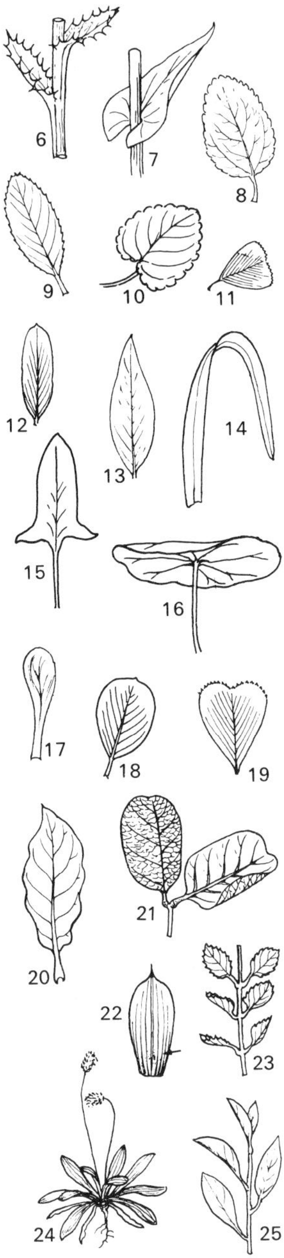

Das Blatt

sommergrün B. im Herbst welkend und meist abfallend.
wintergrün B. auch im Winter grün und erst im Frühjahr abfallend und von neuen ersetzt.

Folgende B. werden unterschieden:

Hochb. B. im Bereich der Bl. oder des Bl.standes, meist von den übrigen Laubb. stark abweichend.
Hüllb. schuppiges oder b.artiges Hochb., eine Bl. oder einen Bl.stand umgebend (3b).
Niederb. schuppenförmiges B. am Grund des St. und an unterirdischen Teilen (4).
Tragb. krautiges oder schuppenförmiges B., aus deren Achseln die Bl. entspringen (5).

B.anheftung

gestielt mit deutlichem B.stiel.
herablaufend die B.spreite zieht sich teilweise am St. herab (6).
sitzend ohne B.stiel.
stengelumfassend oder **halbstengelumfassend** das B. umgibt den St. mit seinem Grund ganz oder zum Teil (7).

B.formen

eiförmig (8)
elliptisch (9)
herzförmig (10)
keilförmig (11)
länglich (12)
lanzettlich (13)
linealisch (14)
pfeilförmig (15)
schildförmig (16)
spatelförmig (17)
verkehrt-eiförmig (18)
verkehrt-herzförmig (19)

B.nervatur

fiedernervig (20)
netznervig (21)
parallelnervig (22)

B.stellung

gegenständig 2 B. stehen sich an jedem Knoten des B. gegenüber (23).
grundständig B. stehen am Grund des St., zu mehreren bilden sie eine Rosette (24).
kreuzgegenständig (dekussiert) Das folgende B.-paar steht im rechten Winkel zum vorherigen.
quirlständig an jedem Knoten mehr als 2 B. stehend.
wechselständig an jedem Knoten mit 1 B. und nach verschiedenen Richtungen zeigend (25).

B.rand

gekerbt (10)
gesägt (9)
gewimpert (26)
gelappt (27), mit vergrößertem Endlappen (28).
eingeschnitten oder **fiederspaltig** (29)
3zählig (30, 31)
handförmig gefiedert (gefingert) (32)
paarig gefiedert (33)
unpaarig gefiedert (34)
2fach und **mehrfach gefiedert** (35, 36)

B.teile

B.achsel Winkel zwischen B. und St. (37).
B.fieder Teile eines zusammengesetzten B. (34a, 38b).
B.öhrchen kleine, lappenförmige Anhängsel am B.grund (7).
B.ranke zartes, oft spiralig gedrehtes Organ zum Festhalten, aus einem B. oder B.abschnitt gebildet (38a).
B.spreite meist flach ausgebreiteter Teil des B.
Nebenb. schuppen- oder b.artiges, meist paariges Anhängsel am Grund des B.stieles (39).

Die Blüte

Bl.formen

strahlig oder **radial symmetrisch** Bl.b. sind gleich, die Bl. läßt sich durch viele Längsschnitte in gleiche Teile teilen (40).
zygomorph oder **unsymmetrisch** Ober- und Unterteil der Bl. sind verschieden, die Bl. läßt sich nur durch 1 Längsschnitt in 2 gleiche Teile teilen, z. B.
Lippenbl. entweder **1lippig,** nur mit ausgebildeter **Unterlippe** (41) oder **2lippig,** auch mit ausgebildeter **Oberlippe** (42, 43).
Rachenbl. bei Braunwurzgewächsen (43).
Schmetterlingsbl. (44) Dabei nennt man das obere Kronb. **Fahne** (44a), das untere, gekielte **Schiffchen** und die beiden seitlichen **Flügeln** (44b).
Zungenbl. bei Korbblütler; Saum der Bl.krone ist flach ausgebreitet (45).

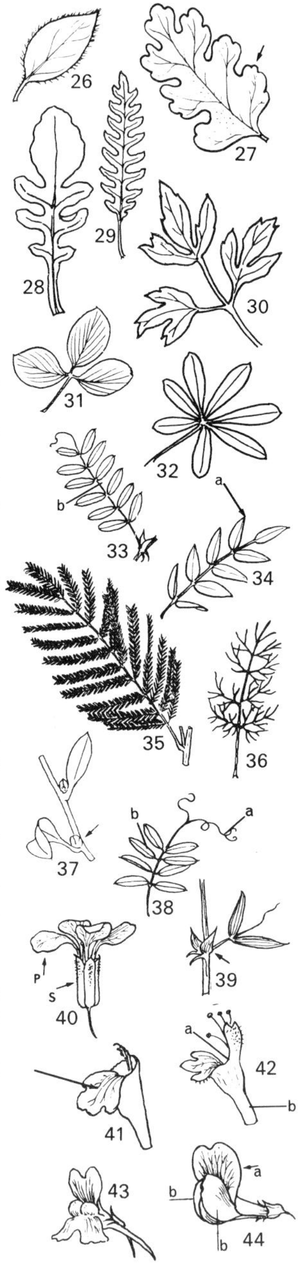

Bl.stand

Ähre verlängerter Bl.stand mit sitzenden Bl. (46).
Dolde schirmförmiger Bl.stand, Bl.stiele alle vom selben Punkt entspringend (47).
gabeliger oder **dichotomer** Bl.stand (48).

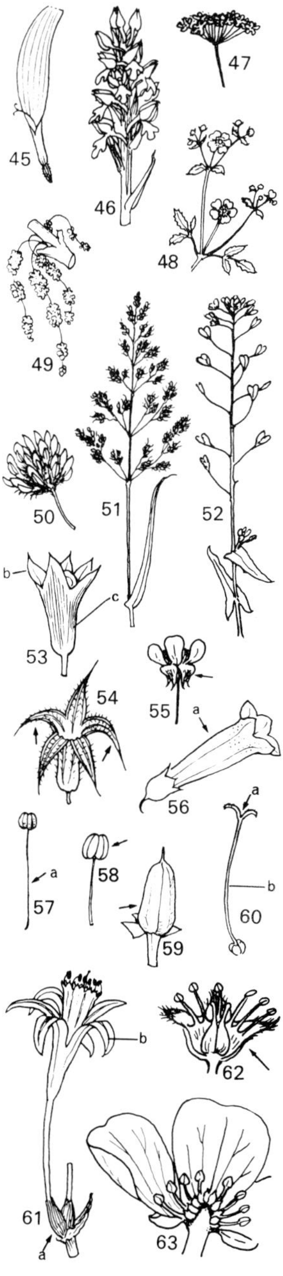

Kätzchen ährenartiger Bl.stand mit hängender, biegsamer Hauptachse und unscheinbaren Bl. (49).
Köpfchen köpfchenförmiger Bl.stand aus sitzenden oder kurzgestielten, gedrängten Bl. (50).
Rispe verzweigter Bl.stand mit gestielten Bl. (51).
Traube verlängerter Bl.stand mit gestielten Bl. (52).

Bl.teile

Bl.hülle die äußeren, nicht sexuellen Teile der Bl., bestehend aus freien oder zu einer Röhre verwachsenen Bl.hüllb. Ist die Bl.hülle doppelt, so bezeichnet man den äußeren Kreis als **Kelch** (40 S), den inneren als Krone (40 P).
Kelch aus meist grünen, freien oder verwachsenen **Kelchb.** (53). Die Kelchb. können **zurückgekrümmt** (54) oder **zurückgeschlagen** sein (55).
Krone aus gefärbten, freien oder verwachsenen **Kronb.** (56a, 64b).
Staubb. bestehend aus **Staubfaden** (57a) und dem **Staubbeutel** (58), der den Pollen enthält.
Fruchtb. enthält die **Samenanlage(n),** mehrere Fruchtb. sind zu einem **Fruchtknoten** (59) verwachsen, der einen oder mehrere, meist fadenförmige **Griffel** (60b) mit verschieden gestalteter **Narbe** (60a) zur Aufnahme des Pollens trägt. Man unterscheidet nach der Stellung des Fruchtknotens: **unterständig,** wenn er unterhalb des Ansatzpunktes von Kelch und Krone sitzt (61a).
mittelständig, wenn er teilweise in den becherförmigen Teil des Bl.bodens eingesenkt ist (62).
oberständig, wenn er oberhalb des Ansatzpunktes von Kelch und Krone steht (63).

Geschlecht der Blüte

1geschlechtig entweder mit Staubb. (männliche Bl.) oder mit Fruchtknoten (weibliche Bl.).
zwittrig mit Staubb. und Fruchtknoten.
Nach der Verteilung der Geschlechter der Bl. ist die Pflanze
1häusig, wenn auf derselben Pflanze männliche und weibliche Bl. sitzen.
2häusig, wenn männliche und weibliche Bl. auf verschiedenen Pflanzen sind.

Sonderbildungen der Blüte

Außenkelch kelchartiges Gebilde aus mehreren Hochb. dicht unter dem Kelch.

Nebenkrone kronb.ähnlicher Kranz aus freien oder verwachsenen Anhängseln im Inneren der Krone (64a).
Spelzen häutige, zähe B. in der Grasbl., oft mit Granne (65), die unteren beiden als äußere und innere **Hüllspelzen** (66a), die folgenden als **Deckspelze** (66b) bezeichnet, manchmal ist noch eine vierte, die **Vorspelze** vorhanden (66c).

Früchte

Balgfrucht aus 1 Fruchtb. bestehend, das sich nur an 1 Längslinie öffnet (67).
Beere fleischige, 1- bis mehrsamige Frucht.
Hülse trockene Frucht aus 1 Fruchtb. bestehend, öffnet sich an der Bauch- und Rückennaht (68).
Kapsel trockene Frucht aus mehreren Fruchtb. bestehend, öffnet sich durch Spalten oder Poren (69, 70).
Nuß 1samige Frucht mit harter Schale.
Nüßchen 1samige Teilfrucht bei Arten mit vielen freien Fruchtb. (71, 72) (z. B. Hahnenfuß).
Scheinbeere fleischige Frucht, an deren Bildung noch andere Organe der Bl. beteiligt sind (z. B. Erdbeere).
Schötchen Frucht der Kreuzblütler, die nicht mehr als 3mal so lang wie breit ist (73).
Schote Frucht der Kreuzblütler, die mehr als 3mal so lang wie breit ist (74, 75).
Zapfen Frucht der Nadelhölzer, bestehend aus zahlreichen, sich überlappenden, verholzenden Fruchtschuppen (76).

Besondere Formen

Ausläufer ober- oder unterirdisch kriechende St., die an der Spitze neue Pflanzen bilden (77, 78).
Knolle fleischig verdickter Teil der Sproßachse (Speicherorgan) (79).
Wurzelstock kriechender, unterirdischer Teil der Sproßachse, der jedes Jahr neu austreibt (80).
Zwiebel unterirdisches Organ aus dichtgestellten, fleischigen Schuppenb. (81).

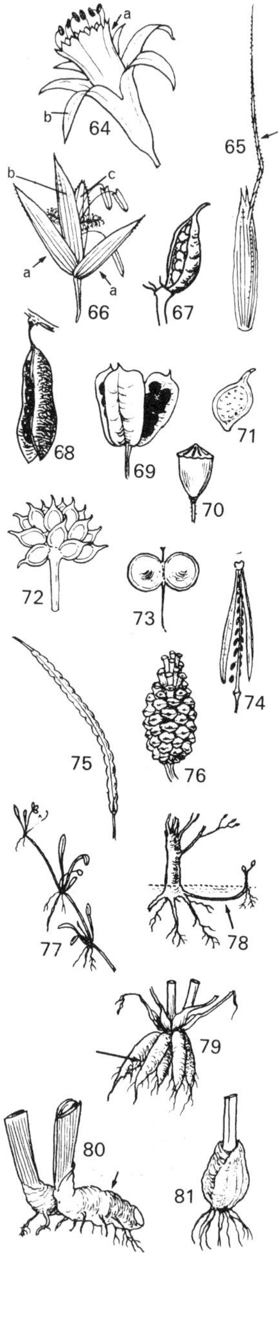

Familienmerkmale der abgebildeten Arten

Poaceae, Süßgräser, 1- oder mehrjährige Pfl. St. hohl, an den Knoten markig. B. wechselständig, bestehend aus einer B.scheide und schmaler, abstehender B.spreite, dazwischen einem kleinen Anhängsel, dem B.häutchen. Bl. unscheinbar, meist zwittrig, in sitzenden oder gestielten Ährchen vereinigt, diese in ährigen, traubigen oder rispigen Bl.ständen. Jedes Ährchen bestehend aus einer äußeren und einer inneren Hüllspelze und den Bl. Jede Bl. außen mit einer (oft begrannten) Deckspelze und innen mit einer Vorspelze (manchmal fehlend), 3 Staubb., 2 federigen Narben und 1 oberständigen Fruchtknoten.

Cyperaceae, Riedgrasgewächse, mehrjährige, grasartige Sumpfpfl. mit 3zeiligen, linealischen B. und knotenlosen, meist 3kantigen, selten runden St. Bl. klein, zwittrig oder 1geschlechtig, in den Achseln von Deckb., in 1- oder mehrblütigen Ährchen, diese in ähren-, kopf- oder rispenartigen Bl.ständen. Bl.hülle aus Borsten oder Haaren oder fehlend; Staubb. 3, selten 2. Fruchtknoten 1, bei *Carex* in einem geschlossenen Schlauch (Fruchtschlauch) eingehüllt. Narbe 3 oder 2, federig. Frucht 3- oder 2kantig, mehrminder kugelig.

Juncaceae, Binsengewächse, mehrjährige, grasähnliche Pfl. mit knotenlosen, markigen, meist runden, nie scharfkantigen St. und borstlichen, rinnigen oder flachen B., am Grund den St. scheidig umhüllend. Bl. unscheinbar, grünlich oder bräunlich, aus spelzenartigen Hüllb., in dichten Köpfen oder verzweigten, rispigen Bl.ständen. Staubb. 6, Griffel 1, mit 3federigen Narben. Frucht eine 3klappige Kapsel, von der ausdauernden Bl.hülle umgeben.

Liliaceae, Liliengewächse, Kräuter mit Knollen, Zwiebeln oder Wurzelstock. Bl. 3zählig, strahlig, mit 6 kronb.artigen Bl.hüllb. Staubb. 6. Fruchtknoten oberständig, aus 3 verwachsenen Fruchtb., 3fächerig. Griffel 1 *(Allium, Asphodelus, Lloydia, Paradisia)* oder 3 *(Tofieldia, Veratrum).* Frucht eine Kapsel oder Beere.

Iridaceae, Schwertliliengewächse, mehrjährige Pfl. mit fleischigem, kriechendem Wurzelstock oder Knollen. B. schmal. Bl. groß, bei *Crocus* strahlig symmetrisch, sonst nur in 1 Ebene symmetrisch, aus 6 kronb.artigen, unten zu einer Röhre verwachsenen Bl.hülle. Staubb. 3. Fruchtknoten unterständig, vielsamig. Griffel 3lappig. Frucht eine Kapsel.

Orchidaceae, Knabenkrautgewächse, mehrjährige Pfl. mit spiralig oder 2zeilig gestellten B. und ährenförmigen Bl.trauben. Jede Bl. mit krautigem oder häutigem Tragb. Bl. nur in 1 Ebene symmetrisch. Bl.hülle aus 2 Wirteln mit je 3 kronb.artigen Bl.hüllb., das obere innere (in der Knospenlage) als Lippe ausgebildet, meist größer und oft 3lappig, gespornt und durch Drehung des unterständigen Fruchtknotens meist nach unten gerichtet (Drehung erfolgt nicht bei *Nigritella*). Staubb. 1—2, mit dem Griffel zu einer Säule verwachsen. Pollenkörner eines Pollensackes meist zu einem gestielten Pollenpaket vereinigt. Frucht eine Kapsel. Samen sehr zahlreich und winzig.

Salicaceae, Weidengewächse, Bäume oder Sträucher mit einfachen, wechselständigen B. und Nebenb. Bl. in den Achseln schuppenförmiger Tragb. in dichten, vielblütigen Kätzchen. Pfl. 2häusig. Männliche Bl. mit 2 *(Salix)* oder 8—30 *(Populus)* Staubb. Weibliche Bl. mit oberständigem Fruchtknoten.

Corylaceae, Haselgewächse, Bäume oder Sträucher mit einfachen, wechselständigen B. Bl. 1geschlechtig. Männliche Bl. ohne Bl.hülle, zahlreich in hängenden Kätzchen, jede Bl. in der Achsel eines Tragb. Weibliche Bl. zu je 2 in der Achsel eines Tragb., in lockeren Kätzchen. Fruchtknoten unterständig. Frucht eine Nuß, von einer Hülle umgeben.

Betulaceae, Birkengewächse, Bäume oder Sträucher mit einfachen, wechselständigen B. und 1geschlechtigen Bl. Männliche Bl. mit Bl.hülle, zu mehreren in der Achsel der Tragb., in hängenden Kätzchen. Weibliche Kätzchen aufrecht, zur Reife zapfenähnlich. Nüßchen geflügelt, in Achseln verholzter Schuppen.

Fagaceae, Buchengewächse, Bäume mit spiralig gestellten, einfachen B. und 1geschlechtigen Bl. Männliche Bl. in kopfigen *(Fagus)* oder kätzchenartigen *(Castanea, Quercus)* Bl.ständen. Weibliche Bl. und Frucht einzeln, aber zu 2—5 von einer ring- oder becherförmigen, lederigen, später verholzenden Hülle, dem Fruchtbecher, umgeben.

Ulmaceae, Ulmengewächse, Bäume mit wechselständigen, 2zeiligen, häufig am Grund unsymmetrischen B. Bl. zwittrig oder 1geschlechtig, zu Büscheln an letztjährigen Zweigen *(Ulmus)* oder in den B.achseln der neuen Sprosse *(Celtis)*. Bl.hüllb. 4—8, teilweise verwachsen. Frucht eine geflügelte Nuß *(Ulmus)* oder eine Steinfrucht *(Celtis)*.

Polygonaceae, Knöterichgewächse, Kräuter mit einfachen, wechselständigen B. mit zu st.umfassenden Tuten verwachsenen Nebenb. St. knotig gegliedert. Bl.hüllb. 3—6, innere zur Fruchtreife häufig auswachsend und häutig werdend. Staubb. 6—9. Fruchtknoten oberständig, 1samig. Griffel 2—4. Frucht eine geflügelte oder 2—3kantige Nuß.

Caryophyllaceae, Nelkengewächse, Kräuter mit ungeteilten, gegenständigen B. und 4—5zähligen, strahlig symmetrischen Bl. mit Kelch und Krone, in gabeligen Bl.ständen, selten einzeln. Kronb. 4, 5 oder 10 (selten fehlend), häufig tief eingeschnitten oder ausgerandet. Staubb. meist 10 (5, 8). Griffel 2—5. Fruchtknoten oberständig. Frucht eine Kapsel, sich mit Zähnen oder Klappen öffnend, selten eine Beere.

Ranunculaceae, Hahnenfußgewächse, Kräuter mit meist zerteilten, wechselständigen, selten gegenständigen *(Clematis)* B. und strahlig symmetrischen *(Ranunculus, Anemone)* oder zygomorphen *(Aconitum)* Bl. Bl.hülle einfach oder in Kelch und Krone gegliedert. Zwischen Bl.hüllb. und den zahlreichen Staubb. manchmal kronb.artige Nektarb. Fruchtknoten viele, nicht verwachsen, zur Reife Nüßchen oder Bälge bildend.

Papaveraceae, Mohngewächse, meist milchsaftführende Kräuter mit steifhaarigen, wechselständigen, meist gefiederten B. und strahlig symmetrischen Bl. Kelchb. meist 2, bald abfallend. Kronb. 4—6. Staubb. 2, 4 bis viele. Fruchtknoten oberständig. Frucht eine Kapsel.

Brassicaceae, Kreuzblütengewächse, Kräuter mit wechselständigen B. Bl. häufig in traubigen Bl.ständen mit sehr einheitlichen, strahlig symmetrischen Bl. Kelchb. 4. Kronb. 4. Staubb. 6 (4 lange und 2 kürzere). Fruchtknoten aus 2 verwachsenen Fruchtb. Frucht gewöhnlich 2fächerig, eine Schote (über 3mal so lang wie breit) oder ein Schötchen (weniger als 3mal so lang wie breit), seltener eine Gliederschote und in 1samige Teilfrüchte zerfallend.

Crassulaceae, Dickblattgewächse, Kräuter mit fleischigen, ganzrandigen B., oft in grundständigen Rosetten. Bl. strahlig, gebüschelt oder in Trauben. Kronb. meist 5, selten 4—18. Staubb. so viel oder doppelt so viel wie Kronb. Fruchtknoten oberständig, Fruchtb. nicht miteinander verwachsen, mehrsamige Balgfrüchte bildend.

Saxifragaceae, Steinbrechgewächse, Kräuter mit wechselständigen, meist einfachen, manchmal fiederteiligen B., häufig in Rosetten. Bl. strahlig, 5zählig. Fruchtknoten 1. Griffel meist 2—5. Frucht eine Kapsel oder Beere.

Rosaceae, Rosengewächse, Sträucher oder Kräuter mit wechselständigen, einfachen oder zusammengesetzten B. mit Nebenb. Bl. strahlig, meist 5zählig.

Staubb. 4, 5 bis viele. Bl.boden halbkugelig oder kegelförmig vorgewölbt oder krugförmig den Fruchtknoten umgebend. Fruchtknoten halbunterständig oder unterständig. Fruchtb. 1 bis viele. Frucht eine Kapsel, Nuß, Steinfrucht, Beere, Sammel- oder Steinfrucht.

Fabaceae, Schmetterlingsblütengewächse, Sträucher, Kräuter (Bäume) mit wechselständigen, zusammengesetzten B. mit Nebenb. Bl. zygomorph, schmetterlingsförmig. Kronb. 5, das obere als Fahne, die beiden seitlichen als Flügel und die beiden unteren, teilweise verwachsenen als Schiffchen bezeichnet. Staubb. 10, alle zu einer Röhre verwachsen oder 1 frei. Frucht eine Hülse.

Geraniaceae, Storchschnabelgewächse, Kräuter mit tief eingeschnittenen oder zusammengesetzten, wechselständigen B. mit Nebenb. Bl. strahlig. Kronb. 5. Kelchb. 5. Staubb. 10, am Grund verwachsen. Fruchtknoten aus 3—5 verwachsenen Fruchtb. mit schnabelartig verlängertem Griffel. Frucht zur Reife in 1samige Teilfrüchte zerfallend oder an der Spitze beisammenbleibend und bogig auswärts gekrümmt.

Linaceae, Leingewächse, Kräuter mit einfachen, gewöhnlich wechselständigen B. und ohne Nebenb. Bl. strahlig. Kelchb. 5. Kronb. frei, 5 oder seltener 4. Staubb. meist 5, am Grund verwachsen. Griffel 3—5. Frucht 5fächrige Kapsel.

Aceraceae, Ahorngewächse, Bäume und Sträucher mit kreuzgegenständigen, handförmig gelappten B. und ohne Nebenb. Bl. strahlig, 4—5zählig. Staubb. 4—10. Griffel 2. Frucht in 2 geflügelte Hälften zerfallend.

Rhamnaceae, Kreuzdorngewächse, Holzpfl. mit einfachen, gegen- oder wechselständigen B. und kleinen Nebenb. Bl. unscheinbar, meist grünlich, strahlig, 4—5zählig, in achselständigen Bl.ständen. Frucht eine Steinfrucht.

Cistaceae, Cistrosengewäsche, Sträucher oder Kräuter mit einfachen, gegenständigen *(Helianthemum)* oder wechselständigen B. Bl. strahlig, 5zählig. Kelchb. 2 kleinere und 3 größere. Staubb. viele. Fruchtknoten oberständig. Griffel 1. Frucht eine 3—5 (10)klappige, mehrsamige Kapsel.

Violaceae, Veilchengewächse, Kräuter mit einfachen, wechselständigen B. mit Nebenb. Bl. einzeln oder zu 2, unregelmäßig, 5zählig, gespornt. Kelchb. am Grund mit krautigen Anhängseln. Kronb. 5, das vordere in einen Sporn verlängert. Staubb. 5, die unteren 2 gespornt. Griffel 1. Frucht eine 3klappige Kapsel.

Thymelaeaceae, Seidelbastgewäsche, Sträucher oder Zwergsträucher mit einfachen, meist sitzenden, wechselständigen B. und ohne Nebenb. Bl. strahlig, Bl.hülle einfach, 4—6zipfelig, kronb.artig. Staubb. 8 oder 10, der Bl.hülle angeheftet. Fruchtknoten oberständig. Narbe sitzend. Frucht eine Steinfrucht.

Onagraceae, Nachtkerzengewächse, Kräuter mit einfachen, meist gegenständigen B. und fehlenden Nebenb. Bl. strahlig, meist 4zählig, mit doppelter Bl.-hülle. Staubb. 8 (4, 2). Fruchtknoten unterständig. Frucht eine vielsamige, in Längsspalten aufreißende Kapsel. Samen oft mit Haarschopf.

Apiaceae, Doldengewächse, Kräuter mit wechselständigen, meist fiederteiligen gefurchten, hohlen St. B.stiele am Grund scheidig. Bl. klein, zahlreich, meist in zusammengesetzten, selten einfachen *(Astrantia)* Dolden. Staubb. 5. Fruchtknoten unterständig, mit 2 freien Griffeln auf einem Griffelpolster, zur Reife in 2 1samige, ölhaltige Spaltfrüchte zerfallend.

Empetraceae, Krähenbeerengewäsche, immergrüne, heidekrautähnliche Zwergsträucher mit kleinen, 1geschlechtigen Bl. Bl.hüllb. 4—6, in 2er Wirteln. Staubb. 2—3, weit vorragend. Fruchtknoten oberständig. Griffel 1, mit 6—9 Narben. Frucht eine beerenartige Steinfrucht.

Ericaceae, Heidekrautgewächse, Zwergsträucher mit einfachen, meist immergrünen, wechsel-, gegen- oder quirlständigen B. Bl. regelmäßig, 4—5zählig, Kronb. röhrenförmig verwachsen. Staubb. gewöhnlich doppelt so viel wie Kronb. Pollensäcke sich an der Spitze mit Poren öffnend, oft mit 2 hornartigen Anhängseln. Fruchtknoten unterständig. Frucht eine Kapsel oder Beere.

Primulaceae, Primelgewächse, Kräuter mit einfachen, meist rosettig angeordneten B. Bl. strahlig, 5zählig, in Dolden oder Trauben. Krone glocken- oder trichterförmig. Staubb. 5, der Kronröhre angedrückt. Fruchtknoten oberständig. Griffel 1. Frucht eine Kapsel.

Gentianaceae, Enziangewächse, Kräuter mit gegenständigen, ungeteilten, ganzrandigen B. Bl. regelmäßig. Kelch und Krone 4—5teilig. Krone in der Knospe gedreht. Staubb. 4—5. Fruchtknoten oberständig. Griffel 1, mit kopfiger, oft 2spaltiger Narbe. Frucht eine Kapsel.

Boraginaceae, Borretschgewächse, Kräuter meist steifhaarig, selten kahl *(Cerinthe),* mit einfachen, wechselständigen B. Bl. in gabelig geteilten Bl.ständen mit zurückgekrümmten Ästen. Bl.stand vor dem Aufblühen oft schneckenförmig eingerollt. Bl. strahlig, 5zählig. Kronb. verwachsen, Kronröhre an der Mündung oft mit Schlundschuppen. Staubb. 5. Fruchtknoten oberständig. Griffel 1. Frucht in 4 1samige Teilfrüchte (Nüßchen) zerfallend.

Lamiaceae, Lippenblütengewächse, Kräuter oder Zwergsträucher mit 4kantigen St. und kreuzgegenständigen, einfachen B. Bl. in Scheinquirlen in den Achseln der oberen B. Gesamtbl.stand ähren- oder traubenförmig. Bl. zygomorph, mit Ober- und Unterlippe. Kelch röhrig, 5zipfelig. Staubb. 4, 2 längere und 2 kürzere. Griffel 1, mit einfacher oder 2—4lappiger Narbe. Frucht in 4 Teilfrüchte zerfallend.

Scrophulariaceae, Braunwurzgewächse, Kräuter mit meist gegenständigen B. Bl. fast strahlig *(Veronica)* oder zygomorph *(Pedicularis).* Kelch 4—5teilig. Kronb. 4—5, am Grund verwachsen. Staubb. 4 oder 2 *(Veronica),* selten 5. Fruchtknoten oberständig. Griffel einfach oder 2lappig. Frucht eine Kapsel, selten eine Beere.

Lentibulariaceae, Wasserschlauchgewächse, insektenfangende Sumpf- *(Pinguicula)* oder Wasserpfl. *(Ultricularia)* mit zygomorphen Bl. Kelch 2—5teilig. Krone 2lippig, gespornt. Staubb. 2. Fruchtknoten oberständig. Narbe 2lappig. Frucht eine Kapsel.

Globulariaceae, Kugelblumengewächse, Kräuter oder Zwergsträucher mit wechselständigen, ungeteilten B. Bl. in kugeligen, oft von einer Hochb.hülle umgebenen Köpfen. Kelch röhrenförmig, 5teilig. Krone mit schmaler Röhre, 2lippig. Staubb. 4. Frucht ein 1samiges Nüßchen.

Plantaginaceae, Wegerichgewächse, Kräuter mit meist ungeteilten, wechsel- oder rosettenständigen B. Bl. 4zählig, 1geschlechtig oder zwittrig, strahlig, mit unscheinbarer, trockenhäutiger, röhriger Krone, in dichten, ährigen oder kopfigen Bl.ständen an meist b.losen St. Kelchb. am Grund verwachsen, mit 4 grünen Zipfeln. Staubb. 4, viel länger als die Krone. Fruchtknoten oberständig. Frucht eine Deckelkapsel oder Nüßchen.

Caprifoliaceae, Geißblattgewächse, Bäume oder Sträucher mit gegenständigen B. Bl. strahlig, seltener 2lippig, 5zählig. Krone meist zu einer Röhre verwachsen. Staubb. meist 5, mit der Kronröhre verwachsen. Fruchtknoten unterständig, aus 2—5 Fruchtb. Frucht eine Beere.

Valerianaceae, Baldriangewächse, Kräuter mit gegenständigen B. und fehlenden Nebenb., oft unangenehm riechend. Bl. gewöhnlich klein, in dichten, reichblütigen Bl.ständen. Kelch gezähnt oder gelappt, oft einen federigen Fruchtkelch bildend. Krone röhrig, 5zipfelig. Staubb. meist 3 (1—4). Fruchtknoten 3fächerig mit nur 1 fertilem Fach. Frucht ein 1samiges Nüßchen.

Dipsacaceae, Kardengewächse, Kräuter mit gegen- oder quirlständigen B. Bl. klein, in dichten Köpfen oder Körben mit gemeinsamer Hülle. Zwischen den Bl. oft spelzenartige Spreub. (Tragb. der Bl.). Randbl. oft vergrößert. Kelch becherförmig oder tief zerteilt, gewimpert oder gezähnt. Kronröhre oft gekrümmt und 2lippig. Staubb. 4, selten 2. Fruchtknoten unterständig. Frucht 1samig, in den Außenkelch eingeschlossen, der als Flugorgan zur Verbreitung dient.

Campanulaceae, Glockenblumengewächse, oft milchsaftführende Kräuter mit wechselständigen B. Bl. strahlig, mit 5zipfeliger, trichter- bis glockenförmiger *(Campanula)* oder an der Spitze röhrig vereinigter *(Phyteuma)* Krone. Staubb. 5. Fruchtknoten unterständig, mit 3—5 Narben. Frucht eine mehrfächerige, verschiedenartig aufspringende Kapsel.

Asteraceae, Asterngewächse (Korbblütengewächse), Kräuter mit wechselständigen, selten gegenständigen *(Arnica)* B. und recht einheitlichem Bl.stand. Bl. klein, meist zu vielen in einem von Hüllb. umgebenen Köpfchen oder Korb, oft mit spelzenähnlichen Spreub. sitzend. Kelch oft zu Schuppen oder Borsten reduziert oder zur Reife zu einem Haarkranz aus einfachen oder federigen Haaren (als Flugorgan zur Verbreitung der Samen) ausgebildet. Krone der Scheibenbl. oder sämtlicher Bl. röhrenförmig. Staubb. 5, die Staubbeutel zu einer Röhre vereinigt. Fruchtknoten unterständig. Frucht ein 1samige, manchmal zu einem langen Schnabel ausgezogene Nuß mit federigem Haarkranz.

Cichoriaceae, Wegwartengewächse (Korbblütengewächse), oft mit vorheriger Familie vereint. Pflanzen mit Milchsaft. Krone sämtlicher Bl. zungenförmig. Übrige Merkmale wie bei *Asteraceae.*

Übersicht der Gattungen und die Familienzugehörigkeit der abgebildeten Blütenpflanzen

Abies Pinaceae
Acer Aceraceae
Achillea Asteraceae
Aconitum Ranunculaceae
Adenostyles Asteraceae
Allium Liliaceae
Alnus Betulaceae
Amelanchier Rosaceae
Androsace Primulaceae
Anemone Ranunculaceae
Anthyllis Fabaceae
Arabis Brassicaceae
Arctostaphylos Ericaceae
Arenaria Caryophyllaceae
Aquilegia Ranunculaceae
Arnica Asteraceae
Artemisia Asteraceae
Asphodelus Liliaceae
Aster Asteraceae
Astragalus Fabaceae
Astrantia Apiaceae
Avena Poaceae
Biscuitella Brassicaceae
Bupleurum Apiaceae
Calamintha Lamiaceae
Callianthemum Ranunculaceae
Campanula Campanulaceae
Cardamine Brassicaceae
Carex Cyperaceae
Castanea Fagaceae
Celtis Fagaceae
Centaurea Asteraceae
Cerastium Caryophyllaceae
Cerinthe Boraginaceae
Chamorchis Orchidaceae
Chrysanthemum Asteraceae

Cicerbita Cichoriaceae
Coeloglossum Orchidaceae
Cortusa Primulaceae
Crepis Cichoriaceae
Crocus Iridaceae
Daphne Thymelaeaceae
Dianthus Caryophyllaceae
Doronicum Asteraceae
Draba Brassicaceae
Dryas Rosaceae
Elyna Cyperaceae
Empetrum Empetraceae
Erica Ericaceae
Erigeron Asteraceae
Erinus Scrophulariaceae
Eritrichum Boraginaceae
Euphrasia Scrophulariaceae
Fagus Fagaceae
Festuca Poaceae
Gentiana Gentianaceae
Geranium Geraniaceae
Geum Rosaceae
Globularia Globulariaceae
Gnaphalium Asteraceae
Gregoria Priumulaceae
Gymnadenia Orchidaceae
Gypsophila Caryophyllaceae
Hedysarum Falaceae
Helin athemum Cistaceae
Heliosperma Caryophyllaceae
Hieracium Cichoriaceae
Homogyne Asteraceae
Horminum Lamiaceae
Hutchinsia Brassicaceae
Iberis Brassicaceae
Juncus Juncaceae
Kernera Brassicaceae
Larix Pinaceae
Leontopodium Asteraceae
Leucorchis Orchidaceae
Ligusticum Apiaceae
Linaria Scrophulariaceae
Linum Linaceae
Listera Orchidaceae
Lloydia Liliaceae
Loiseleuria Ericaceae
Lonizera Caprifoliaceae
Luzula Juncaceae
Minuartia Caryophyllaceae
Moehringia Caryophyllaceae
Myosotis Boraginaceae
Nardus Poaceae
Nigritella Orchidaceae
Ostrya Corylaceae
Oxyria Polygonaceae
Oxytropis Fabaceae
Papaver Papaveraceae
Paradisia Liliaceae
Pedicularis Scrophulariaceae
Petrocallis Brassicaceae
Phleum Poaceae
Phyteuma Campanulaceae
Picea Pinaceae
Pinus Pinaceae
Pinguicula Lentibulariaceae
Plantago Plantaginaceae
Poa Poaceae
Polygonum Polygonaceae
Potentilla Rosaceae
Primula Primulaceae
Quercus Fagaceae
Ranunculus Ranunculaceae
Rhamnus Rhamnaceae
Rhododendron Ericaceae
Rhodothamnus Ericaceae
Rosa Rosaceae
Salix Salicaceae
Saponaria Caryophyllaceae
Saussurea Asteraceae
Saxifraga Saxifragaceae
Scabiosa Dipsacaceae
Scutellaria Lamiaceae
Sedum Crassulaceae
Sempervivum Crassulaceae
Senecio Asteraceae
Sesleria Poaceae
Sibbaldia Rosaceae
Silene Caryophyllaceae
Soldanella Primulaceae
Thlaspi Brassicaceae
Tofieldia Liliaceae
Traunsteinera Orchidaceae
Trifolium Fabaceae
Trisetum Poaceae
Vaccinium Ericaceae
Valeriana Valerianaceae
Veratrum Liliaceae
Veronica Scrophulariaceae
Viola Violaceae
Viscaria Caryophyllaceae

Weiterführende Literatur

Aichinger, E.: Vegetationskunde der Karawanken. Pflanzensoziologie Bd. 2, Jena 1933

Binz, A. und E. Thommen: Flore de la Suisse. Lausanne 1953

Braun-Blanquet, J.: La végétation alpine et nivale des Alpes françaises. Rec. Trav. bot. sur l'Etage alpin, VIIIe Congr. intern. Bot., Paris-Nice 1954

Ders., Die inneralpine Trockenvegetation. Stuttgart 1961

Ders. und H. Jenny: Vegetationsentwicklung und Bodenbildung in der alpinen Stufe der Zentralalpen. Denkschr. Schweiz. naturf. Ges. 63, 1926

Ellenberg, H.: Vegetation Mitteleuropas mit den Alpen. Stuttgart 1963

Favager, C. und P.-A. Robert: Alpenflora. Hochalpine Stufe. »Creatura« III, 1. Bern 1958. Subalpine Stufe. Ebenda III, 2. 1959

Fenaroli, L.: Flora delle Alpi. Milano 1955

Fournier, P.: Les Quatre Flores de la France. Paris 1961

Fritsch, K.: Exkursionsflora für Österreich und die ehemals österreichischen Nachbargebiete. Wien und Leipzig 1922

Hegi, G.: Alpenflora. Bearbeitet von H. Merxmüller. München 1969

Hess, H. E. und E. Landolt: Flora der Schweiz, Bd. 1. Basel und Stuttgart 1967

Pitschmann, H., Reisigl, H. und Schiechtl, H.: Bilder-Flora der Südalpen. Stuttgart 1959

Rauh, W.: Alpenpflanzen, 4 Bde. Heidelberg 1958

Scharfetter, R.: Das Pflanzenleben der Ostalpen. Wien 1938

Schröter, C.: Das Pflanzenleben der Alpen. Zürich 1926

Thommen, E.: Taschenatlas der Schweizer Flora. Bâle 1961

Tutin, T. G., Heywood, V. H. u. a.: Flora Europaea, Bd. 1, 2, 3. Cambridge 1964, 1968, 1972

Tafel I Die Waldstufen der Nord-Alpen

Die ozeanisch getönten N-Alpen mit hohen sommerlichen Regenfällen und relativ milden, schneereichen Wintern zeichnen sich durch artenreiche Mischwälder aus. Bis etwa 1200—1300 m treffen wir in Bachschluchten auf feuchten, nährstoffreichen Böden den Eschen-Ahornwald mit zahlreichen großblättrigen Stauden und Farnen und stark bemoosten Baumstämmen. In der mittleren montanen Stufe, etwa zwischen 1000 und 1200 m, ist die Buche auf nicht zu extremen Standorten allen anderen Baumarten überlegen und bildet dort fast Reinbestände, die in höheren Lagen durch tannen- und fichtenreiche Wälder ersetzt werden. Häufig stehen an einem Hang die buchenreichen Wälder über den wesentlich frostunempfindlicheren Fichtenwäldern, da die höheren Lagen im Frühjahr und Herbst wenig Fröste haben, während sich am Hangfuß infolge der abgleitenden, schweren Kaltluftmassen Kälteseen bilden.

Während die montanen Buchen-Tannen-Fichtenwälder durchlässiges Gestein wie Kalke oder Nagelfluh bevorzugen, stehen auf weniger durchlässigem Flysch und Mergel, z. B. in der Schweiz, der Schachtelhalm-Tannenwald mit Wald- und Riesenschachtelhalm und Sumpfdotterblume als Nässezeiger. Die Tanne verträgt mehr Bodennässe und mehr Lufttrockenheit als die Buche, weshalb sie auch tiefer in die Zentral-Alpen vordringen kann, wo die Buche bereits zu konkurrenzschwach ist. Auf mageren Dolomitböden wachsen anstelle von Buche und Tanne nur die anspruchslose Fichte oder Lärche und auf südseitigen, trocknen Hängen die Föhre. Über der montanen Stufe der N-Alpen haben wir von etwa 1400 bis 1800 m meist den heidelbeerreichen, subalpinen Fichtenwald. Er ist meist locker, die Bäume sind spitzkronig und bis tief herab beastet. Häufig ist die Vogelbeere beigemischt.

In der Schweiz findet man auf feuchten, tonigen Schichten in der unteren subalpinen Stufe den Hochstauden-Tannenwald mit vielen Farnen. Er entspricht dem Alpenrosen-Tannenwald der S-Alpen. In den Schweizer Voralpen, fragmentarisch auch in den Bayerischen Alpen, ist der subalpine, hochstaudenreiche Ahorn-Buchenwald bis etwa 1650 m verbreitet. Über den verschiedenen subalpinen Wäldern schließen sich Latschengebüsch auf groben, durchlässigen Böden oder Grünerlengebüsch auf tonigen, wasserzügigen Böden an.

---

1 **Weiß-Tanne,** *Abies alba Mill.,* bis 40 m hoher Baum mit glatter, weißgrauer Rinde und breitkronigem Gipfel. Nadeln flach, immergrün, an den Seitenzweigen scheinbar 2zeilig, unterseits mit 2 weißlichen Wachsstreifen. Zapfen aufrecht stehend, zur Reife nur die Schuppen abfallend, die Zapfenspindel am Baum bleibend. Bis 1600 m (vereinzelt bis 2000 m).

2 **Fichte, Rot-Tanne,** *Picea abies* (L.) Karst., bis 40 m hoher Baum mit brauner, rauher Rinde und spitzer Krone. Nadeln 4kantig, spitz, spiralig gestellt. Zapfen hängend, als Ganzes abfallend. Bis 2000 m.

3 **Rot-Buche,** *Fagus silvatica* L., bis 30 m hoher Baum mit hellgrauem, glattem Stamm und breiter, dichter Krone. Knospen spindelförmig. B. eiförmig, spitz, glänzend, jederseits mit 5—8 Seitennerven. Nüsse (Bucheckern) braun, 3kantig, in einer 4klappigen Hülle. Bis 1600 m.

4 **Berg-Ahorn,** *Acer pseudoplatanus* L., bis 30 m hoher Baum mit grauer, schuppiger Rinde, handförmig gelappten B. und hängenden, gelben Bl.trauben. B. 8—15 cm, in 5 grobgekerbte, stumpfe Lappen geteilt. Frucht mit 3—6 cm langen, in spitzem Winkel spreizenden Flügeln. Bis 1700 m.

1
2
3
4

Tafel II Die Waldstufen der Zentral-Alpen

In den kontinentalen Zentral-Alpen bildet die frostunempfindliche Fichte oft ausgedehnte Bestände von den Tälern bis zur unteren subalpinen Stufe, etwa bis 1800 m; Laubbäume und meist auch die Tanne sind nicht mehr konkurrenzfähig. Der montane Fichtenwald in den niederschlagsreicheren Gegenden ist reich an Farnen und Heidelbeere; in den trockeneren Gegenden wie im Wallis oder Engadin tritt in den lockeren Fichtenwäldern (oft noch mit Lärche und Engadin-Föhre) das Perlgras als typische Begleitpflanze auf. Auf extremen, sommertrocknen, steinigen Hängen, besonders auf Dolomit, wo andere Baumarten keine geschlossenen Wälder bilden können, ist die anspruchslose, lichtliebende Wald-Föhre (oder kurz Föhre) konkurrenzfähig und bildet oft ausgedehnte Bestände mit der Schneeheide als Unterwuchs. Am Südrand der O-Alpen gesellt sich noch die Schwarz-Kiefer hinzu. In den trockensten Teilen (Täler der Grajischen und Penninischen Alpen, unteres Wallis, Vintschgau, oberes Etschgebiet) haben wir den submediterran getönten (teilweise noch Flaum-Eichen) Steppen-Föhrenwald; bei weniger extremer Trockenheit, so in der montanen Stufe im Wallis, den Schneeheide- oder Erika-Föhrenwald, der in der subalpinen Stufe vom Erika-Bergföhrenwald durch die westlich verbreitete (östlich bis Tirol), aufrechte Form der Berg-Föhre abgelöst wird. Als Begleiter haben wir dort neben der Schneeheide die Preiselbeere auf trocknen, warmen Standorten, die Behaarte Alpenrose und Alpen-Bärentraube in kalten Lagen mit langer Schneebedeckung. An heißen Kalkhängen im südöstlichen Graubünden nimmt der Engadinerföhrenwald die subalpine Stufe ein. Am höchsten steigen die Lärchen-Zirbenwälder, die besonders schön im oberen Rhone- und Inntal oder im Oberengadin ausgedehnte Bestände bis 2400 m mit Heidelbeere und Rostblättriger Alpenrose bilden. Vereinzelt wachsen die Lärche in eine Höhe bis zu 2500 m und die Zirbe bis 2580 m.

---

1 **Wald-Kiefer, -Föhre,** *Pinus silvestris* L., bis 40 m hoher Baum. Äste und oberer Stammabschnitt rotbraun, untere Stammhälfte dunkelbraun. Nadeln zu 2, bläulichgrün, zugespitzt, 2—7 cm. Zapfen deutlich gestielt, spitz, 3—6 cm. Bis 1800 m. — Var. *engadinensis* Heer, die **Engadiner Föhre** hat kürzere, breitere, auf dem Rücken gelbgrüne Nadeln und eine sehr schlanke, walzenförmige Krone. Bis 2300 m, z. B. Tirol, Engadin, Wallis. — Die **Schwarz-Kiefer,** *P. nigra* Arn., hat dunkelgraue Rinde und 8—15 cm lange Nadeln.

2 **Berg-Föhre, Latsche,** *Pinus mugo* Turra *(P. montana),* bis 20 m hoher Baum oder niederliegender Strauch, mit dunkler Rinde, stumpflichen, dunkelgrünen Nadeln und fast sitzenden Zapfen. Nach Wuchs, den Zapfenformen und deren Schuppenschildern werden mehrere Sippen unterschieden. In den W-Alpen überwiegt die aufrechte Form (auch Spirke genannt) und in den O-Alpen die strauchige Form (Latsche oder Legföhre). Bis 2300 m.

3 **Zirbel-Kiefer, Zirbe** oder **Arve,** *Pinus cembra* L., bis 20 m hoher Baum mit kegelförmiger Krone. Nadeln 5—9 cm, 3kantig, zu 5 stehend. Zapfen aufrecht, eiförmig, 6—10 cm lang, jung grün und violett überlaufen, reif braun. Bis 2580 m. Äußerst langsamwüchsig, wird bis 1000 Jahre alt.

4 **Lärche,** *Larix decidua* Mill., bis 40 m hoher Baum mit dicker, braunroter Rinde und hellgrünen, zarten, im Herbst abfallenden Nadeln, an den Langtrieben einzeln, an den Kurztrieben in Büscheln stehend. Zapfen zur Blüte purpurn, zur Reife braun, eiförmig, 2—5 cm. Bis 2500 m.

1
2
4
3

Tafel III Die Waldstufen der Süd-Alpen

Am Südfuß der Alpen findet man an einigen wenigen Stellen, z. B. an heißen, felsigen Hängen am Gardasee bis 400 m, im südlichen Tessin und im Gebiet von Trient gelegentlich bis 1000 m den Steineichenbusch als typischen Vertreter der immergrünen Gehölzvegetation des Mittelmeergebietes. Die eigentliche unterste Stufe am Südrand der Alpen bis etwa 1000 m bildet der Flaumeichen-Hopfenbuchenwald, der einen artenreichen Buschwald mit Zürgelbaum, Manna-Esche, Felsenbirne, Stein-Weichsel und vielen submediterranen Sträuchern darstellt. Weiter nördlich, gegen das kontinentalere Alpeninnere, kommt er noch auf warmen Kalk- und Dolomitstandorten z. B. im Wallis, Vintschgau, Eisacktal vor. Darüber treten Mischwälder aus Linde und Ahorn oder vom Menschen stark geförderte Edelkastanienwälder mit eingestreuten Nußbäumen oder der Hopfenbuchen-Haselbusch und auf armen Silikatstandorten Eichen-Birkenwälder mit der Trauben-Eiche auf. Über 1000—1300 m, in feuchten Schluchten auch tiefer, beginnt der montane Buchen-Tannenwald, der an trocknen, heißen Stellen, besonders auf Dolomit durch Föhrenwälder ersetzt wird. In den niederschlagsreichen Teilen, z. B. im Tessin, wächst in der unteren subalpinen Stufe, etwa zwischen 1400 und 1750 m auf kalkarmen Standorten der Alpenrosen-Tannenwald, dem noch Lärche und Buche beigemischt sein können. In den kontinentaleren Teilen der S-Alpen kommen in dieser Stufe Fichten- und Fichten-Lärchenwälder und reine Lärchenwälder vor. Letztere bilden dort häufig die Waldgrenze; Lärchen-Zirbenwälder sind selten.
In den stark ozeanischen, südlichen Randketten mit relativ milden, schneereichen Wintern wird die Waldgrenze von Buchen-Ahornwäldern und Krüppelbuchen gebildet, die auf feuchten, schattigen Böden von Grünerle mit üppiger Hochstaudenflur abgelöst werden. Auf flachgründigen Geröllböden haben wir auch in den S-Alpen, vor allem im Osten, eine Krummholzstufe.

---

1 **Flaum-Eiche,** *Quercus pubescens* Willd., bis 20 m hoher Baum, oft nur bis 6 m hoher Strauch mit anfangs graufilzig behaarten, später oberseits verkahlenden B. und graubrauner, rissiger Rinde. B. sommergrün, tief eingeschnitten, mit schmalen Lappen. B.stiele, junge Zweige und Knospen flaumig behaart. Fruchtbecher mit lanzettlichen, angepreßten Schuppen. Bis 1100 m. — An heißen Hängen vereinzelt bis 1000 m, die **Stechpalmenblättrige** oder **Stein-Eiche,** *Q. ilex* L., immergrüner Strauch, selten Baum. B. breitlanzettlich, unten filzig, dornig gezähnt oder ganzrandig, derb. Rinde hellgrau, später kleinschuppig. Fruchtbecher mit stumpfen, angepreßten Schuppen.

2 **Hopfen-Buche,** *Ostrya carpinifolia* Scop., Strauch oder bis 15 m hoher Baum mit anfangs glatter, weißgrauer, später längs- und querrissiger, dunkler Rinde. B. eiförmig, spitz, am Grund fast herzförmig, scharf doppelt gesägt, mit kräftig hervortretenden, anfangs behaarten Nerven. Männliche Kätzchen dichtblütig, bis 10 cm lang. Fruchtkätzchen hopfenähnlich. Bis 1300 m.

3 **Edelkastanie,** *Castanea sativa* Mill., bis 30 m hoher Baum. Stamm von kräftigen, häufig etwas gedrehten Längsrippen gefurcht. B. 10—25 cm, aufrecht. Nüsse glänzend braun, zu 1—3 in einer stacheligen, grünen, 2—4klappig aufreißenden Hülle. Auf kalkfreien Böden bis etwa 1000 m.

4 **Zürgelbaum,** *Celtis australis* L., bis 20 m hoher Baum oder Strauch mit glatter, grauer Rinde. B. kurzgestielt, schief eiförmig, sehr lang zugespitzt, scharf gesägt, Frucht fleischig, süß, bräunlichschwarz. Bis 1100 m.

2
3
1
4

Tafel 1 Pflanzen der Kalkfelsspalten

Das weite Landschaftsgebiet der Alpen bietet dem Berg- und Naturfreund eine reiche, farbenprächtige und vielfältige Vegetation. Selbst die steilsten und höchsten Grate und Felsgipfel sind nicht ohne pflanzliches Leben, vorausgesetzt, sie sind wenigstens einige Monate im Jahr schneefrei. Gegen Kälte und Austrocknung unempfindliche Flechten besiedeln sonn- und schattseitige Felsen in reicher Artenfülle. Frei von jeglichem Pflanzenwuchs bleibt kaum ein Stückchen Fels. Wenn man bei Regen mit einem Hammer auf einen scheinbar nackten Fels schlägt, so wird auch an dieser Stelle ein grüner Fleck mit endolithischen Algen und Flechten sichtbar, d. h. mit Arten, die 1—2 cm tief in den Stein eindringen und unter der Gesteinsoberfläche leben. In den Kalkalpen sieht man an senkrechten, häufig überrieselten Wänden schwarzblaue, oft viele Meter breite Streifen, die sogenannten Tintenstriche, die von endolithischen Blaualgen stammen. Manche Blaualgen scheiden den gelösten Kalk in Form gerillter oder warziger Krusten wieder ab. Selbst innerhalb von Glimmerplättchen des Granites in den feuchten Wänden der Zentralalpen hat man sich vermehrende Kieselalgen gefunden. Auch Bakterien dringen in feinste Klüfte des Gesteins ein. An der Aushobelung der Furchen, Kare und Schratten im Kalk tragen auch Bakterien, unter anderem Milchsäure bildende, wesentlich bei.

---

1 **Felsen-Kugelschötchen,** *Kernera saxatilis* (L.) Rchb., Rosettenb. länglich, ganzrandig oder gezähnt bis fiederspaltig, angedrückt, rauhhaarig. St.b. linealisch. Schötchen kugelig oder birnförmig. Pfl. 10—30 cm. 500—2800 m. ✻ 5—7 A. Auch auf Kalkschutt.

2 **Trauben-Steinbrech,** *Saxifraga paniculata* Mill. (*S. aizoon* Jaqu.), Bl. weiß, oft punktiert, in reichblütigen Rispen. B. am Rand mit Kalkgrübchen, zungenförmig, 3—5 cm lang, gezähnt, in Rosetten. St. 10—40 cm. 1300—3400 m ✻ 5—8. A. Auch in Polsterseggen- und Blaugrasrasen und anderen Gesellschaften.

3 **Moschus-Steinbrech,** *Saxifraga moschata* Wulf., Pfl. 2—12 cm, dichtrasig. St. 2—5blütig. Kronb. so breit wie Kelchb. B. ungeteilt oder 3—5spaltig. Meist auf kalkreichem Gestein. 1500—4000 m. ✻ 7—8. A. Auch auf Schutt und in Polsterseggenrasen.

4 **Stengel-Fingerkraut,** *Potentilla caulescens* Turn., Grundb. 5zählig. Staubfäden behaart. St. 10—30 cm, 3—7blütig, B.chen behaart, am Rand seidig bewimpert, vorn gestutzt. Kronb. wenig länger als Kelchb. 900—2400 m ✻ 7—9 A.

5 **Schweizer Mannsschild,** *Androsace helvetica* (L.) All., Pfl. 2—5 cm, dichte, graue Polster. Bl. einzeln, fast sitzend, weiß, mit gelbem Schlund. B. 3 mm lang, dicht dachziegelig gestellt. 1600—3500 m. ✻ 5—7. A.

6 **Alpen-Aurikel,** *Primula auricula* L., Pfl. 5—25 cm. B. dick, fleischig, mit Mehlstaub bedeckt. Bl.schaft mit 4—12 gelben Bl. 1500—2500 m. ✻ 4—7. A. Auch in Polsterseggen- und Blaugrasrasen.

7 **Felsen-Baldrian,** *Valeriana saxatilis* L., Pfl. 5—30 cm. St. b.los oder mit 1 B.paar; B. ungeteilt, 3—5nervig. Bl.stand armblütig. 1000—2500 m. ✻ 6—8. O-A. Auch in Blaugras-Horstseggenrasen, Polsterseggenrasen und in Latschenbeständen.

3
5
4
2
6
7
1

Tafel 2 Pflanzen der Kalkfelsspalten
(mit hauptsächlicher Verbreitung in den S- und SW-Alpen)

Blütenpflanzen können sich nur in solchen Ritzen und feinen Spalten ansiedeln, wo sie wenigstens minimale Mengen an Feinerde und Humus finden. Andererseits sind die mit Feinerde gefüllten Spalten sehr fruchtbare Nährböden. Eine reichhaltige Tierwelt aus Regenwürmern, Asseln, Ameisen und anderen Insekten lebt in den Spalten und trägt zur Humusbildung bei. Der Humusgehalt der Feinerde in den Spalten ist mit 10—30%, im Vergleich zum Humusgehalt der Feinerde des Kalkschuttes mit 1—3%, außergewöhnlich hoch. In Felsritzen, die noch von höheren Pflanzen frei sind, siedeln sich zunächst viele niedere Arten an und treten untereinander in Wurzelkonkurrenz, aber auf die Dauer können nur einige wenige Arten, die man als typische Felsspaltenpflanzen bezeichnet, den extremen Bedingungen, wie starkem Temperaturwechsel oder zeitweiliger Trockenheit standhalten. Fertig ausgebildete

---

1 **Eis-Felsenblümchen,** *Draba dubia* Suter (*D. frigida* Saut.), B. locker sternhaarig, schmal verkehrt-eiförmig, bis 1 mm. Bl.stand reichblütig, locker; Schötchen schmal-elliptisch, kahl oder am Rand behaart. Pfl. in lockeren Rasen, 3—14 cm. 1500—3500 m. ✻ 5—7. A., in N-A selten. In Felsspalten und auf Feinschutt, auch häufig auf saurem Gestein. — An ähnlichen Kalkstandorten auch das **Filzige Felsenblümchen,** *D. tomentosa* Clairv., Pfl. von Sternhaaren dicht-flaumig; Bl. in dichter, kurzer Traube. Schötchen breit-elliptisch — und das **Kärntner Felsenblümchen,** *D. carinthiaca* Hoppe, mit verlängerter Bl.traube und lanzettlichen, am Grund bewimperten B. und kahlen Bl.stielen.

2 **Felsen-Schleifenblume,** *Iberis saxatilis* Torn., B. immergrün, bis 1,5 mm breit, etwas fleischig; St. bis zum doldigen Bl.stand verholzt und zerbrechlich, 5—10 cm. 1000—2500 m. ✻ 6—8. S-A. — An ähnlichen Standorten auch die **Immergrüne Schleifenblume,** *I. sempervirens L.,* B. bis 5 mm breit, lederig; St. oben biegsam, 10—30 cm. 1000—2500 m. ✻ 6—8. S-A.

3 **Schnee-Fingerkraut,** *Potentilla nivalis* Lapeyr., St. lang seidig behaart und kurz drüsenhaarig, 10—30 cm. B.chen breit-eiförmig, vorne gezähnt. Kronb. kürzer als die Kelchb. 1500—2700 m. ✻ 5—7. SW-A. Auch auf Schutt.

4 **Zwerg-Kreuzdorn,** *Rhamnus pumila* Turra, knorriger, dem Felsen anliegender Zwergstrauch mit 4zähligen Bl. und wechselständigen, büschelig gehäuften B. Griffel 2—4spaltig. Pfl. 5—20 cm. 1200—3000 m. ✻ 6—8. A.

5 **Zwerg-Kugelblume,** *Globularia nana* Lmk., ähnlich *G. cordifolia* L., aber viel kleiner, B. 2—4 mm breit, spatelförmig, nicht ausgerandet, in sehr dichten Rosetten; Bl.schaft kurz, bis 2 cm. 1200—2200 m. ✻ 5—6. SW-A.

6 **Dolomiten-Glockenblume,** *Campanula morettiana* Rchb., B. graugrün, steifhaarig, gezähnt, die unteren langgestielt, die oberen sitzend. Bl. einzeln, aufrecht, purpurn. Pfl. 3—6 cm. 1500—2500 m. ✻ 8—9. S-A. — An gleichen Stellen und ähnlich aussehend ist die **Insubrische Glockenblume,** *C. raineri* Perp., mit bauchig-trichterförmigen, 3—4 cm breiten, hellblau-lilafarbenen Bl. und gekerbten, zerstreut kurzhaarigen B. 1300—2300 m. ✻ 7—9. S-A.

7 **Schopf-Teufelskralle,** *Phyteuma comosum* L., grundständige B. gestielt, nierenförmig, ungleich tief gesägt; St.b. verkehrt-eiförmig bis lanzettlich. Bl. zu 8—20 in kopfförmigen Dolden. Kronb. am Grund bauchig, blaßlila, Schnabel blauviolett. Pfl. 5—10 cm. 1000—2000 m. ✻ 6—8. S-A.

1
2
3
4
5
6
7

Tafel 3 Pflanzen der Kalkfelsspalten
(mit hauptsächlicher Verbreitung in den O- und SO-Alpen)

Spaltengesellschaften können dann über hunderte von Jahren in ihrer Zusammensetzung fast unverändert verharren und stellen klassische Beispiele für Dauergesellschaften dar. Die Felsspaltenpflanzen müssen gegen winterliche Fröste unempfindlich sein, weil in steilen Wänden häufig der Schutz der Schneedecke fehlt. Andererseits ist die Vegetationsperiode und die schneefreie Zeit oberhalb der Waldgrenze bei keiner anderen Pflanzengesellschaft von so langer Dauer wie hier. Bereits im Mai kann sich der Fels sonnseitig bis auf 35° erwärmen und wirkt nachts noch als Wärmespeicher, weshalb die hochalpinen Felsspaltenpflanzen hauptsächlich sonnseitig wachsen, während sie sich in tieferen, wärmeren Lagen in schattig-feuchte Schluchtwände zurückziehen. Um die zeitweilige Austrocknung in der alpinen Stufe zu überdauern, haben viele Pflanzen polsterförmigen Wuchs mit geringer Oberfläche und deshalb geringer Verdunstung, wie z. B. Schweizer Mannsschild, oder sie sind halbsukkulent, d. h. sie können Wasser speichern wie Aurikel oder Mauerpfeffer.

---

1 **Österreichische Miere,** *Minuartia austriaca* Hayek, lockerrasige, aufrechte Pfl., 10—20 cm, meist 2blütig, mit linealischen, unterseits 3nervigen B. Kronb. 2mal so lang wie der Kelch. 1400—220 m. * 6—8. O-A. Auch im Schutt mit der **Felsenmiere,** *M. rupestris* Sch.et Thell., mit eiförmigen bis lanzettlichen, 3—9nervigen B. Bl. 5zählig. Pfl. kriechend, rasig, 5—15 cm. * 7—8 A.

2 **Bastard-Hahnenfuß,** *Ranunculus hybridus* Biria, grundständige B. meist 2, blaugrün, unterstes St.b. breit-nierenförmig, 3—5lappig, oberes St.b. linealisch. Bl. 1—3. Pfl. 10—15 cm. 1600—2400 m. * 6—8. O-A. Auch auf Kalkschutt.

3 **Stachelblättriger Steinbrech,** *Saxifraga burseriana* L., B. priemlich, starr 3kantig, graugrün; St. 1blütig, rot, drüsig, Kronb. weiß mit vielen Adern. Pfl. 3—8 cm. 1600—2500 m. * 3—6. O-A. — **Vandellis Steinbrech,** *S. vandellii* Sternb., B. ähnlich, aber St. 3—8blütig. Sonnige Kalkfelsen. S-A bis 2600 m.

4 **Krusten-Steinbrech,** *Saxifraga crustata* Vest., Rosettenb. linealisch, ganzrandig, oft stark von Kalk inkrustiert. Bl.stand traubig-rispig; Rispenzweige 1—3blütig. Pfl. 12—30 cm. 600—2800 m. * 6—8. O-A. 3 weitere ähnliche Kalkfelsarten mit kalkinkrustierten B. sind: *S. hostii* Tausch, Rosettenb. gesägt, 2—10 cm lang; Rispenzweige 3—9blütig; große Rosettenpfl. 25—60 cm. O-A. *S. callosa* Sm., Rosettenb. ganzrandig, linealisch, sehr variabel; Rispenzweige 4- und mehrblütig. Pfl. 15—35 cm. W-A. — *S. cochlearis* Rchb., B. ganzrandig, spatel- bis löffelförmig. Rispenäste 1—3blütig. Pfl. 5—40 cm. W-A.

5 **Alpen-Fingerkraut,** *Potentilla clusiana* Jacq., St. 5—10 cm, angedrückt behaart, 1—3blütig; B. mit 5 vorne gestutzten, gezähnten B.chen. Kronb. viel länger als die Kelchb. Staubfäden kahl. 1200—2400 m. * 7—8. O-A. Auch auf Kalkschutt.

6 **Blaues Mänderle,** *Veronica bonarota* (L.) Wettst., B. ei- bis fast kreisförmig, grob gesägt, dunkelgrün. Bl. blauviolett, in kurzen Trauben. Pfl. 8—15 cm. Bis auf 2500 m. * 6—8. S-A.

7 **Nickende Glockenblume,** *Campanula zoysii* Wulf., untere B. eiförmig, gestielt, St. b. länglich. Bl. in 1—4blütiger Traube; Krone walzlich, am Grund bauchig, unterhalb der Mündung zusammengezogen. Pfl. 2—10 cm. 1500—2200 m. * 7—8. SO-A. Auch in Kalkschuttgesellschaften.

4
6
3
2
5
7
1
19©72

Tafel 4 Pflanzen der Silikatfelsspalten

Die höchsten Erhebungen in den Alpen liegen in den Gebirgszügen aus silikatreichem Gestein. Beträchtliche Bereiche liegen in der nivalen Stufe, also über der klimatischen Schneegrenze, d. h. über jener Höhenlinie, über der auf horizontaler Fläche der Schnee das ganze Jahr liegen bleibt. Die Schneegrenze schwankt je nach Exposition und geographischer Lage etwa zwischen 2600 und 3300 m. Über dieser Grenze sind jedoch Wände, steile Schutthalden und Felsgrate, je nach Lage und Steilheit, mehrere Monate des Jahres schneefrei und werden von Pflanzen besiedelt. Blütenpflanzen steigen bis etwa 4200 m, allerdings sind das keine typischen Spaltenpflanzen, sondern meist Schuttpflanzen, wie Gletscher-Hahnenfuß, Alpen-Mannsschild oder Moos-Steinbrech. Die Flechten steigen bis 4800 m. Während auf Kalkfels fast nur Krustenflechten vorkommen und viele Arten endolithisch, also in der Gesteinsoberfläche leben (vergl. S. 36) und daher kaum auffallen, gibt es auf Silikatgestein neben der

---

1 **Furchen-Steinbrech,** *Saxifraga exarata* Vill., dunkelgrüne, drüsig-klebrige Polsterrasen mit 3—7spaltigen, gefurchten B. und weißen bis elfenbeinfarbenen Bl., zu 4—10. Pfl. 3—12 cm. 1800—3600 m. ✻ 6—8. A. Auch auf Schutt.

2 **Leim-Primel,** *Primula viscosa* All., B. und Bl.schaft mit stark riechenden, klebrigen Drüsenhaaren besetzt. B.schaft länger als die fleischigen, grob gezähnten, in den Stiel verschmälerten B. Bl. violett, Kronröhre und Schlund mit kurzen Drüsenhaaren. Pfl. 5—15 cm, mit etwa 20 cm langen Rhizomen in den Felsspalten sitzend. 1800—3000 m. ✻ 6—7. W-A. — Die **Piemonteser Primel,** *P. pedemontana* Thomas, hat fleischige, gekerbte, nur am Rande mit roten Drüsen besetzte B. Bl. rosarot mit weißem Schlund. 1400—3000 m.

3 **Vielblütiger Mannsschild,** *Androsace vandellii* Chiov., Pfl. 2—4 cm, dichte Polster aus säulenförmigen Trieben. B. schmal, spatelig, von Sternhaaren silberweiß. Bl. fast sitzend, weiß, im Schlund gelb. 2000—3000 m. ✻ 6—8. A.

4 **Zwerg-Himmelsherold,** *Eritrichum nanum* (Amann) Schrad., 2—5 cm hohe, seidig-glänzende Polster aus stark verästelten, dicht beblätterten Stämmchen. B. lanzettlich. Bl. zu 3—6, himmelblau. 2400—3500 m. ✻ 7—8. Zentral- und S-A. Auch in steinigen Pionierrasen.

5 **Echte Edelraute,** *Artemisia laxa* (Lam.) Fritsch *(A. mutellina* Vill.), B. silberglänzend, die unteren doppelt 3teilig, die oberen fingerig geteilt. Bl.köpfe zu 5—20, traubig-ährig angeordnet. Bl. gelb. Pfl. aromatisch duftend, 10—30 cm. 1600—3700 m. ✻ 7—9. A., vor allem westlich verbreitet. Auch in steinigen Pionierrasen. — Rein westlich ist die **Gletscher-Edelraute,** *A. glacialis L.,* mit 2—9 gelben Bl.köpfen, einen gedrungenen, kopfigen Bl.stand bildend. B. mehrfach fiederschnittig. Pfl. weißwollig, 5—15 cm. 1900—3200 m.

6 **Endivien-** oder **Weißliches Habichtskraut,** *Hieracium intybaceum* All., B. und St. klebrig-drüsig. B. unregelmäßig gezähnt und wellig. St. 5—15 cm, gefurcht, gabelästig, wenigköpfig. Köpfe groß, blaßgelb. 1500—2700 m. ✻ 7—9. Auch auf kalkarmen Steinschutt.

7 **Nordischer Streifenfarn,** *Asplenium septentrionale* (L.) Hoffm., B. lederig, kahl gabelteilig, B. zipfeln keilförmig, vorne gezähnt, 8—15 cm. Ebene bis 2800 m. A. Meist auf trockenem, sonnigem Silikatgestein, während der ähnliche südalpine **Dolomiten-Streifenfarn,** *A. seelosii* Leyb., mit beiderseits weißfilzigen, vorne 3teiligen B. nur auf Kalk und Dolomit bis 2600 m wächst.

7
6
4
3
2
1
5
19 C 72

reichen Vielfalt der Krustenflechten auch viele laubige und strauchige Formen. Zu den am höchsten steigenden und auffälligen Flechten gehören Arten der Gattung *Rhizocarpon* und *Umbilicaria* (s. Tafel 44). Extrem langsames Wachstum und daher auch extrem hohes Alter zeichnen diese nivalen Flechten aus. Messungen, die sich über 30 Jahre erstreckten, ergaben einen Zuwachs des Flechtenkörpers von 1—10 mm in 100 Jahren. Die meisten Flechten der Gipfel und Grate sind also über viele 100 Jahre alt. Felsflächen, die nach Zurückwandern der Gletscher seit etwa 100 Jahren eisfrei liegen, weisen kaum Spuren von Flechten auf.
In Spalten und feinen Ritzen siedeln sich Moose bis weit über 4000 m an. Die Moosflora der Silikatfelsspalten ist reichhaltiger und üppiger als die der Kalkfelsspalten, und die Moospolster liefern gute Keimbedingungen für die Blütenpflanzen. Wie im Kalk, so versuchen auch in den Silikatfelsspalten zunächst alle möglichen Arten Fuß zu fassen; und sie konkurrieren um den Wurzelraum. Auf die Dauer halten auch hier nur die typischen Spaltenpflanzen den extremen Bedingungen stand. Die Silikatfelsspaltengesellschaften sind Dauergesellschaften, vorausgesetzt, sie kommen an nahezu senkrechten Wänden vor. Bereits bei einer Neigung von 40—60°, besonders in Südexposition, werden sie in der unteren alpinen und subalpinen Stufe von Zwergsträuchern, wie Zwergwacholder oder Bärentraube und bei noch geringerer Neigung, von Horstpflanzen, überwachsen.

---

1 **Alpen-Steinkraut,** *Alyssum alpestre* L., Pfl. 5—15 cm, mit vielen nichtblühenden Rosetten. B. dicht sternhaarig, weißlich, lanzettlich bis spatelig. Schötchen fast kreisrund. 2000—3000 m. ✻ 7—8. W-A.

2 **Piemonteser Steinbrech,** *Saxifraga pedemontana* All., B. etwas fleischig, keilförmig, fächerig geteilt. Bl.stand ripsig bis doldenripsig, dicht. Bl. weiß. Dichtrasige Pfl. 5—8 cm. 1500—2700 m. ✻ 6—8. W-A. Schattige oder feuchte Felsen.

3 **Schmalkronblättriges Fingerkraut,** *Potentilla grammopetala* Moretti, B. und St. dicht weichhaarig; B. viel kürzer als der St., dieser 10—20 cm, 5- und mehrblütig, Kronb. weiß, sehr schmal, kaum so lang wie die Kelchb. 1800—2500 m. ✻ 7—8. W-A. Sonnige Felsen.

4 **Behaarte Primel,** *Primula hirsuta* All., Pfl. 3—10 cm, dicht mit klebrigen Drüsenhaaren besetzt. B. meist grob gezähnt, etwas fleischig, oval, plötzlich in den Stiel verschmälert; Bl.schaft meist etwas kürzer als die B. Bl. rosa. (230—)1200—3600 m. ✻ 4—7. Zentral- und N-A.

5 **Weißrandige Primel,** *Primula marginata* Curt., Pfl. 5—12 cm, mit kräftigem Wurzelstock. B. fleischig, am Rand weiß-mehlig, gezähnt. Bl. rosa bis violett. 1000—2600 m. ✻ 4—7. W-A. Auf Kalkfels.

6 **Felsen-Edelraute,** *Artemisia petrosa* (Baumg.) Jan., ist der westalpine Vertreter der Schwarzen Edelraute, *A. genipi* Web. (s. Tafel 12), und dieser sehr ähnlich. Unterscheidet sich von ihr durch dichtere Bl.köpfe, dichtzottige Bl.-krone und Fruchtknoten, schmale, schwarzbraune Hautränder mit Hüllschuppen und größere B. mit längeren Zipfeln. 2000—3100 m. ✻ 7—9. W-A. Auch auf Geröll.

2
5
3
4
1
6
19©72

Tafel 6 Pflanzen auf Kalkschieferschutt

Bis vor wenigen Jahren hat man nur zwischen Kalkschuttgesellschaften auf basischen, reinen Kalken und Silikatschuttgesellschaften auf saurem Urgestein unterschieden. Bei genauerem Studium der Vegetation alpiner Schuttböden, vor allem in den Zentralalpen, entdeckte man eine Reihe von Pflanzen, die weder auf typischem Kalkschutt, wie Wetterstein oder Dachsteinkalk oder Dolomit, noch auf reinem Silikatschutt, wie Gneis oder Granit, sondern auf einem Kalk-Silikat-Mischgestein, wie z. B. Kalkglimmerschiefer oder Kalkphyllite, hier kurz als Kalkschiefer bezeichnet, vorkommen. Gemeinsam sind allen Typen des Kalkschiefers ein hoher Anteil an Kalkspat; Quarz und Glimmer sind fast immer anwesend. Der meist lichtgraue Kalkschiefer unterliegt sehr stark der physikalischen Verwitterung. Der dadurch verursachte Anteil an bräunlichem Feinmaterial bewirkt zweierlei: 1. Die Kalkschieferböden werden bereits bei einem viel geringeren Humusgehalt von Pflanzen besiedelt als die anderen Schuttböden. 2. Die Löslichkeit der Kalke wird infolge Vergrößerung der freien Oberflächen im Boden stark erhöht, weshalb diese Kalk-Silikat-Mischgesteine eine särkere basische Reaktion zeigen als reine Kalke. Die Schneebedeckung der durchfeuchteten Böden dauert 8—9 Monate.

---

1 **Fladnitzer Hungerblümchen,** *Draba fladnizensis* Wulf., Pfl. dichtrasig, 2—8 cm. Triebe mit den Resten abgestorbener B. bedeckt. B. am Rand bewimpert, sonst fast kahl, oval-lanzettlich. Bl.stand armblütig, doldig. Bl.stiele und die eiförmigen Schötchen kahl. 1600—4000 m. ✻ 6—8. A.

2 **Hoppes Hungerblümchen,** *Draba hoppeana* Rchb., kleine Polster aus kugeligen Rosetten. B. lanzettlich-lineal, am Rand bewimpert. Bl.stand kopfig, 1—5blütig. Dem Immergrünen Felsenblümchen (s. Tafel 21) ähnlich, aber nur 2—4 cm hoch. 2200—3600 m. ✻ 7—8. Zentral-A.

3 **Rudolphis Steinbrech,** *Saxifraga rudolphiana* Hornsch., Pfl. dichte, feste Flachpolster bildend, B. verkehrt-eiförmig, stumpf, dachziegelig, 1,5—2 mm. Bl. purpurn. Einem kleinen *S. oppositifolia* ähnlich. 2200—3200 m. ✻ 6—8. A.

4 **Kurzblättriger Enzian,** *Gentiana brachyphylla* Vill., Pfl. rasenbildend, 3—6 cm. B. dachziegelig, rhombisch, glänzend, mit breitem Knorpelrand. Alle B. fast gleich groß (bei *G. rotundifolia* nehmen die B. nach unten an Größe zu und haben schmalen Knorpelrand). Bl. einzeln, kurzgestielt, azurblau. Kronzipfeln schmal, ei-lanzettlich (schmäler als im Bild). 1800—3100 m. ✻ 7—8. A. (N-A. selten). Auch auf Schneeböden und im Krummseggenrasen.

5 **Farnblättriges Läusekraut,** *Pedicularis aspleniifolia* Flörke, Pfl. 5—10 cm. B. tief fiederspaltig mit doppelt gezähnten Zipfeln. Bl.stand gedrungen, kurz. Bl. rosarot, mit dunklerer Oberlippe. Kelch wollig-zottig, Kelchzipfel b.artig, gekerbt, an der Spitze hakig. 1400—2800 m. ✻ 7—8. A (östlich).

6 **Armblütige Teufelskralle,** *Phyteuma globulariaefolium* Sternb. et Hoppe, Pfl. 1—5 cm. B. löffelförmig, ganzrandig oder vorn 3—5zähnig. Bl. zu 2—7; äußere Hüllb. breit-rundlich. 2000—3000 m. ✻ 7—8. O-A. — Ähnlich ist die westalpine **Piemonter Teufelskralle,** *P. pedemontana* R. Schulz, B. zungenförmig, Ränder oft eingeschlagen. Bl. zu 4—12; äußere Hüllb. eiförmig, spitz.

7 **Rhätischer Pippau,** *Crepis rhaetica* Hegetschw., St. 2—7 cm, 1köpfig, dichtzottig, unterm Bl.kopf verdickt, 1—2blättrig. B. geschweift-gezähnt, kahl. Hüllb. dicht-zottig. 1900—3000 m. ✻ 7—9. Zentral- und W-A.

1
2
5
4
3
7
6
19 C 72

Tafel 7 Pflanzen auf Kalkschutt

Wer einmal versucht hat, in einem unbegangenen, steilen Schuttkar aufzusteigen, hat die große Beweglichkeit des Kalkgerölls an eigenen Füßen erfahren. Die ständige Umlagerung und der Transport des Gerölls durch Tritt, Steinschlag, heftige Regengüsse und durch Frosteinwirkung erlauben es nur wenigen Pflanzen, zu gedeihen. Die lange Schneebedeckung von etwa 7—8 Monaten in den höheren Lagen und die Nährstoffarmut dieser Rohböden kommen noch erschwerend hinzu. Mehrere Wuchsformen der Schuttbesiedler haben sich erfolgreich herausgebildet. 1. Die Schuttwanderer senden vom Wurzelhals zahlreiche Triebe durch die Schuttdecke, bis sie ans Licht gelangen, um Blätter und Blüten zu bilden; werden sie verschüttet, so verlängern sie ihre Triebe. Diese Arten durchspinnen gleichsam den Boden und wandern bei Bewegung des Gerölls passiv mit. Typische Vertreter sind Täschelkraut, Langsporniges Veilchen und Geröll-Veilchen. 2. Die Schuttüberkriecher liegen mit schlaffen, streckungsfähigen, oberirdischen Trieben dem Schutt lose auf, wie z. B. Alpen-Leinkraut oder das Breitblättrige Hornkraut. 3. Die Schuttwanderer bilden eine Rasendecke aus niederliegenden, wurzelnden Zweigen, wie z. B. Gegenblättriger Steinbrech oder Gipskraut. 4. Die Schuttstauer bilden feste Horste und

---

1 **Weißer Alpenmohn,** *Papaver sendtneri* Kern., B. 1—2fach fiederteilig, B.abschnitte oval-lanzettlich, spitz, zu 2 Paaren. St. 1blütig, mit gelben, steifen Haaren. Bl. weiß. Pfl. 5—20 cm. 1500—2700 m. ✻ 7—8. Zentral- und O-A.

2 **Bündner Alpenmohn,** *Papaver rhaeticum* Ler., B. 1—2fach fiederteilig, B.abschnitte breit-lanzettlich, stumpf, zu 2—4 Paaren. Bl. gelb. Pfl. 5—15 cm (1300—)1800—3000 m. SW- und O-A. — Ähnlich sind *P. kerneri* Hayek, mit 2—3fach fiederteiligen B., B.abschnitte linealisch, spitz, zu 3—4 Paaren. Bl. gelb, SO-A. — und *P. burseri* Cr., mit weißen Bl. und ähnlichen B. NO- und NW-A.

3 **Rundblättriges Täschelkraut,** *Thlaspi rotundifolium* (L.) Gaud., Pfl. rasenbildend, 5—15 cm, mit tiefer Pfahlwurzel. B. kahl, bläulichgrün, grundständige B. in Rosetten. St.b. am Grund breit geöhrt und umfassend. Bl. hellviolett, in Doldentrauben. 1300—3300 m. ✻ 7—9. A. Typische Schuttwanderer.

4 **Alpen-Leinkraut,** *Linaria alpina* (L.) Mill., Pfl. 5—15 cm, mit niederliegenden bis aufsteigenden Ästen. B. dick, länglich, kahl, blaugrün. Bl. blauviolett, mit gelbem Gaumenfleck oder seltener 1farbig blauviolett. 1200—3400 (—4200) m. ✻ 9. A. Schuttüberkriecher.

5 **Zwerg-Baldrian,** *Valeriana supina* Ard., Pfl. kriechend, 3—15 cm. B. spatelförmig, bewimpert. Bl. blaß rotlila, Bl.stand dicht, kopfig, von Hochb. umgeben. Früchte mit langer, gefiederter Haarkrone. 1800—2900 m. ✻ 7—8. O-A. Schuttwanderer, auch auf Schneeböden.

6 **Schwarze Schafgarbe,** *Achillea atrata* L., Pfl. 10—25 cm, weichhaarig. B. 1fach fiederschnittig mit 2—3spaltigen Fiedern. Doldentraube 3—12blütig. Zungenbl. weiß, Scheibenbl. weißlich. Hüllb. schwarzrandig. 1700—4200 m. ✻ 7—9. A.

7 **Schwarzrandige Wucherblume,** *Chrysanthemum atratum* Jacq., St. 10—30 cm, 1köpfig. B. etwas fleischig, kahl, dunkelgrün, scharf gesägt-gezähnt. Zungenbl. weiß, Scheibenbl. goldgelb. Hüllb. schwarzrandig. 1500—2800 m. ✻ 7—9 A. Auf Rohschutt und Schneeböden.

1
2
3
4
5
6
7
19 C 72

stauen den beweglichen Schutt, so der Zweizeilige Grannenhafer oder der Zwerg-Pippau. Durch die Arten der beiden letzten Gruppen setzt die Bildung einer Humusdecke ein; wird dann noch die Beweglichkeit und Neuzufuhr des Gerölls gering, so werden die Schuttpflanzen von Arten der Rasengesellschaften verdrängt. Die Besiedler der Schutthalden sind gegenüber den rasenbildenden Arten der humusreicheren Böden konkurrenzschwach.
Die lange Schneedauer der Schuttkare verlangt von ihren Besiedlern, daß sie in der kurzen Aperzeit austreiben, blühen und fruchten. Viele Schuttpflanzen, z. B. Alpen-Gemskresse, Nabelmiere oder Roter Steinbrech überwintern wie die typischen Schneebodenpflanzen mit grünen Trieben, um sofort nach Wegschmelzen der Schneedecke zur Assimilation bereit zu sein. Zum anderen kann der Schnee oft mitten im Winter zeitweilig verschwinden, und selbst unter einer dünnen Schneedecke reicht das Licht noch zur Assimilationstätig-

---

1 **Kriechendes Gipskraut,** *Gypsophila repens* L., Pfl. 8—25 cm, kriechend oder aufsteigend, häufig rasenbildend, blaubereift. B. etwas fleischig, bläulichgrün, linealisch. Bl.stand locker. Bl. weiß oder rosa. 1000—2800 m. ✻ 5—8. A. Im Kies der Alpenflüsse häufig weit herabsteigend; auch in Blaugrasrasen.

2 **Bewimperte Nabelmiere,** *Moehringia ciliata* (Scop.) DT., Pfl. 2—8 cm, kriechend, feinrasig, B. schmal-linealisch, dicklich, am Grund häufig bewimpert. St. 1—3blütig. Kelchb. 3nervig. Bl. 5zählig. 1600—3100 m. ✻ 6—8. A.

3 **Moos-Nabelmiere,** *M. muscosa* L., St. 5—20 cm, zarte, feine Rasen bildend. B. fadenförmig, hellgrün. Bl. meist 4zählig. Kelchb. 1nervig. 800—2300 m. ✻ 5—9. A. In schattigen, feuchten Felsspalten- und Schuttgesellschaften.

4 **Alpen-Gänsekresse,** *Arabis alpina* L., Pfl. 6—40 cm, sternhaarig, mit grundständiger Rosette und st.umfassenden St.b. Bl. weiß, Kelchb. weiß berandet, Schoten 1—6 cm lang und 1—2 mm breit. Von den Tälern bis 3000 m. ✻ 4—8. A. In feuchtem Feinschutt und Felsspalten, auch in Quellfluren und Flußkies.

5 **Alpen-Gemskresse,** *Hutchinsia alpina* (Torn.) R. Br., Pfl. 5—12 cm, mit grundständiger B. rosette. St. zu mehreren, 1fach, b.los. B. gefiedert. Bl. klein, ziemlich langgestielt, in gedrungener, dann verlängerter Traube (800—) 1600—3400 m. ✻ 6—8. A. Standorte wie Alpen-Gänsekresse.

6 **Mt. Cenis-** oder **Geröll-Veilchen,** *Viola cenisia* L., St. niederliegend, 5—10 cm. B. eiförmig bis fast kreisrund, ganzrandig. Bl. zu 1—3 am St. Kelchb. lineal-lanzettlich, mit ganzrandigen oder nur schwach ausgerandeten Anhängseln (bei *V. calcarata* sind die Anhängsel quadratisch und gezähnelt). Bl. hellviolett. 2000—2900 m. ✻ 7—8. W-A.

7 **Zwerg-Glockenblume,** *Campanula cochleariifolia* Lam., Pfl. 5—20 cm, rasenbildend. Untere B. langgestielt, rundlich-herzförmig, grob gezähnt, obere B. schmallanzettlich, sitzend. Bl.stand eine 1seitswendige Traube oder 1blütig. Bl. bauchig-glockig, blau. Täler bis 3000 m. ✻ 7—9. A. Gerne auf durchfeuchteten Fels- und Schuttbändern. — Ähnlich ist die **Rasen-Glockenblume,** *C. caespitosa* Scop., auf Schutt und Flußgeröll mit kurzgestielten Grundb., feinflaumigen St. und länglichen, glockigen, vorne leicht verengten Bl. 600—2400 m. O-A.

2
3
7
1
4
6
5
19 C 72

keit aus. Moose, die die längste Schneebedeckung vertragen, trifft man nur selten an; denn diese finden an der Oberfläche des grobblockigen, nur langsam verwitternden Schuttes keine Nährstoffe und auch keine Feuchtigkeit.
Zwar liefert der Schnee nach der Schmelze jährlich viel nährstoffreiche Feinerde und Feinschlamm — sichtbar an den zurückbleibenden Schmutzrändern — und die jährliche Menge an angewehtem Flugstaub beträgt bis zu 1,8 kg auf 1 Quadratmeter; aber diese feinen Teilchen werden in die tieferen Schichten geschwemmt. Das alleinige Nährsubstrat in den Schuttkaren sind die Feinerdehäufchen in tieferen Schichten, die auch in Trockenzeiten noch genü-

---

1 **Breitblättriges Hornkraut,** *Cerastium latifolium* L., lockerrasige Pfl. 5—15 cm. B. eiförmig, zugespitzt, dicht mit kurzen Borst- und Drüsenhaaren besetzt. Kronb. weiß, 2 spaltig. Staubb. 10; Griffel 5. 1600—3500 m. ✻ 7—8. A.

2 **Zweiblütiger Steinbrech,** *Saxifraga biflora* All., locker verzweigte, kriechende Stämmchen mit meist 2 purpurvioletten Bl. Kelchb. kurzdrüsig, eiförmig, 2mal so breit wie die lanzettlichen Kronb. B. dick, rundlich, zerstreut bewimpert, ohne Kalkdrüsen. 2000—4000 m. ✻ 7—8. A. — Ssp. *macropetala* Rouy et Camus, ist kräftiger, meist 1blütig und hat breitere Kronb.

3 **Roter Steinbrech,** *Saxifraga oppositifolia* L., B. elliptisch, stumpf, etwas fleischig, blaugrün, mit Kalkgrübchen, am Rand bewimpert. Bl. einzeln, weinrot bis violett. Kelchb. anfangs bewimpert. In sehr unterschiedlichen Wuchsformen: lockerrasige Polster bis sehr dichte Flachpolster bildend. 1500—3500 m. ✻ 5—7. A. Ohne besondere Ansprüche an die Unterlage. — Nur auf Silikatgestein ist der ähnliche **Stumpfe Steinbrech,** *S. retusa* Gouan, B. 2—4 mm, dunkelgrün, dicht-dachziegelig, von der Mitte an fast rechtwinkelig zurückgekrümmt, unten stark gekielt, oben mit 5 Kalkgrübchen. Bl. purpurn, zu 1—5. 2000—3500 m. O-A. und W-A., in den mittleren Teilen fehlend.

4 **Gelbes Veilchen,** *Viola biflora* L., St. 8—12 cm, zart, meist 2blättrig und 1—2blütig. B. hellgrün, breit-nierenförmig, gekerbt. Bl. gelb, mit 2—3 mm langem Sporn. Von den Tälern bis 3000 m. ✻ 5—8. A. Feuchtes Geröll, schattige, lehmige, lang von Schnee bedeckte Stellen.

5 **Langsporniges Veilchen,** *Viola calcarata* L., Pfl. 4—10 cm. St. 1blütig. B. eiförmig bis lanzettlich, in den Stiel verschmälert, gekerbt. Bl. dunkelviolett, selten gelb oder weiß. Sporn 8—15 mm, so lang wie die Krone 1600—3000 m. ✻ 6—8. A. (westlich). Auf Ruhschutt und kurzrasigen Weiden.

6 **Alpen-Wucherblume,** *Chrysanthemum alpinum* L., St. 1köpfig, 5—15 cm. Grundständige B. kammförmig fiederspaltig. St.b. lineal, ganzrandig oder gezähnt. Hüllb. der Bl.köpfe mit breitem, schwarzbraunem Rand. 1800—2800 m. ✻ 7—9. A. Kalkfreier oder -armer Feinschutt, Schwemmböden.

7 **Großblütige Gemswurz,** *Doronicum grandiflorum* Lam., St. 15—50 cm, 1—5köpfig, reichdrüsig. Untere B. gestielt, am Grund abgestutzt oder herzförmig, grob buchtig gezähnt, obere B. herzförmig, st.umfassend. (1200—) 1800—3100 m. ✻ 7—8. A. (westlich). Ruhschutt, Felsspalten und steinige Matten mit langer Schneebedeckung. — An gleichen Standorten auch die ähnliche **Gletscher-Gemswurz,** *D. glaciale* (Wulf.) Nym., mit steifbewimperten, länglichen, in den Stiel verschmälerten, grundständigen B. und 1köpfigen St.

1
2
3
4
5
6
7
19 C 72

gend Wasserreserven besitzen. Nur Pflanzen mit einem weit verzweigten, tiefen Wurzelsystem können diese Wasser- und Nahrungsquellen nützen.
Heiße Kare erwecken oft den Eindruck extremer Trockenheit, doch besteht für die Vegetation nur selten Wassermangel. Die obere Stein-Luft-Schicht schützt die tiefer gelegenen, wasserhaltigen Feinerdeschichten vor Austrocknung. Außerdem verhindert der helle Kalkschutt durch Reflexion eine Überhitzung des Bodens. Temperaturmessungen ergaben, daß sich die Oberfläche von Kalkschuttböden auf 25° C erwärmte, während benachbarte Rasenstandorte 40° C erreichten. Aus diesem Grund haben auch die Schuttpflanzen keinen xeromorphen Bau, um die Verdunstung möglichst herabzusetzen, wie es die typischen Arten trockener Standorte haben.

---

1 **Zweizeiliger Grannenhafer,** *Trisetum distichophyllum* (Vill.) P. B., ausläuferbildendes Gras, 10—20 cm. B. 2zeilig angeordnet. B.spreite 3 mm breit, steif, flach, blaugrün. Ährchen meist 3blütig, violett überlaufen, in 1facher, zusammengezogener Rispe. Deckspelze mit 5—6 mm langer Granne. 1200—2900 m. ✻ 7—8. A. — Auf Kalkgeröll der S-A. wächst der **Silber-Grannenhafer,** *T. argenteum* (Willd.) Roem. et Schult., mit schmälerer, 1 mm, zusammengefalteter B.spreite und schlaffer Rispe.

2 **Narzissenblütiger Lauch,** *Allium narcissiflorum* Vill., Pfl. 20—40 cm, B. 3—8 lineal, flach, 2,5 cm breit. Bl.stand mit 3—8 großen, glockenförmigen, rosafarbenen, 6zähligen Bl. Zwiebel zylindrisch, von derben, schwarzen, vertrockneten Häuten eingeschlossen. 2300—2600 m. ✻ 7—8. SW-A.

3 **Tiroler Windröschen,** *Anemone baldensis* L., St. 5—15 cm, behaart. Grundb. langgestielt, 3zählig gefiedert, B.abschnitte keilförmig, gezähnt. Bl. weiß, einzeln, mit 8—10 unterseits behaarten, rötlichen Bl.b. 1800—3000 m. ✻ 7—8. S-A. Gerölle und steinige Matten.

4 **Bertolonis Akelei,** *Aquilegia bertolonii* Schott, St. 10—30 cm. oben drüsenhaarig. Untere B. doppelt 3teilig, B.abschnitte 2—3schnittig, obere St.b. linealisch. Bl. blauviolett, Bl.hüllb. 10—19 mm breit, Sporn hakig gekrümmt, 3—4 mm dick, 10—14 mm lang. Bis 1700 m. ✻ 6—7. SW-A. Geröll, steinige Wiesen. — Ähnlich ist die süd- und ostalpine *A. einseleana* Schultz, mit fast geradem, 2—3 mm dickem und 7—10 mm langem Sporn und 7—8 mm breiten Bl.hüllb. St. 10—45 cm. 1000—1800(—2800) m. — Die **Alpen-Akelei,** *Aquilegia alpina* L., hat größere, blaue Bl., Sporn 18—25 mm lang, St. 15—80 cm, unten zerstreut langhaarig, oben flaumig. 1200—2600 m. A.

5 **Fleischers Weidenröschen,** *Epilobium fleischeri* Hochst., Pfl. bogig aufsteigend, 10—40 cm. B. lineal, gesägt, wechselständig. Bl.traube mit 5—10 langgestielten Bl. Kelchb. purpurrot, Kronb. hellpurpurn. Narbe 4teilig. Täler bis 2700 m. ✻ 7—9. A. (westlich). Kalk- und Silikatschutt, Flußkies.

6 **Mt. Cenis-Glockenblume,** *Campanula cenisia* L., niedrige, kriechende Pfl. mit rosettentragenden Ästen. B. fleischig, bläulich, lang bewimpert. Bl. einzeln, endständig, sternförmig, 2000—3000 m. ✻ 7—9. W-A.

7 **Zwerg-Pippau,** *Crepis pygmaea* L., St. 2—15 cm, gabelteilig. B. langgestielt, kahl oder wollig, unterseits oft rötlich, B.stiel geflügelt. Hüllb. der Köpfe dunkelgrün, behaart. 1600—3000 m. ✻ 7—8. W-A.

1
2
3
4
5
6
7
19 C 72

Tafel 11 Pflanzen auf Silikatschutt und Moränen

Die Pflanzen auf Silikatschutt finden ganz andere Bedingungen vor: das Ausgangsgestein ist silikatreich und liefert sauren Boden; außerdem gibt es noch viele andere Gegensätze zum Kalkschutt. Während im Kalk und Dolomit die Felsbrocken hauptsächlich durch die Schwerkraft transportiert werden, übernimmt im Urgestein das Wasser und das Eis diese Aufgabe. Die großen zentralalpinen Gletscher, die große Schuttmassen transportieren und vor sich herschieben, lassen beim Zurückwandern des Eises, wie es vielerorts heute der Fall ist, sandig-steinige, grobblockige, zunächst pflanzenleere Flächen, Moränenböden genannt, zurück. Die Verwitterung und der Zerfall dieser Silikate, woran vor allem auch Bakterien beteiligt sein sollten, geht viel rascher vor sich

---

1 **Dreigriffeliges Hornkraut,** *Cerastium cerastioides* L., lockerrasige Pfl. 5—15 cm. St. mit 1 Haarleiste, 1—3blütig. B. kahl, länglich, lanzettlich. Kronb. tief 2spaltig, 2mal so lang wie der Kelch. Griffel 3. 1500—3000 m. ✻ 7—8. A. — In feuchten Moränen als Schuttstauer auch das **Eingriffelige Hornkraut,** *C. uniflorum* Clairv., mit elliptisch-spateligen, langzottig behaarten B. Griffel 5. Dichtrasige Pfl. mit vielen sterilen Sprossen, 3—10 cm. 1900—3200 m.

2 **Gletscher-Hahnenfuß,** *Ranunculus glacialis* L., St. 1—mehrblütig, 4—15 cm. Grundständige B. ziemlich dick, dunkelgrün, 3zählig, mit gestielten, 3—vielspaltigen Blättchen, obere St.b. sitzend und weniger geteilt. Kronb. weiß oder rosa, außen meist tiefer gefärbt; Kelchb. dunkelrostbraun, behaart. 2000—4200 m. ✻ 7—8. A. Feuchter, überrieselter Schutt.

3 **Gletscher-Mannsschild,** *Androsace alpina* (L.) Lam (*A. glacialis* Hoppe), lockere Polster, 2—5 cm. B. dicht, lanzettlich, stumpflich, mit Sternhaaren. Bl. einzeln, gestielt, rosa bis weiß, im Schlund gelb. 2000—4200 m. ✻ 7—8. A.

4 **Bayerischer Enzian,** *Gentiana bavarica* L., Pfl. 4—20 cm, rasenbildend, dicht beblättert. B. verkehrt-eiförmig, stumpf, fast alle gleich groß. Kelch röhrig, sehr schmal geflügelt. Krone tiefblau. 1800—2600 m. ✻ 7—9. A. Feuchte Matten, an Quellen, in Schneetälchen.

5 **Gentiana bavarica** ssp. **subacaulis** Cust., ist eine hochalpine Sippe mit kürzerem St. und dicht dachziegeligen, fast runden, nach unten kleiner werdenden B. A. Feuchter Silikatschutt bis 3600 m.

6 **Zwerg-Schafgarbe,** *Achillea nana* L., Pfl. 5—10 cm, eigenartig riechend. B. wollig-zottig, im Umriß länglich, fiederteilig, Fiedern 3—5spaltig. Bl.köpfe 10 mm breit; Hüllb. zottig, schwarzhäutig berandet. Bl. schmutzig weiß. 1700—3800 m. ✻ 7—9. (Zentral-)A.

7 **Cetraria nivalis** (L.) Ach., 2—6 cm hohe Rasen aus 2—10 mm breiten, flachen, netzgrubig-runzeligen, buchtig-lappig geteilten, strohgelben Lappen. Verwandt mit dieser Flechte ist das **Island-Moos,** *Cetraria islandica* (L.) Ach., mit braunen bis braungrünen Lappen. Auf saurem Substrat von den Tälern bis 2800 m.

8 **Cetraria cuculata** (Bell). Ach., ähnlich *C. nivalis,* hat aber stark röhrig eingerollte, nicht netzgrubige, am Grund purpurrote Lappen. 2000—4000 m.

9 **Stereocaulon alpinum** Laur., 2—8 cm hohe, strauchige, asch- oder stahlgraue Rasen, an der Spitze der Stämmchen mit braunem, kopfigem sporenbildendem Fruchtkörper. Auf sandigen Moränen oft mehrere Quadratmeter bedeckend.

1
3
5
2
4
6
8
7
9

als im Kalk. Feinerdiger Rohboden bildet sich zwischen dem Grobschutt, so daß sich dort tiefwurzelnde Pflanzen ansiedeln können. Der rasche Zerfall, der Feinerdereichtum und die erhöhte wasserhaltende Kraft des Silikatschuttes ermöglichen eine viel raschere Besiedlung. Die Böden, vom Sickerwasser oft sehr lange durchfeuchtet, haben mit den Schneeböden, zumindest im Anfangsstadium, vieles gemeinsam, weshalb sich auch einige typische Schneebodenpflanzen einfinden (s. Tafel 14, 15). Der Anteil an Laub- und Lebermoosen ist ziemlich groß, und Laub- und Strauchflechten, die im Kalkschutt vollständig fehlen, gehören zu den charakteristischen Pionierarten.

---

1 **Alpen-Säuerling,** *Oxyria digyna* (L.) Hill., St. 5—15 cm, meist b.los. Grundständige B. langgestielt, nierenförmig, bleichgrün. Bl. zwittrig, in quirligen, traubigen Bl.ständen. Bl.hülle 4blättrig, die 2 äußeren Hüllb. abstehend, die 2 inneren größer, der Frucht angedrückt. Reife Frucht linsenförmig, mit purpurroten Flügeln. 1700—2800 m. ✻ 7—8. A. Feuchtes Geröll, Schneeböden. — Ähnlich ist der **Schildblättrige Sauerampfer,** *Rumex scutatus* L., auf sonnigem Kalkschutt mit 3eckigen, spießförmigen, bläulich bereiften B. Bl. hängend, Bl.hülle 5spaltig. Frucht braun, glänzend, 3kantig. Bis 2700 m. A.

2 **Moos-Steinbrech,** *Saxifraga bryoides* L., dichte, flache Kriechpolster, 3—6 cm, mit lineal-lanzettlichen, grannig zugespitzten und dornig bewimperten Grundb. und kugeligen Achselknospen. St. 1blütig. Kronb. weißlich, am Grund gelb. 1800—4000 m. ✻ 7—8. A. Ruhschutt.

3 **Rauher Steinbrech,** *Saxifraga aspera* L., der vorigen Art ähnlich, aber Wuchs lockerrasig, mit vielen verlängerten Kriechsprossen. Grundb. locker stehend. Achselknospen viel kleiner; St. bis 10blütig, Bl. gelblichweiß, etwas kleiner. 1400—2200 (—2800) m. ✻ 7—8. A. Vor allem in der Nadelholzstufe an schattigen Felsen, Ruhschutt und Sturzblöcken.

4 **Kriechende Nelkenwurz, Gletscher-Petersbart,** *Geum reptans* L., Pfl. 5—15 cm, mit langen, oberirdischen Ausläufern. B. unterbrochen gefiedert, Endfieder wenig größer (im Gegensatz zu *Geum montanum*) als die eingeschnitten gesägten Seitenfiedern. Kelch rotbraun, behaart. Außenkelch halb so lang. Griffel zur Fruchtzeit erhalten und zu einem 3 cm langen, federig behaarten Flugorgan ausgewachsen. 1500—3400 m. ✻ 7—8. A.

5 **Schwarze Edelraute,** *Artemisia genipi* Web. (*A. spicata* Wulf.), Sprosse aufsteigend bis aufrecht, 5—10 cm, mit grauseidenhaarigen, 2—3fach handförmig geteilten Grundb. St.b. sitzend, 1fach gefiedert. Bl.köpfe fast kugelig, in anfangs nickender, dann aufrechter, dichter Ähre. Hüllb. filzig mit trockenhäutigem, schwarzbraunem Rand. 2200—3800 m. ✻ 7—9. A. — Ähnlich ist die **Kahle Gletscherraute,** *A. nivalis* Br.-Bl. in den Walliser Alpen, aber Pfl. kahl, grün, St.b. ungeteilt.

6 **Krauser Rollfarn,** *Cryptogramma crispa* R. Br., sterile Laubwedel und fertile Sporenwedel verschieden (Heterophyllie). Laubwedel kürzer, Fiederchen ei-keilförmig, 2—4spaltig. Fiederchen der Sporenwedel linealisch, halbstielrund. Sporenhäufchen anfangs von den umgerollten Fiederrändern verdeckt. Felsen und Geröll bis 2700 m. A.

3
4
1
6
5
2

Tafel 13 Pflanzen der Schneeböden auf Kalk

In flachen Senken und Mulden hochgelegener Karböden, am Fuß von ausgedehnten Schutthalden und in dolinenartigen Vertiefungen bleibt der Schnee weit bis in den Frühsommer hinein liegen, und beim Wegschmelzen ist der Boden noch lange von eiskaltem Schneewasser durchfeuchtet. Im Spätsommer dagegen kann die oberste Schicht, besonders auf den steinigen Kalkböden, staubtrocken werden. Extrem lange Schneebedeckung und extrem kurze Vegetationszeit sind die Bedingungen der Pflanzen, die dort ansiedeln wollen, und nur wenige spezialisierte Arten sind dafür geeignet. Viele Pflanzen der Schneeböden, auf Kalk oder Silikat, überwintern mit grünen Laubtrieben. Die Blüten sind im Sommer für das folgende Jahr vorgebildet, so daß sie sich nach dem Abtauen der Schneedecke schnell entfalten, blühen und reife Samen entwikkeln können. Oft stehen der Pflanze zur Abwicklung des Jahreskreislaufes von der Blüte bis zur Samenreife nur 4—6 Wochen zur Verfügung; die längste

---

1 **Netz-Weide,** *Salix reticulata* L., dem Boden anliegender Spalierstrauch mit verzweigten, überall wurzelnden Stämmchen. B. langgestielt, breit-elliptisch, oval, unterseits anfangs seidig behaart, später kahl, netzaderig, blaugrün, oberseits dunkelgrün. Kätzchen langgestielt, dünn, dichtblütig, rosarot. Männliche Bl. mit 2 intensiv roten Staubbeuteln. 1800—2500 m. ✻ 7—8. A.

2 **Teppich-Weide,** *Salix retusa* L., niederiger Spalierstrauch mit kurzgestielten, kahlen, glänzenden, kleineren, verkehrt-eiförmigen oder spateligen, stumpfen oder ausgerandeten B. Kätzchen armblütig, locker, gelblich. Staubbeutel anfangs rot, dann gelb. 1700—2500 (—3000) m ✻ 7—8. A. — Ssp. *serpyllifolia* (Scop.) A. et Gr., **Quendelblättrige Weide** mit kleineren, spitzlichen B. bildet gedrungene, dichte Polster auf trockeneren, offenen Kalkrohböden.

3 **Alpen-Hahnenfuß,** *Ranunculus alpestris* L., grundständige B. langgestielt, 3—5lappig, Zipfeln grob gekerbt. St. 5—12 cm, gefurcht, mit 1 oder selten 2 weißen Bl. 1500—2700 m. ✻ 5—9. A. Auch auf Kalkschutt. — Sehr ähnlich ist *R. traunfellneri* Hoppe, auf Schneeböden der SO-A. B. 3lappig, matt, Mittellappen mit 3 schmalen, die beiden Seitenlappen mit je 2 Zipfeln. — Der **Zwerg-Hahnenfuß,** *R. pygmaeus* Wg., mit 5—10 mm breiten, gelben Bl., 3—7teiligen B. und niedrigem Wuchs von 2—7 cm wächst auf Silikatschneeböden der Zentral-A.

4 **Blaue Gänsekresse,** *Arabis coerulea* All., Pfl. 5—12 cm. B. spatelig, 3zähnig, glänzend, dicklich, am Rand gewimpert. Bl. bläulich, in 2—8blütiger, anfangs nickender Traube. 1900—3500 m. ✻ 7—8. A.

5 **Mannsschild-Steinbrech,** *Saxifraga androsacea* L., Pfl. 1—10 cm, lockerrasig. B. lanzettlich-spatelig, ganzrandig oder vorne 3—5zähnig, drüsenhaarig. St. mit langen Drüsenhaaren, 1—3blütig. Kronb. weiß, rundlich oder ausgerandet, 2mal so lang wie der drüsenhaarige Kelch. 1300—3000 m. ✻ 5—8. A.

6 **Echtes Alpenglöckchen,** *Soldanella alpina* L., zierliche Pfl. 5—15 cm, mit grundständigen, rundlich-nierenförmigen B. mit breiter Basalbucht und oberseits hervortretenden Nerven. Bl.schaft 2—3blütig, b.los. Krone veilchen- bis azurblau, trichterförmig, bis zur Mitte zerschlitzt. 500—3000 m. ✻ 4—6. A.

7 **Alpen-Ruhrkraut,** *Gnaphalium hoppeanum* Koch, St. 2—10 cm, weißfilzig, B. lanzettlich, 1nervig, 2—4 mm breit. Bl. zu 1—5 in endständiger, beblätterter Ähre. Hülle zur Fruchtzeit breitglockig. 1500—2600 m. ✻ 7—9. A.

4
3
6
5
2
7
1

Zeit des Jahres liegen sie wieder unter der Schneedecke. Vielfach vermehren sie sich durch Ausläufer. Zwergenhafter Wuchs ist für diese Arten unter den extremen Bedingungen charakteristisch. Man findet zwei Vergesellschaftungen mit etwas unterschiedlichen Standortsbedingungen: 1. Die Gänsekresseböden mit der Blauen Gänsekresse, dem Alpen-Ruhrkraut und Zwerg-Fingerkraut. 2. Den Gletscherweidenspalier mit der Netz- und der Teppich-Weide. Beide Vergesellschaftungen erhalten durch Schnee reichlich Zufuhr von organischer und mineralischer Nahrung. Die Gänsekresseböden haben die längere Schneebedeckung von 8—9 Monaten und erstrecken sich von etwa 2200—2800 m. Sie sind sehr reich an mineralischer Feinerde (bis zu 90%) und erlangen eine Mächtigkeit bis zu 10 cm. Hier siedeln sich auch Moose an, die auf Kalkschneeböden viel seltener sind als auf Silikat. Der Gletscherweidenspalier auf grobem, durchfeuchtetem Rohschutt ist wärmebedürftiger und verträgt eine Schneebedeckung von etwa 7—8 Monaten. Auf den grobkörnigen Gesteinsböden geht die Humusbildung nur langsam voran.

---

1 Korianderblättrige Schmuckblume, *Callianthemum coriandrifolium* Rchb., St. 5—20 cm, 1—2blütig. Grundständige B. langgestielt, unpaarig, gefiedert, blaugrün; Fiedern 2—3fach fiederteilig. Kelchb. 5, grünlich oder weißlich. Bl.b. 5—13, breit-oval, weiß oder schwach rosa. 1800—2800 m. ✻ 7—8. A.

2 Fettkraut-Steinbrech, *Saxifraga sedoides* L., lockerrasige Polster, 2—5 cm. B. hellgrün, lanzettlich-spatelig, stachelspitz, wie der St. lang drüsenhaarig. Bl. zu 1—4, blaßgrüngelb bis gelb, manchmal an der Spitze rötlich. 1600—2800 m. ✻ 7—9. O-A. Auch in Felsritzen und im feuchten Schutt.

3 Zwerg-Fingerkraut, *Potentilla brauneana* Hoppe (*P. dubia* Zimmet), St. dünn, niederliegend, 1—(2)blütig, 2—5 cm. B. kurzgestielt, fast kahl, 3zählig, Blättchen 2—3zähnig. Bl. 7—10 mm breit; Kronb. seicht ausgerandet. 1800—2800 m. ✻ 7—8. A. — Ebenfalls 3zählige, aber flaumig silberhaarige B. und drüsig, schwach klebrige St. hat das **Gletscher-Fingerkraut,** *P. frigida* Vill., Kronb. gelb, kaum länger als der zottige Kelch. 2000—3100 m. A. Auf Granit und kristallinem Schiefer.

4 Clusius Primel, *Primula clusiana* Tausch, B. unten graugrün, oben hellgrün, ganzrandig, am Rand drüsig, knorpelig. Bl.schaft 2—5 cm, drüsig, mit 1—2 rosaroten, im Schlund weißlichen Bl. Kronzipfel tief eingeschnitten. 1700—2300 m. ✻ 5—7. O-A. Auch auf feuchten Felsbändern.

5 Kleinstes Alpenglöckchen, *Soldanella minima* Hoppe, Bl.schaft 3—10 cm, 1blütig. Bl. hängend, blaßlilafarben, röhrig-glockig, zu $^1/_3$ eingeschnitten. B. klein, dicklich, rundlich, unterseits mit vielen Drüsengruben. 1500—2500 m. ✻ 5—6. O-A. Auch in Felsritzen.

6 Kleiner Enzian, *Gentiana pumila* Jacq., Pfl. 5—10 cm. B. rosettig, lineal-lanzettlich, schwach 1nervig. Bl. einzeln, azurblau. Kronzipfel ei-lanzettlich, spitz, Kelch röhrig, schmal geflügelt. 1600—2800 m. ✻ 7—8. SO-A.

7 Verlängerter Baldrian, *Valeriana elongata* Jacq., St. gefurcht, kahl, 5—25 cm. Rosettenb. langgestielt, eiförmig, ganzrandig; St.b. fast sitzend, eiförmig oder fast 3eckig, grobgezähnt. Bl. gelb, in achselständigen Trugdolden. 1700—2400 m. ✻ 6—8. O-A. Auch in feuchtschattigen Felsritzen.

3
6
2
4
7
5
1
19©72

Tafel 15 Pflanzen der Schneeböden auf Silikat

Während die Schneeböden in den Kalkgebieten nur sporadisch und immer nur in wenigen Quadratmetern auftreten, haben die Schneeböden in den Silikatgebirgen auf sanften Hängen und welligen Hochflächen einen viel größeren Flächenanteil. Auch hier kann man wieder zwei unterschiedliche Vergesellschaftungen auffinden. 1. Moosreiche Schneeböden mit einer Schneebedekkung von über 9 Monaten, und 2. die Krautweidenrasen mit einer Schneebedeckung von 8—9 Monaten. Mit der Eroberung der vegetationsfeindlichen Böden beginnen die Leber- und Laubmoose. Zuerst kommt das Lebermoos *Anthelia,* das extrem lange Schneebedeckung verträgt und ausgedehnte, hell- bis dunkelgrau schimmernde Rasen von wenigen mm Höhe bildet. Dann findet sich das Widertonmoos ein, in dessen bürstenartigem, dichtem Rasen der Flugstaub haften bleibt und somit zur Bodenbildung beiträgt. An Stellen mit längerer Aperzeit, wo durch Regen- und Schneewasser reichlich Schwemmmaterial angesammelt ist, siedelt sich die Kraut-Weide an, die mit ihrem feinmaschigen Zweig- und Wurzelnetz die abgestorbenen, organischen Reste vor Verwehung und Ausschwemmung zu schützen vermag.

---

1 **Kraut-Weide,** *Salix herbacea* L., Pfl. 1—8 cm, nur mit den Zweigspitzen aus dem Boden ragend, übriges Astwerk und Stämmchen im Boden; treibt jährlich kurze Sprosse mit 2 runden, fein gesägten, hellgrünen B. und lockerblütigen Kätzchen. Kätzchenschuppen gelbgrün. 1600—3300 m. ✻ 6—8. A.

2 **Zweiblütiges Sandkraut,** *Arenaria biflora* L., rasige Pfl. mit kriechenden St. B. 2—5 mm, oval. Bl. 1 oder 2, an feinbehaarten Stielen. Krone weiß, wenig länger als der Kelch. 1700—2800 m. ✻ 7—9. A. — Im Aussehen ähnlich ist das **Wimper-Sandkraut,** *A. ciliata* L., mit eiförmig-lanzettlichen, am Grund gefransten B. Kronb. weiß, 2mal so lang wie die langbewimperten Kelchb. 1800—3100 m. A. Auf steinigen Matten und im Feinschutt.

3 **Alpen-Schaumkraut,** *Cardamine alpina* Willd., Pfl. 2—10 cm. B. ungeteilt, St.b. fast sitzend. Bl. 4zählig, zu 2—8, weiß. Schoten braun, 10—15 mm. 1600—3000 m. ✻ 7—8. A.

4 **Alpen-Mauerpfeffer,** *Sedum alpestre* Vill., Pfl. lockerrasig. Sprosse dicht beblättert. B. fleischig, eiförmig bis lineal, oberseits flach. Bl. zu 2—5, blaßgelb. 1800—3500 m. ✻ 6—8. A.

5 **Alpen-Gelbling,** *Sibbaldia procumbens* L., rasenbildende Halbrosettenstaude, 2—5 cm. B. 3zählig, oben graugrün, unten hellgrün, am Rand dicht behaart, Blättchen vorne 3zähnig. Bl. klein, unscheinbar, gelbgrün, in armblütigen Trugdolden. 2000—3300 m. ✻ 6—8. A.

6 **Kleines Alpenglöckchen,** *Soldanella pusilla* Baumg., Bl.schaft 4—9 cm, meist 1blütig. Bl. blaßviolett, röhrig-glockenförmig, zu $^1/_4$ gespalten, innen blau bereift. B. rundlich-nierenförmig, mit breiter Basalbucht, unterseits punktiert. 1500—3100 m. ✻ 5—8. A. (östlich).

7 **Zwerg-Ruhrkraut,** *Gnaphalium supinum* L., St. 2—12 cm, dünn, weißwollig. B. lineal-lanzettlich, 1—2 mm breit, wollig, Bl.köpfe zu 1—6 in endständiger, anfangs gedrungener Ähre. Hülle zur Reife sternförmig. 1600—3000 m. ✻ 7—9. A.

8 **Widertonmoos,** *Polytrichum norvegicum* Hedw. (*P. sexangulare* Floerke), hochalpines Laubmoos, oft in ausgedehnten, dunkelgrünen Teppichen.

7
1
4
3
6
8
2
5
19C72

Tafel 16 Pflanzen der Quellfluren und Alpenmoore

In den Alpen stellen die Ufer der eiskalten Gebirgsbäche, die Quellen und ständig überrieselten Schutthänge einen gesonderten Lebensraum mit einer eigenen Pflanzenwelt dar. Ausgedehnte Moosteppiche, mosaikartig unterbrochen von Steinbrech-Arten oder Fettkräutern, prägen das Bild. Das klare, raschfließende, sauerstoffreiche Wasser erwärmt sich im Sommer selten über 5°, umgekehrt friert es im Winter nur selten ein; es hat somit eine ziemlich konstante Temperatur. Erst spät im Jahr werden die Quellfluren von Schnee überdeckt und oft sind sie auch im Winter schneefrei. Die Bäche und Quellen der Kalkzüge enthalten reichlich gelösten Kalk in Form von Bikarbonat; durch die assimilatorische Tätigkeit der Moose und vieler Algen wird Kohlensäure entzogen und unlöslicher Kalk (Kalziumkarbonat) fällt aus; es kommt zu Kalktuffbildungen. Typische tuffbildende Moose, die am Quellaustritt und in Rieselstellen oft mehrere Quadratmeter bedecken, sind *Cratoneuron commutatum, Eucladium verticillatum* oder *Gymnostomum calcareum.* Eine Reihe von Sumpfpflanzen der Täler steigen bis in die alpine Stufe hinauf. So kommen Sumpfdotterblume, Fieberklee oder Bitterkresse in den kalkarmen oder silikatreichen Quellfluren der Zentralalpen noch bis auf 2500 m vor.

---

1 **Vierzähniger Strahlensame,** *Heliosperma quadridentatum* Schinz et Thell., Pfl. lockerrasig, oben klebrig, 5—20 cm. B. schmal, am Grund bewimpert. Bl. 5zählig, langgestielt. Kronb. vorne meist 4zähnig. 1000—2500 m. ✻ 7—9. A. — Ähnlich ist der **Wollige Strahlensame,** *H. eriophorum* Juratzka, B. und St. mit langen Drüsen- und Wollhaaren. Feuchtes Geröll. SO-A.

2 **Glänzende Gänsekresse,** *Arabis soyeri* Reut. et Huet ssp. *jacquinii* (Beck) Jones (*A. bellidifolia* Jacq.), Pfl. 10—25 cm. B. kahl, glänzend. Bl. in dichtblütigen Trauben. Schoten 3—4 cm, auf aufrechten, 7—15 mm langen Stielen. 500—2800 m. ✻ 6—8. A.

3 **Fetthennen-Steinbrech,** *Saxifraga aizoides* L., rasige Pfl., 3—12 cm, mit fleischigen, linealen, stachelspitzen, am Rande kurzbewimperten B. Bl. zu 8—12, zitronengelb mit organgeroten Punkten oder dunkelorange. Bis 3100 m. ✻ 6—8. A.

4 **Sternblütiger Steinbrech,** *Saxifraga stellaris* L., Pfl. 2—15 cm, mit sternförmig ausgebreiteten B.rosetten. B. verkehrt-eiförmig, keilig, vorne grob gezähnt, fleischig, glänzend. Kronb. weiß, mit 2 gelben Punkten. 1200—3000 m. ✻ 6—8. A. Auch an nassen, kalkfreien Stellen.

5 **Mierenblättriges Weidenröschen,** *Epilobium alsinifolium* Vill., Pfl. 10—25 cm, mit unterirdischen Ausläufern. B. glänzend, etwas fleischig, entfernt gezähnelt. Kronb. rosa, ausgerandet; Narbe keulig. Bis 2400 m. ✻ 7—8. A.

6 **Alpen-Fettkraut,** *Pinguicula alpina* L., Bl.stiele 5—15 cm. Bl. weiß, mit kegelförmigem Sporn. Unterlippe mit 2 gelben, behaarten Flecken. B. fleischig, sich vom Rande her einrollend, mit Kleb- und Verdauungsdrüsen zum Fangen und Verdauen von Insekten als zusätzliche Eiweißquelle. Täler bis 2600 m. ✻ 5—8. A.

7 **Gemeines Fettkraut,** *Pinguicula vulgaris* L., Krone blauviolett, mit weißem Schlundfleck und schlankem, pfriemlichem Sporn. Täler bis 2400 m. ✻ 5—7. A. — Das **Großblütige Fettkraut,** *P. grandiflora* Lam., in den W-A hat größere, 25—45 mm, blaue Bl. mit über 1 cm langem Sporn.

1
5
3
7
6
4
2

Tafel 17 Pflanzen der Quellfluren und Alpenmoore

Ausgedehnte Moore sind in den Alpen recht selten. Wohl fehlt es nicht an Niederschlägen und Feuchtigkeit, doch zur Moorbildung, d. h. zur Entstehung von Torflagerstätten kann es nur dort kommen, wo die Aperzeit eine nennenswerte Stoffproduktion der Pflanzen zuläßt. Günstige Bedingungen für die Zersetzung der Pflanzenteile durch Kleinlebewesen sind mittlere Feuchtigkeit und Temperatur. Ist die Temperatur zu hoch, wird der Abbau der organischen Reste so gefördert, daß kein Torf mehr übrigbleibt; sind die Niederschläge zu hoch, so ist der Abtrag der Torfschicht durch Regen und Schmelzwasser größer als der jährliche Zuwachs. Die meisten Torflager in der alpinen Stufe stammen hauptsächlich aus der postglazialen Wärmezeit um 2000—1000 v. Chr., wo die Waldgrenze um 400—500 m höher als die heutige war. Häufig wurden die Moore immer wieder von Bächen durchschnitten, überstaut oder mit Sand und Kies überschüttet, so daß sich, wie vor allem in den Zentralalpen, die verschiedensten Typen wie Staumäander-, Gletschertalmoore, Naßfelder etc. unterscheiden lassen. Unter der Vegetation der Alpenmoore sind kaum typische Alpenpflanzen vertreten; die Mehrzahl sind Arten Nordosteuropas.

---

1 **Eis-Segge,** *Carex frigida* All., Sprosse 10—40 cm, länger als die B. St. kantig, oben rauh. Bl.stand nickend. Ährchen langgestielt, die weiblichen schwarzbraun. Fruchtschläuche an den Kielen borstig gewimpert. 1600—2600 m. ✻ 7—8. A.

2 **Scheuchzers Wollgras,** *Eriophorum scheuchzeri* Hoppe, St. stielrund, 10 bis 35 cm, mit endständiger, kugeliger Ähre. Bl.hülle aus zahlreichen Borsten, die nach der Blüte zu langen, schneeweißen Wollhaaren auswachsen und der Pfl. das typische Aussehen geben. B. binsenförmig, mit braunen Scheiden. 1500 bis 2600 m. ✻ 6—9. A. — Das **Scheidige Wollgras,** *E. vaginatum* L., ebenfalls mit 1 endständiger Ähre, aber oben 3kantigem St. geht bis auf 2600 m, ebenso das **Schmalblättrige Wollgras,** *E. angustifolium* Honck., mit rundem St. und mehreren Ährchen an glatten, überhängenden Ährchenstielen.

3 **Gemsen-Binse,** *Juncus jacquini* L., Pfl. dichtrasig, 10—25 cm. Stengel und B. binsenförmig, Mark quergefächert. St. rund, mit 1 B. und 8—12blütigem Kopf. Bl.hüllb. lanzettlich, glänzend, schwarzbraun. 1600—3000 m. ✻ 7—10. A. — Ähnlich ist die **Dreispelzige Binse,** *J triglumis* L., mit 3—5blütigem Kopf und ei-lanzettlichen, rotbraunen Bl.hüllb. 1700—2800 m.

4 **Schnitt-Lauch,** *Allium schoenoprassum* L., ssp. *sibiricum* (L.) Hartm., St. 15—30 cm, 3—5 mm dick, im unteren Drittel meist beblättert. B. stielrund, 1—2 mm. Bl.b. lanzettlich. Bis 2400 m. ✻ 5—8. A. Auch auf sickerfeuchtem Schutt, Schneeböden, kalkreicher und kalkarmer Unterlage.

5 **Kleine Simsenlilie,** *Tofieldia pusilla* (Michx.) Pers., Pfl. 5—12 cm. B. rosettig, linealisch, an der Spitze abgerundet, 3nervig. Bl. gelblichweiß, in armblütiger, gedrungener Traube. 1800—2700 m. ✻ 7—8. A. In kalkfreien und kalkhaltigen Quellmooren. — Ähnlich ist die **Gewöhnliche Simsenlilie,** *T. calyculata* (L.) Wahlenb., mit scharf zugespitzten B. und gelblichen Bl. in 2—8 cm langer, reichblütiger Traube. Kalkhaltige Moorwiesen und Quellen.

6 **Alpen-Weidenröschen,** *Epilobium anagallidifolium* Lam., Pfl. 8—15 cm, mit oberirdischen Ausläufern. St. mit 2 oder 3 behaarten Längslinien, sonst kahl. B. kurzgestielt. Bis 2800 m. ✻ 7—8 A.

6
2
5
4
1
3
19 C 72

Tafel 18 Pflanzen der Polsterseggenrasen

Auf früh ausapernden, Wind und Kälte ausgesetzten, flachgründigen Kalk- und Dolomitböden, auf plattig verwitternden Felsschultern und auf gefestigtem Schutt an meist mäßig geneigten Hängen der alpinen und subalpinen Stufe, finden wir die Pioniergesellschaft des Polsterseggenrasens oder *Caricetum firmae.*

---

1 **Polster-Segge,** *Carex firma* Host, halbkugelige Polsterpfl. 5—20 cm. B. derb steif, dicht gedrängt, waagrecht abstehend. St. stumpf 3kantig, b.los. Weibliche Ähren meist 2. Narben 3. Männliche Ähre endständig. 1500—2400 m. ✻ 6—8. A. — 2 weitere häufig damit vergesellschaftete Seggen sind: **Felsen-Segge,** *Carex rupestris* Bell., mit 1 endständigen, länglichen Ähre, 10—15 mm, im oberen Teil männliche Bl., im unteren die weiblichen Bl. Narben 3; Fruchtschlauch mit 2zähnigem Schnabel. B. linealisch, flach, am Rand rauh. A. (in N—A. selten). — **Stachelspitze Segge,** *Carex mucronata* All., horstbildend. B. binsenartig, borstlich-rinnig. Weibliche Ähren 1—2, wenigblütig, männliche Ähre kurzgestielt, keulenförmig. Schläuche eiförmig, in einen 2zähnigen Schnabel verschmälert, an den Kanten wimperig-rauh, deren Tragb. rostrot, weißhautrandig. Narben 2. A.

2 **Blaugrüner Steinbrech,** *Saxifraga caesia* L., kompakte Kugelpolster aus dichtbeblätterten Sprossen. B. bogig zurückgekrümmt, am Rand umgebogen, blaugrün, oberseits mit 5—9 Kalkdrüsen. St. 3—12 cm, mit 1—5 weißen Bl. 1600—3000 m. ✻ 6—9. A. — Ähnlich ist der **Sparrige Steinbrech,** *S. squarrosa* Sieber et Tausch, in Kalkfelsspalten und Schutt der SO-A, der sich durch gerade oder nur an der Spitze umgebogene B. mit 1—5 Kalkdrüsen unterscheidet.

3 **Silberwurz,** *Dryas octopetala* L., spalierartige, reichverzweigte Pfl., die bei einem Alter bis zu 100 Jahren über 1 m² an Ausdehnung erreicht. B. gestielt, oval, stumpf gekerbt, am Rand umgerollt, oben glänzend, dunkelgrün, unten filzig. Bl. einzeln, langgestielt. Kronb. 7—9 weiß. Kelchb. 7—9 braunfilzig. 1000 bis 2500 m. ✻ 5—8. A. Auch auf kalkhaltigem Silikatgestein.

4 **Alpen-Sonnenröschen,** *Helianthemum alpestre* (Jacq.) DC., Pfl. 3—15 cm, bogig aufsteigend. B. lanzettlich bis verkehrt-eiförmig, behaart oder kahl. Nebenb. fehlend. Bl. zu 2—6, Kelchb. locker filzig. 1000—3000 m. ✻ 6—8. A. — Von dem **Gemeinen Sonnenröschen,** *H. nummularium* (L.) Mill., mit lanzettlichen Nebenb. gibt es in den A. mehrere großblütige Unterarten.

5 **Zwerg-Alpenrose,** *Rhodothamnus chamaecistus* (L.) Rchb., zierlicher Zwergstrauch, 10—30 cm, mit immergrünen, lederigen, verkehrt-eiförmigen bis lanzettlichen, gesägten, feinbewimperten B. Bl. meist zu 2, langgestielt, rosarot. 1000—2400 m. ✻ 5—7. O-A. Auch in Kalkfelsspalten und im Legföhrengebüsch.

6 **Herzblättrige Kugelblume,** *Globularia cordifolia* L., ästig verzweigter, kriechender Spalierstrauch, 3—10 cm. B. an den Enden der Triebe rosettig gehäuft, langgestielt, lederig, spatelig bis verkehrt-eiförmig, vorne herzförmig ausgerandet. St. b.los oder mit 1—2 schuppigen Hochb. und einem kugeligen Bl.kopf. Täler bis 2800 m. ✻ 5—6. A. — *G. bellidifolia* (Ten.) Hayek, in den SO-A. hat kurz zugespitzte oder abgerundete B.

7 **Nacktstengelige Kugelblume,** *Globularia nudicaulis* L., ähnlich voriger Art, aber Pfl. krautig, 5—25 cm, Einzelrosetten bildend. B. verkehrt-eilänglich, vorne abgerundet, fast so lang wie der St. 800—2600 m. ✻ 5—8. A. (westlich).

3
1
5
6
2
7
4
19C72

Tafel 19 Pflanzen der Polsterseggenrasen
(mit hauptsächlicher Verbreitung in den O- und SO-Alpen)

Oft kann man beobachten, daß Rasen der Polster-Segge und deren Begleiter, z. B. die Silberwurz, wie abgeschliffen aussehen, bei winterlichen Stürmen wirken hart gefrorene Schneekörner wie ein Sandstrahlgebläse. Die Polster-Segge kann mit ihren harten, immergrünen Polstern am besten diese extremen Verhältnisse, Windschliff, Fröste im Winter und zeitweilige Trockenheit im Sommer, ertragen. Eine ausgesprochen trockenheitsliebende Pflanze ist sie nicht. Sie wächst sogar auf nassen Böden, nur braucht sie viel Licht und muß auf trockene, felsige Standorte ausweichen, weil sie an günstigeren Standorten von anderen Pflanzen überwachsen und beschattet wird. In den südlichen Alpen wird die Polster-Segge auf trockenen Felsen teilweise durch die Spitzfrüchtige Segge, die noch größere Dürre, aber nur geringe Schneebedeckung verträgt, vertreten. Auf nackten Felskuppen und Graten mit extremer Feinerdearmut und Trocken-

---

1 **Rundköpfiges Blaugras,** *Sesleria sphaerocephala* (Wulf.) Ard., dichte Rasen, 5—20 cm, aus dünnen, glatten St. und $^1/_2$ mm breiten, borstlich zusammengefalteten B. Ähre kugelig. Ährchen 2—4blütig. 1600—2800 m. ✻ 7—8. O-A. — Ähnlich ist das **Eiköpfige Blaugras,** *S. ovata* (Hoppe) Kern., mit eiförmiger Ähre und 2blütigen, blau überlaufenen Ährchen. 2200—2800 m. ✻ 7—8. O-A. Auf meist kalkhaltigen Feinschuttböden.

2 **Zottiger Mannsschild,** *Androsace villosa* L., dicht seidenglänzend behaarte Pfl., 3—6 cm, mit halbkugeligen B.rosetten. Bl. weiß oder rötlich, mit gelbem Schlund. 1600—2300 m. ✻ 6—7. Zerstreut in W- und O-A.

3 **Karawanken-Enzian,** *Gentiana froelichii* Jan., Pfl. 5—10 cm. Rosettenb. länglich-lanzettlich, spitz, 3nervig. Bl. einzeln, endständig. Krone hellblau, ohne Punkte. Staubbeutel zu einer Röhre verbunden. 1800—2400 m. ✻ 7—9. SO-A. — Auf kalkarmer Unterlage in den O-A wächst der ähnliche **Steirische Enzian,** *G. frigida* Haenke, Krone gelblich-weiß, mit 5 hellblauen Längsstreifen, innen blau punktiert. 2000—2400 m.

4 **Dachziegeliger Enzian,** *Gentiana terglouensis Hacq.,* Pfl. dichtrasig, 3 bis 6 cm, aus dachziegelig beblätterten, nichtblühenden und 1blütigen Sprossen. B. oval-lanzettlich, spitz, warzig rauh. Kelch röhrig, kaum geflügelt. Krone tiefazurblau. 1900—2700 m. ✻ 7—8. O- und SO-A.

5 **Rosarotes Läusekraut,** *Pedicularis rosea* Wulf., St. 3—15 cm, unten kahl, nach oben zu lang weißhaarig, 1—3blättrig. B. kammförmig gefiedert, Fiedern eingeschnitten-gezähnt. Bl. in kopfiger Traube. Kelch wollig behaart, 5spaltig. Krone rosarot. Oberlippe stumpf, nicht geschnäbelt. 1900—2700 m. ✻ 7—8. O-A.

6 **Dolomiten-Teufelskralle,** *Phyteuma sieberi* Spreng., Pfl. 5—25 cm. Grundständige B. gestielt, rundlich bis eiförmig, gekerbt. St.b. breit-lanzettlich, tief gezähnt. Bl.stand kugelig, 5—15blütig. Bl. blauviolett. Kelchzipfel und Tragb. bewimpert. 1600—2600 m. ✻ 7—9. O-A.

7 **Felsen-Pippau,** *Crepis jacquini* Tausch, St. 5—30 cm, oben locker filzig behaart, in 2—5 1köpfige Äste geteilt. Unterste B. ganzrandig, langgestielt, mittlere B. tief buchtig fiederspaltig, mit schmal-lanzettlichen Abschnitten. Hüllb. hellgrün, schwarzfilzig behaart. Bl. hellgelb. 800—2400 m. ✻ 7—8. O-A.

7
5
6
2
1
4
3

Tafel 20 Pflanzen der Polsterseggenrasen
(mit hauptsächlicher Verbreitung in den O- und S-Alpen)

heit sind die offenen Polsterseggenrasen typische Dauergesellschaften, die fast unverändert bleiben und sich nicht zu geschlossenen Rasen entwickeln. Rasenbildende Arten fehlen fast ganz; häufig gesellen sich aber Vertreter der Kalkfelsspalten hinzu. Auf gefestigtem Kalkschutt und auf steinigen Rohböden ist das *Caricetum firmae* eine Pioniergesellschaft und das Anfangsglied mehrerer Entwicklungsreihen (Sukzession), die sich zum Blaugras-Horstseggenrasen und zum Violettschwingelrasen, oder unter allmählicher Bodenversauerung zur Nacktriedgesellschaft, und schließlich zum Krummseggenrasen entwickeln kann; sie kann sich aber auch über Zwergstrauchgesellschaften zu Krummholzbeständen entwickeln. Da die Polsterseggenrasen Ausgangspunkt von so vielen anderen Gesellschaften sind, findet man hier je nach Lage und Entwicklungsstadium viele Pflanzen anderer Gesellschaften.

---

1 **Alpen-Federnelke,** *Dianthus monspessulanus* L., ssp. *sternbergii* Hegi, Pfl. 10—20 cm, lockerrasig. St. 1blütig, mit seegrünen, steifen, fast waagrecht abstehenden B. Kelchschuppen 4, halb so lang wie der Kelch, in eine krautige Granne auslaufend. Krone rosa bis hellpurpurn, bis zur Hälfte unregelmäßig fein zerschlitzt. 500—2200 m. ✻ 7—8. SO-A. — Ssp. *monspessulanus* hat 2 bis 5blütige St. mit grünen, schlaffen B.

2 **Großblütiges Leimkraut,** *Silene elisabethae* Jan., Pfl. 5—30 cm. B. elliptisch bis lanzettlich, kahl oder spärlich behaart. Bl. groß, einzeln oder zu wenigen. Kelch kräftig 10nervig, drüsenhaarig. Krone dunkelrot oder rötlichpurpurn. 1000—2500 m. ✻ 7—8. S-A.

3 **Wocheiner Gänsekresse,** *Arabis vochinensis* Spreng., rasige Pfl., fast kahl oder schwach behaart, 5—14 cm. Grundständige B. verkehrt-eiförmig, stumpf, allmählich in den kurzen Stiel verschmälert; St.b. länglich, spitz. Bl. weiß, in dichten Trauben, auf kurzen, aufrecht-abstehenden Stielen. Kelchb. weißhautrandig. Schoten linealisch, bis 2,5 cm lang. 1000—2200 m. ✻ 6—8. SO-A.

4 **Gemeine Felsenbirne,** *Amelanchier ovalis* Med., 1—2 m hoher, sommergrüner Strauch mit rundlich-eiförmigen, fein gezähnten B. und weißen Bl. in traubigen Bl.ständen. Kelchb. weißfilzig. Kronb. länglich. Frucht kugelig, blauschwarz. Täler bis 2400 m. ✻ 4—7. A. Pionierstrauch auf basischem und saurem Gestein, in Kiefern-Wäldern, an steinigen Hängen und in Felsspalten.

5 **Dolomiten-Fingerkraut,** *Potentilla nitida* L., Spalierstrauch, silbergraue Teppiche bildend, mit verholzten, dem Boden angedrückten Ästen. B. 3zählig, filzig seidenhaarig, Nebenb. groß. St. 2—5 cm, meist 1blütig. Kronb. verkehrteiförmig, ausgerandet, rosarot, 2mal so lang wie die Kelchb. Staubbeutel schwarzpurpurn. (1200—)1700—3200 m. ✻ 7—8. S-A.

6 **Gelber Ehrenpreis, Mänderle,** *Veronica lutea* (Scop.), Wettst., Pfl. 10 bis 25 cm. B. gegenständig, mattgrün, scharf gesägt, zerstreut behaart. Bl. gelb, in endständigen, meist überhängenden Trauben. 1000—2000 m. ✻ 6—7. SO-A.

7 **Weiße Schafgarbe, Steinraute,** *Achillea clavenae* L., Pfl. 10—30 cm, seidig weißfilzig. Untere B. langgestielt, tief fiederspaltig, mit gezähnten bis fiederspaltigen Abschnitten. St.b. sitzend, 1fach fiederschnittig. Köpfchen zu 5—30 in einer Trugdolde. Hüllb. breit schwarzrandig. Zungenbl. 5—9 weiß, mit 3zähniger Spitze. 1500—2500 m. ✻ 7—9. A. (östlich).

1
2
3
4
5
6
7
19©72

Tafel 21 Pflanzen der Polsterseggenrasen

Eine der ersten Pflanzen des *Caricetum firmae* ist die Silberwurz *(Dryas),* die in feine Spalten eindringt und spalierartig den Fels überzieht oder zur Festigung des Schuttes beiträgt und als Feinerdefänger wirkt. Nach und nach schiebt die Polster-Segge ihre dicht zusammenschließenden Polster vor und überwächst allmählich die *Dryas*-Teppiche. Hat die Polster-Segge auf steinigen Windecken einmal Fuß gefaßt, so behauptet sie sich zunächst anderen Pflanzen gegenüber recht gut. Durch Steinschlag oder Lawinen wird sie relativ leicht entwurzelt. Silberwurz macht wieder den Anfang der Besiedlung, es folgt dann die Polster-Segge, mit der die Humusproduktion und die eigentliche Bodenbildung einsetzt. Die Humusanreicherung durch die Polster-Segge ist oft so groß, daß bei den Klimabedingungen der Alpen die Humusbestandteile nicht mehr schnell genug abgebaut werden und sich in den oberen Bodenschichten Rohhumus ansammelt. Sobald die Polster-Segge den mineralischen Untergrund mit ihren Wurzeln nicht mehr erreichen kann, muß sie auf dem Humus, den sie selber im Laufe von Generationen gebildet hat, eingehen. Andere Pflanzengesellschaften folgen nach. An steileren Hängen, wo immer wieder Nachschub von etwas Kalkschutt oder Berieselung mit kalkreichem Wasser

---

1 **Zwerg-Knabenkraut,** *Chamorchis alpina* (L.) Rich., Pfl. 6—12 cm, mit fast kugeligen Knollen. B. schmal-linealisch, ganzrandig, rinnig. Bl. unscheinbar, grünlichgelb, ohne Sporn, in lockerer 5—10blütiger Ähre. Lippe herabhängend, schmal 3lappig. 1600—2700 m. ✻ 7—8. A.

2 **Zwerg-Gänsekresse,** *Arabis pumila* Jacq., Pfl. 5—20 cm, mit grundständiger B.rosette. B. verkehrt-eiförmig, von Sternhaaren rauh. Bl. weiß, in armblütiger Doldentraube. Schoten bis 4 cm lang und 2 mm breit. Samen geflügelt. 1500—3000 m. ✻ 6—8. A. Auch in Kalkfelsspalten und auf Schutt.

3 **Gold-Fingerkraut,** *Potentilla aurea* L., Pfl. 5—20 cm, bogig aufsteigend. Rosettenb. langgestielt, 5zählig, Fiedern keilförmig, vorne mit 2—4 scharfen Zähnen, oberseits fast kahl, glänzend, unterseits anliegend seidenhaarig. Nebenb. lanzettlich. St.b. 3zählig. Bl. goldgelb. 1300—2600(—3250) m. ✻ 6—8. A. Häufig auch auf kalkarmer Unterlage, in Borstgras- und Krummseggenrasen. — Auf sonnigem, kalkreichem Schutt und Magerrasen wächst das ähnliche **Zottige Fingerkraut,** *P. crantzii* (Cr.) Beck, mit zottig abstehender Behaarung und eiförmigen Nebenb.

4 **Zwerg-Mannsschild,** *Androsace chamaejasme* Wulf., Pfl. lockerrasig, 2 bis 6 cm. B. in Rosetten, lanzettlich, am Rand gewimpert. Bl.schaft und Bl.stand langhaarig-zottig. Krone weiß oder rötlich, im Schlund gelb. 1600—3000 m. ✻ 6—8. A.

5 **Milchweißer Mannsschild,** *Androsace lactea* L., lockerrasige Rosettenpfl., 5—15 cm. B. linealisch, zugespitzt, spärlich bewimpert. Bl. in 2—6blütiger, kahler Dolde. Krone reinweiß, mit gelbem Schlund. Kronzipfel herzförmig ausgerandet. 1600—2200 m. ✻ 5—7. A. (östlich).

6 **Gemswurz-Greiskraut,** *Senecio doronicum* L., Pfl. spinnwebig-wollig, mit 1—3(7) Bl.köpfen, 20—50 cm. B. lederig, derb, untere länglich-eiförmig, gestielt, grob gezähnt, obere B. lineal-lanzettlich, sitzend. Bl.köpfe 4—6 cm breit, gold- bis orangegelb, Hüllb. wollig, von einer Außenhülle umgeben. 1600 bis 3100 m. ✻ 7—8. Auch auf mäßig sauren Böden.

1
5
4
2
6
3
19 C 72

erfolgt, breiten sich die Blaugras-Horstseggenrasen aus. Auf weniger geneigten Hängen, die stärker zur oberflächlichen Versauerung neigen, siedeln sich das Nacktried und dessen Begleiter an.

---

1 **Knöllchen-Knöterich,** *Polygonum viviparum* L., Pfl. 10—25 cm. Wurzelstock dicht von B.schuppen besetzt. Untere B. langgestielt, kahl, oben dunkelgrün, unten bläulichgrün, Rand umgerollt. St.b. länglich-lanzettlich, ungestielt. Bl. in langer Scheinähre; im unteren Teil der Ähre kleine Brutknöllchen (Bulbillen), die nach dem Abfallen einwurzeln. 1000—3000 m. ✻ 6—8. A. Auch in Schneetälchen, Krummseggenrasen und als Pioniere in Zwergstrauchgesellschaften.

2 **Stengelloses Leimkraut,** *Silene acaulis* (L.) Jacq., dichte, flache Polsterpfl. mit zahlreichen kurzgestielten, roten Bl. B. lineal-pfriemlich, 1nervig, Kronb. dunkel- bis blaßrot, ausgerandet. Kelch am Grund gestutzt, halb so lang wie die Fruchtkapsel. 1600—3600 m. ✻ 6—9. A. — Ssp. *exscapa* (All.) Braun, auf kalkarmen Moränen und Krummseggenrasen hat kompaktere Polster; Fruchtkapsel wenig länger als der am Grund verschmälerte Kelch.

3 **Immergrünes Hungerblümchen,** *Draba aizoides* L., Pfl. 5—10 cm. B. hellgrün, schmal von steifen Borsten kammförmig gewimpert, in kugeligen Rosetten. St. b.los, mit kopfiger Bl.traube. Kelchb. gelbgrün, weiß berandet. Kapsel goldgelb. Schötchen länglich-eiförmig, stark zusammengedrückt. 1600 bis 3400 m. ✻ 4—8. A. Die Samen werden erst im Winter oder Frühjahr entlassen.

4 **Steinschmückel,** *Petrocallis pyrenaica* (L.,) R.Br., kleine Polsterpfl., 2 bis 8 cm, mit rosettig gehäuften, vorne spitz 3lappigen, gewimperten B. Bl. in gedrungenen Dolden, rosa oder lila. Kronb. 2mal so lang als die rotgerandeten Kelchb. Schötchen elliptisch. 1700—3400 m. ✻ 6—7. A.

5 **Stengelloser Enzian,** *Gentiana clusii* Perr. et Song., Pfl. 4—10 cm. Vom *G. kochiana* durch spitze, nie eingeschnürte Kelchzipfel und durch elliptisch-lanzettliche Rosettenb., die in oder unter der Mitte am breitesten sind, unterschieden. St.b. viel kleiner, spitz. Kelch glockig, 5zähnig, Kelchzähne der Krone anliegend; Buchten zwischen den Zähnen spitz. Krone groß, glockig, azurblau, innen ohne grüne Flecken. Täler bis 2800 m. ✻ 5—8. A. (östlich). Auch auf Moorwiesen, durchfeuchteten Felsspalten und Schutt.

6 **Schnee-Enzian,** *Gentiana nivalis* L., zierliche, ästige Pfl. 1—15 cm. Grundständige B. rosettig gehäuft, klein, stumpf St.b. eiförmig, spitz. Bl. an den Enden der Äste einzeln, tiefblau. Kelchzähne lanzettlich, spitz. 1700–3000 m. ✻ 6—8. A. Auch auf Feinschutt, in Flachmooren und auf Schwemmböden.

7 **Rundblättriger Enzian,** *Gentiana orbicularis* Schur. (*G. favrati* Ritt.), Pfl. 3–6 cm. B. dicht rosettig, eiförmig bis kreisrund, lederig, dunkelgrün. Bl. einzeln, auf kurzen Stielen. Kelch röhrig. Krone tiefblau, mit fast kreisrunden oder rautenförmigen Zipfeln. 2000—3000 m. ✻ 7—9. A. Auch in Kalkfelsspalten und kurzrasigen Matten.

1
2
3
4
5
6
7
19 C 72

Tafel 23 Pflanzen der Blaugras-Horstseggenrasen

Die Blaugras-Horstseggenrasen oder das *Seslerio-Sempervíretum* an warmen, sonnigen Steilhängen mit geringer Schneebedeckung, gehören in der alpinen Stufe zu den ausgedehntesten Urwiesen mit reichhaltiger, bunter Blumenpracht. Das *Seslerio-Sempervíretum* ist die wärmebedürftigste Gesellschaft der Kalkzüge, in der wärmeliebende Arten ihr höchstes Vorkommen in den Alpen erreichen, wie z. B. Silberdistel, Schnee-Heide, Gift-Hahnenfuß. An südexponierten Hängen mit einer Neigung von 25—40° erhalten die Pflanzen intensive Sonneneinstrahlung. Rasches Abschmelzen der Schneedecke im Frühjahr und schnelles Abtrocknen oder auch Austrocknen der oberen Bodenschichten nach Regen, sind die Folgen, besonders weil der lockere, durchlässige Kalkboden das Wasser rasch ableitet. An heißen Tagen erwärmt sich die Rasenoberfläche viel stärker als die Oberfläche des Kalkschuttes (s. dort). Viele Arten haben einen xeromorphen Bau, wie er für Steppenpflanzen üblich ist. Das Blaugras hat am

---

1 Gemeines Blaugras, *Sesleria coerulea* (L.) Ard., lockere Horste, 10—40 cm, am Grund von verwitterten B.scheiden umgeben. B. flach, breit, stumpflich. Ährenrispe länglich-eiförmig. Ährchen 2blütig, violett oder stahlblau überlaufen. Bis 2900 m. ✻ 5—8. A. Auch in Kiefern- und trockenen Buchenwäldern.

2 Immergrüner Hafer, *Helictotrichon parlatorei* (Woods)Pilg., dichtrasiges Gras, 20—50 cm. B. meist borstlich gefaltet, oberseits rauh. Ährchen mit 2 langbegrannten, fruchtbaren Bl. und darüber 1—2 zurückgebildeten Bl. 1600 bis 2400 m. ✻ 7—8. A.

3 Frühlings-Miere, *Minuartia verna* (L.) Hiern., dichtrasige Pfl., 5—15 cm, mit vielen nichtblühenden, dicht beblätterten Sprossen. B. linealisch, 3nervig. Bl.stiele und Kelch drüsig behaart. Klechb. 3nervig, wenig kürzer als die eiförmigen, weißen Kronb. Staubb. 10, rot. Griffel 3. 1500—3200 m. ✻ 5—8. A.

4 Alpen-Lein, *Linum alpinum* Jacq., Pfl. 10—30 cm, bogig aufsteigend, dicht beblättert. B. lineal-lanzettlich, 1nervig. Bl. langgestielt, zu 1—7. Krone hellblau, am Grund gelblich. Staubb. 5. 1400—2200 m. ✻ 6—7. A. Sonnige Kalkfelsen und Geröll in mehreren geographisch getrennten Sippen. — Ssp. *julicum,* der **Sanntaler Lein** ist eine Charakterart der subalpinen Blaugras-Horstseggenrasen in den SO-A. Er hat tiefblaue Bl. und längere und breiter, am Grund 3nervige B.

5 Rauher Enzian, *Gentiana aspera* Hegetschw., Pfl. 5—20 cm, meist ästig. Untere B. verkehrt-eiförmig bis spatelig, abgerundet, obere B. spitz, gegen den Grund am breitesten. Kelchzähne länger als die Kelchröhre, kurz gewimpert, mit spitzen Buchten. Krone 5zählig, violett oder weißlich, im Schlund bärtig. 1300—2800 m. ✻ 5—9. In mehreren Sippen. — Sehr ähnlich ist der **Deutsche Enzian,** *G. germanica* Willd., mit papillösen, rauhen Rändern der Kelchzähne und eiförmigen, lanzettlichen St.b. Kalkreiche, steinige Rasen. — Auf Silikatmagerrasen und in Borstgrasmatten bis 2800 m wächst der ebenfalls sehr ähnliche **Feld-Enzian,** *G. campestris* L., mit 4zähligen, violetten Bl. und spateligen B.

6 Alpen-Steinquendel, *Calamintha alpina* (L.) Lam., Pfl. 10—30 cm, niederliegend-aufstiegend, B. eiförmig, kurzgestielt, gegen die Spitze gesägt. Bl. zu 3—6 in Scheinquirlen. Krone violett, viel länger als der Kelch. Täler bis 2500 m. ✻ 7—9. A.

6
4
1
5
2
3
19 C 72

Grund eine sogenannte Strohtunica, bestehend aus alten Blattscheiden, die erhalten bleiben und ein dichtes Paket aus vielen übereinanderliegenden Häuten bilden, in deren kapillaren Zwischenräumen sich das Wasser fängt und lange hält. Die Blätter sind bei Feuchtigkeit ausgebreitet, bei Trockenheit der Länge nach zusammengefaltet; dadurch wird die Verdunstung durch die Spaltöffnungen, die nur auf der Blattoberseite sind, fast unterbunden und die übrige Verdunstungsfläche reduziert. Die Blattunterseite ist zudem mit einer dicken, glänzenden Kutikula überzogen und reflektiert die Strahlen, sodaß sich die Unterseite

---

1 **Horst-Segge,** *Carex sempervirens* Vill., dichtrasige, horstbildende Pfl., am Grund mit dunkelbraunem Faserschopf. B. schmal, aufrecht, gänzend. Weibliche Ähren 2—3, aufrecht, lockerfrüchtig. Narben 3. Tragb. der 3kantigen Schläuche dunkelbraun, am Rand weißhäutig. Männliche Ähre langgestielt, keulenförmig, endständig. 1700—3000 m. ✻ 6—8. A. — An sehr trockenen Hängen, in den S-A bis 2400 m, ist die **Erd-Segge,** *Carex humilis* Leyss., oft bestandsbildend. Pfl. dichtrasig, am Grund mit purpurnen Scheiden. B. sehr lang und schmal, borstenförmig, graugrün, starr. Weibliche Ähren zu 3, meist nur 3blütig, fast ganz in das scheidige Tragb. eingeschlossen. Männliche Ähre 1, endständig.

2 **Alpen-Wundklee,** *Anthyllis vulneraria* L., ssp. *alpestris* (Kit.) A. et Gr., Pfl. 5—20 cm. Grundb. meist ungeteilt, elliptisch, kahl, fleischig. St.b. gefiedert. Kelch groß, bauchig, zottig weißgrau behaart. Krone weißlich- bis goldgelb. Hülse 1samig. 800—3000 m. ✻ 5—8. A.

3 **Mehl-Primel,** *Primula farinosa* L., Pfl. 5—25 cm. B. in Rosetten, kahl, unterseits mit Mehlstaub bedeckt, oben dunkelgrün, runzelig, verkehrt-eiförmig, gekerbt, Bl.schaft oben mehlig, mit vielblütiger Dolde. Krone rotlila bis hellpurpurn, selten weiß, im Schlund gelb. Ebene bis 2900 m. ✻ 5—7. A. Häufig auch in Quellmooren, sumpfigen Wiesen und auf Felsbändern.

4 **Frühlings-Enzian,** *Gentiana verna* L., Pfl. rasenbildend, 3—12 cm, mit rosettig gehäuften, elliptisch-lanzettlichen, spitzen B. Bl. einzeln, endständig. Kelch röhrig, schmal geflügelt. Krone tiefblau, mit 5 eirunden, flach ausgebreiteten Kronzipfeln. Ebene bis 2900 m. ✻ 3—8. A. Auch in Flachmooren, feuchten Matten und Schutthalden.

5 **Glänzende Skabiose,** *Scabiosa lucida* Bill., Pfl. 10—40 cm. Untere B. eiförmig bis rhombisch, grob gekerbt, obere B. fiederspaltig mit lanzettlich-linealen Zipfeln. Bl. zu einem Köpfchen vereinigt, umgeben von Hüllb. Einzelbl. mit häutigem Außenkelch und 3—4mal längerem, 5borstigem Kelch. Krone rötlich-lila, ungleich 5 zipfelig. 1000—2600. ✻ 7—9. A.

6 **Alpen-Aster,** *Aster alpinus* L., Pfl. 5—15 cm. Rosettenb. spatelig, stumpf, in den kurzen Stiel verschmälert, 3nervig, behaart. St.b. lanzettlich, sitzend. Bl.-köpfe groß. Hülle mehrreihig, Zungenbl. violett, Scheibenbl. gelb. 1400 bis 3100 m. ✻ 7—8. A.

7 **Alpen-Maßliebchen,** *Aster bellidiastrum* (L.) Scop., Pfl. 10—25 cm, dem Gänseblümchen ähnlich. B. in Rosetten, elliptisch, spatelig, grob gezähnt. Bl.-köpfe einzeln, endständig; Schaft flaumig behaart. Zungenbl. weiß, manchmal rötlich, Scheibenbl. gelb. Täler bis 2000 m. ✻ 5—9. A. Auch in Quellmooren, in feuchten Schluchten und auf schattigen Felsen.

1
2
3
4
5
6
7
19C72

nur wenig erwärmt. Die Horst-Segge hat auch eine wasserspeichernde Fasertunica. Bequemer macht es sich das Quirlblättrige Läusekraut, das die Wurzeln des Blaugrases anzapft und so seinen Wasserbedarf deckt. Andere Pflanzen, wie z. B. einige Korbblütler, haben wollig-zottige Behaarung, um die Sonneneinstrahlung zu schwächen und die Transpiration herabzusetzen.
Im Gegensatz zur Polster-Segge, die mit ihrer flachen Bewurzelung durch Steinschlag, Lawinen oder Bewegungen im Geröll leicht entwurzelt wird, hat das tiefwurzelnde Blaugras im Schutt eine bessere Stauwirkung. An den Seitenrändern und im unteren, schwächer geneigten Teil von bereits etwas stabileren Schuttkegeln sieht man häufig oft beginnende Blaugrasrasen. Durch kleine Rut-

---

1 **Seguiers Hahnenfuß,** *Ranunculus seguierii* Vill., Pfl. 8—20 cm, erst flaumig, später kahl. B. handförmig 3—5teilig, Abschnitte mit linealischen bis verkehrteiförmigen Zipfeln. Bl. bis 2,5 cm groß, weiß. Früchtchen kugelig, bauchig, netznervig, mit hakig gebogenem Schnabel. 1800—2400 m. ✻ 6—7. S-A. Auf feuchten Matten, Kalkfelsspalten und Schutt.

2 **Gift-Hahnenfuß,** *Ranunculus thora* L., 10—30 cm, unterstes St.b. rundlichnierenförmig, obere St.b. schmallanzettlich, 3lappig, zugespitzt. Alle B. kahl, blaugrün, mit hervortretenden Nerven. Bl. gelb. Früchtchen fast kugelig, aufgeblasen, mit gebogenem Schnabel. (650—)1700—2400 m. ✻ 5—6. S-A. Auch auf Schutt und Felsbändern.

3 **Südlicher Tragant,** *Astragalus australis* (L.) Lam., Pfl. 5—30 cm, niederliegend oder aufsteigend. B. mit 9—17 schmal-elliptischen, hellgrünen Fiedern. Bl. in gedrungenen, schmal 1seitswendigen 8- bis 16blütigen, langgestielten Trauben. Bl.stiele und Kelch anliegend schwärzlich behaart. Krone gelblichweiß, Spitze des Schiffchens dunkelviolett, Fahne ausgerandet, länger als das Schiffchen (im Gegensatz zu *A. alpinus*), manchmal violett überlaufen. 1800 bis 3000 m. ✻ 6—8. A.

4 **Alpen-Dorntragant,** *Astragalus sempervirens* Lam., niedriger, dorniger Halbstrauch, 5—20 cm. St. und B. wollig behaart. St. von deren Nebenb.resten und verdornten B.spindeln umhüllt. B. in einen stechenden Dorn auslaufend, mit 6—10 Paaren grüner Fiedern. Bl. in langgestielter 3—8blütiger Traube. Kelch glockig, weißzottig; Krone blaßrosa bis schmutzigweiß. 1300—2700 m. ✻ 7—8. SW-A.

5 **Berg-Wundklee,** *Anthyllis montana* L., Pfl. 10—30 cm. B. unpaarig gefiedert. Endfieder fast gleich groß. Bl. rosa bis purpurn, in dichten Köpfen. Kelchzähne pfriemlich, so lang wie die Kelchröhre. Täler bis 2400 m. ✻ 6—7. S-A.

6 **Gold-Primel,** *Gregoria vitaliana* (L.) Duby, rasenbildende Pfl. mit niederliegenden St., 5—20 cm. B. rosettig, linealisch, unterseits und am Rand sternhaarig. Bl. kurzgestielt, in den Achseln der obersten Rosettenb. Krone röhrigtellerförmig, leuchtend gelb, doppelt so lang wie der Kelch. 1700—3100 m. ✻ 5—8. W-A.

7 **Schmalblättriger Enzian,** *Gentiana angustifolia* Vill., Pfl. 5—15 cm. Grundständige B. lineal-lanzettlich. St.b. breit-elliptisch. Kelch glockig, Kelchzähne abstehend. Krone groß, trichterförmig, dunkelblau. Kronzipfel spitz. 1200 bis 2800 m. ✻ 5—8. W-A. Vertritt dort *G. clusii*.

1
3
5
4
7
2
6

schungen und durch Schub von Geröllmassen entstehen die bekannten Treppenbildungen. Oft kippen die Rasenhorste über. Sind die Rutschungen zu häufig und der Schuttdruck zu kräftig, so kann sich die Rasendecke nicht schließen, und ausgedehnte Silberwurz-Teppiche machen sich breit. Hört die Bodenbewegung auf, unterliegt die Silberwurz; ihre Vitalität leidet unter Raum- und Lichtkonkurrenz durch Stauden und Horstpflanzen und sie verschwindet rascher als im Polsterseggenrasen. Auch durch die häufigen Tritte von Schafen und Gemsen werden auf den Treppen und Bändern ständig vegetationsfreie Flächen geschaffen; das Treppenprofil wird noch stärker ausgeprägt. An den Steilstufen wachsen das Blaugras und seine Begleiter und auf den horizontalen Bändern die Silberwurz mit ihren Begleitern. Zu einer ähnlichen treppigen Ausbildung des Blaugras-Horstseggenrasens kommt es auf tiefgründigeren Steilhängen mit höherem Feinerdeanteil, verursacht durch täglichen Frostwechsel im Frühjahr und Herbst (Solifluktion). Die Treppenbildung wird noch durch Viehtritt verstärkt, wenn diese Rasen als Almflächen genutzt werden.
In der alpinen Stufe sind an steilen, sonnigen Hängen die Blaugras-Horstseggenrasen meist als Dauergesellschaften zu betrachten. Ist jedoch das Gelände bereits flacher und ausgeglichener, so entwickelt sich diese Gesellschaft zu den Violettschwingelrasen (s. T. 31), die die besten Almweiden darstellen und die durch Düngung (nicht aber Überdüngung) in Milchkrautweiden übergehen. Auf

---

1 Silber-Storchschnabel, *Geranium argenteum* L., Pfl. 5—20 cm. Rosettenb. langgestielt, mit kreisrunder, glänzender B.spreite, diese fast bis zum Grund handförmig in schmale Lappen geteilt. Kelchb. elliptisch, begrannt, dicht silberweiß behaart. Kronb. verkehrt-eiförmig, schwach ausgerandet, hellkarminrot. 1700—2200 m. ✻ 7—8. S-A.

2 Hahnenfuß-Hasenohr, *Bupleurum ranunculoides* L., Pfl. 10—50 cm. Rosettenb. lanzettlich, langspitzig. St.b. breiter oft herzförmig st.umfassend. Dolde 3—15strahlig, mit 2—4 Hüllb., Döldchen mit 2—5 gelbgrünen Hüllchenb. Bl. dunkelgelb. 1400—2800 m. ✻ 7—8. A. — Ähnlich ist das **Felsen-Hasenohr,** *B. petraeum* L., der S-A. in Kalkfelsspalten und Polsterseggenrasen mit b.losen St., 20—30 cm und grasartigen, am Grund scheidigen Rosettenb. Hüllb. lanzettlich, Hüllchenb. 5—10, blaßgrün, bis zur Mitte verwachsen.

3 Alpen-Leberbalsam, *Erinus alpinus* L., lockerrasige Pfl., 10—20 cm, aus mehreren Rosetten. Rosettenb. keilförmig, eingeschnitten-gesägt, kurzgestielt. St.b. wechselständig, vorne gesägt. Bl. in armblütiger Traube. Krone violettrot, mit 5 ausgerandeten Zipfeln. Kelch drüsig gewimpert. 1500—2350 m. ✻ 4—6. W-A.

4 Alpen-Helmkraut, *Scutellaria alpina* L., Pfl. 20—40 cm, niedrig, bogig aufsteigend. B. eiförmig oder elliptisch, gekerbt gezähnt. Bl. gestielt, in kurzer Scheinähre, mit ganzrandigen Tragb. Krone blauviolett, mit weißlicher Unterlippe. 1500—2500 m. ✻ 7—8. W-A.

5 Kopf-Greiskraut, *Senecio capitatus* (Wahlb.) DC., Pfl. 15—30 cm, dicht beblättert, wollig-filzig. Grundb. rosettig, verkehrt-eiförmig, stumpf gezähnt. St.b. länglich, sitzend. Köpfe zu 2—10. Scheibenbl. und Zungenbl. orangegelb bis feuerrot. 1800—2500 m. ✻ 7—8. W- und S-A. Auch auf Urgestein.

2
4
3
5
1
19 C 72

windexponierten Stellen entwickelt sich das *Seslerio-Semperviretum* zum *Elynetum,* zur Nacktriedgesellschaft.
Die Blaugras-Horstseggenrasen steigen häufig auch unterhalb der Waldgrenze hinab, wo z. B. an steilen, trockenen Hängen der Wald durch Hieb oder Lawinen entfernt wurde und eine Wiederbewaldung erschwert ist, weil die Feinerde größtenteils abgeschwemmt wurde und außerdem der winterliche Schneeschub Bäume nicht aufwachsen läßt. An warmen, windgeschützten Hängen oder in Mulden mit längerer Schneebedeckung zwischen 1500 und 2000 m stellt sich eine Gesellschaft mit dem Immergrünen Hafer ein, zu dem sich in den SO-Alpen der Sanntaler-Lein gesellt. Schnee-Heide, Steinröserl und Alpenrose lassen eine ehemalige Bewaldung oder Entwicklung zu Latschenbeständen und zum subalpinen Fichten-Lärchenwald vermuten. Innerhalb der subalpinen Föhrenwälder in den trockenen, heißen Inneralpen, vor allem in der Schweiz, tritt im Blaugras-Horstseggenrasen die Erd-Segge bestandsbildend auf.

---

1 **Gebirgs-Spitzkiel,** *Oxytropis montana* (L.) DC., Pfl. 5—15 cm, fast kahl. B. unpaarig gefiedert, mit 8—14, unterseits behaarten Fiederpaaren. Bl. in 5—15-blütigen Trauben. Krone blauviolett bis lila, mit scharf bespitztem Schiffchen. Hülse stark aufgeblasen, scharf zugespitzt, schwarz behaart, 10—12samig. 1700 bis 2900 m. ✻ 7—8. A. (vor allem nördl. Kalkalpen). Auch als Schuttfestiger auf Kalkschutt. — Auf kalkhaltigem Schutt der Zentral-A. wächst der **Lappländer-Spitzkiel,** *O. lapponica* Gay., mit dicht seidenhaarigen B. und dicht eiförmiger bis kugeliger, blauvioletter Bl.traube.

2 **Pyrenäen-Drachenmaul,** *Horminum pyrenaicum* L., Pfl. 10—30 cm. Rosettenb. groß, verkehrt-eiförmig, grob gekerbt, runzelig. St.b. viel kleiner, ganzrandig. Scheinquirle 2—6blütig, in 1seitswendiger Scheinähre. Kelch glockig, zur Reife vergrößert. Krone violett. 1400—2450 m. ✻ 6—8. S-A, selten N-A.

3 **Geschnäbeltes Läusekraut,** *Pedicularis rostrato capitata* Crantz, St. 5 bis 20 cm, 1- und 2zeilig behaart, wenigblütig. B. lanzettlich, 2fach fiederteilig, etwas kraus. Grundb. oft purpurn überlaufen. Bl. in kurzen Trauben. Kelch röhrig-glockig, mit b.artigen, gekerbten Zipfeln. Krone hellpurpurn, Oberlippe in einen geraden Schnabel herabgezogen. 1200—2800 m. ✻ 6—8. A. (östlich).

4 **Quirlblättriges Läusekraut,** *Pedicularis verticillata* L., St. 5—30 cm, 2- bis 4zeilig behaart. Grundständige B. gestielt, kammartig gefiedert. St.b. zu 3—4 quirlständig. Bl. in kopfiger Traube, mit gefiederten bis gekerbten, oft purpurn überlaufenen Tragb. Kelch aufgeblasen, behaart, 5zähnig. Krone purpurrot, mit ungeschnäbelter, abgestutzter Oberlippe. 1600—2800 m. ✻ 6—8. A. — Ebenfalls ungeschnäbelte, gestutzte Oberlippe, aber kahlen, tief 5spaltigen Kelch und wechselständige St.b. hat das **Gestutzte Läusekraut,** *P. recutita* L., auf feuchten Matten im Urgestein und Kalk. 1500—2500 m. A.

5 **Zottiges Habichtskraut,** *Hieracium villosum* Jacq., langzottige, weißhaarige Pfl. 10—35 cm. Rosettenb. länglich-lanzettlich, ganzrandig, blaugrün, St. 1- bis 4köpfig. Hüllb. rauhhaarig, spitz. Alle Bl. zungenförmig, hellgelb. 1300 bis 2700 m. ✻ 7—8. A. Auch auf Kalkschutt und Felsbändern. — Auf silikatreichen, steinigen Magerrasen wächst das ähnliche **Haartragende Habichtskraut,** *H. piliferum* Hoppe, mit 1köpfigem St., spateligen oder linealischen, ganzrandigen, weichhaarigen Rosettenb. und seidig behaarten Hüllb. Bis 3000 m. A.

1
2
3
4
5
19C72

Tafel 28 Pflanzen der Rostseggenrasen

Die Rostseggenrasen gehören zu den blumenreichsten und farbigsten Urwiesen in den Alpen. Der Artenreichtum und die gute Wüchsigkeit dieser Gesellschaft hat mehrere Ursachen. Der Rostseggenrasen verlangt ziemlich nährstoffreiche Böden, die im Sommer nie austrocknen. Tonige, mergelig verwitternde Kalke und Schiefer werden daher bevorzugt. Bei tonarmen Kalken und Dolomiten zieht sich die Gesellschaft auf die feuchteren Nordlagen zurück. Das Klima muß niederschlags- und wolkenreich sein. Daher bieten die ozeanisch getönten Randketten der Alpen, vor allem die Allgäuer- und Lechtaler-Alpen oder der Schweizer Jura optimale Bedingungen für diese Gesellschaft; in den kontinentaleren Inneralpen fehlt sie fast ganz. Die Dauer der Schneebedeckung muß so bemessen sein, daß nach dem Ausapern keine scharfen Fröste der Vegetation mehr schaden können, andererseits, daß die kurze, sommerliche Vegetationszeit voll ausgenutzt werden kann. Am häufigsten findet man die Rost-

---

1 **Rost-Segge,** *Carex ferruginea* Scop., Pfl. 30—60 cm, mit unterirdischen Ausläufern. Sprosse mit rostroten Scheiden. B. 1—2 mm breit, rauh. St. glatt, am Grund mit Stummelb. Weibliche Ähren 2—4, nickend. Tragb. der schwarzbraun glänzenden Schläuche braun, mit hellem Mittelstreifen. Narben 3. Männliche Ähre schmal, nickend. 1000—2700 m. ✻ 7—9. A.

2 **Kugelblütiges Knabenkraut,** *Traunsteinera globosa* (L.) Rchb., Pfl. 15 bis 50 cm, mit ungeteilter Knolle. St. am Grund mit 2—3 braunen Scheidenb. Laubb. wenig, langscheidig, unterseits bläulichgrün. Bl.ähre anfangs pyramidenförmig, dann kugelig, mit rosafarbenen, schwachriechenden Bl. Bl.hüllb. helmförmig zusammenneigend, später abstehend. Sporn dünn, halb so lang wie der Fruchtknoten. Lippe 3spaltig, dunkelpunktiert. 1000—2500 m. ✻ 5 bis 8. A. Auch in Fettwiesen und Hochstaudenfluren.

3 **Alpen-Anemone,** *Pulsatilla alpina* (L.) Del., Pfl. 15—30 cm. St.b. quirlständig, doppelt 3 teilig, mit gesägten Zipfeln, behaart. Bl. einzeln, langgestielt. Bl.-hüllb. 6, eiförmig, innen weiß, außen violett überlaufen, zottig behaart. Griffel behaart, sich zu Reife bis auf 5 cm verlängernd; dient als Flugorgan zur Verbreitung der Nüßchen. 1500—2800 m. ✻ 6—8. A. Geschützt.

4 **Fleischrotes Läusekraut,** *Pedicularis rostrato-spicata* Crantz, St. 20—40 cm, oben flaumig. Grundb. langgestielt, lanzettlich, mit gelappten Fiedern. Bl.stand ährig verlängert. Kelch wollig behaart, Kelchzipfel ganzrandig. Krone fleischrot bis purpurn, Oberlippe in einen geraden, abwärts gerichteten Schnabel auslaufend. 1500—2500 m. ✻ 7—8. A. — Häufig kommt hier auch das **Reichblütige Läusekraut,** *P. foliosa* L., vor. Bl. gelb, ungeschnäbelt. Oberlippe dicht rauhhaarig. B. gefiedert, mit doppelt fiederspaltigen Abschnitten. Pfl. 20—50 cm. A.

5 **Alpen-Berufskraut,** *Erigeron alpinus* L., Pfl. 5—20 cm, rasenbildend. B. spatelig, angedrückt langhaarig. St. meist mehrköpfig. Zwischen den rosaroten Zungenbl. und den gelben Scheibenbl. dünnröhrige Fadenbl. Hüllb. grün, rauhhaarig. Bis 2500 m. ✻ 7—9. A. — Das **Verkannte Berufskraut,** *E. neglectus* Kern, hat etwas fleischige, nur am Rand bewimperte B. und 1köpfigen St. mit weißwolligen, dunkelpurpurnen Hüllb. 1900—2600 m. A (westlich). In Blaugras- und Horstseggenrasen. — Das **Drüsige Berufskraut,** *E. atticus* Vill., an ähnlichen Standorten hat reichästigen, oben drüsig-flaumigen St., 25—60 cm, drüsenhaarige B. und 1—40köpfige Scheindolde. Zungenbl. rotviolett. A.

5
3
4
2
1
19C72

seggenrasen an schwach geneigten Hängen und in Hangmulden in der unteren alpinen Stufe, und an waldfreien Stellen der subalpinen Stufe. Hochwüchsige Kräuter und Stauden und zahlreiche Leguminosen (Schmetterlingsblütler) weisen auf günstigen Wasserhaushalt und reichliche Nährstoffversorgung hin. Früher wurden diese Hänge etwa alle 2 Jahre gemäht; das Heu wurde in Ballen im Winter zu Tal gebracht. Heute findet sich niemand mehr, der an steilen Hängen diese hochgelegenen Alpenwiesen, zu denen auch die etwas artenärmeren Violettschwingelrasen, die Alpenfettweiden und die blumenreichen Goldhaferwiesen in der montanen Stufe gehören, mit der Sense mäht. Vielfach geht auch die Alm- oder Alpwirtschaft weit zurück, und die Flächen werden nicht mehr abgeweidet. Fällt die Beweidung oder Mahd völlig aus, so ist der Fortbestand der artenreichen Rasengesellschaften gefährdet. Denn man muß sich vor Augen halten, daß diese gutwüchsigen Gesellschaften häufig unterhalb der Waldgrenze liegen und dort in ihrer heutigen Ausdehnung auf die Tätigkeit des wirtschaftenden Menschen der letzten Tausend Jahre zurückgehen. Mahd und Beweidung, und damit Düngung, schufen eine massenreiche, krautreiche Vegetation; kurzrasige Rosetten- und Polsterpflanzen mit meist tiefreichendem Wurzelsystem mußten den hohen Kräutern und Gräsern mit oft recht flacher Bewurzelung weichen. Hört die regelmäßige Beweidung oder Mahd auf, so verbindet sich die Krautschicht im Winter fest mit dem Schnee. Durch Schneegleiten und Schneekriechen, besonders an steileren Hängen, wird

---

1 **Narzissenblütiges Windröschen,** *Anemone narcissiflora* L., Pfl. 10—50 cm, abstehend behaart. Grundständige B. langgestielt, handförmig geteilt, Abschnitte tief eingeschnitten. Bl. zu 3—8 in einer Dolde, darunter 3 ungleich tiefgespaltene, sitzende Hochb. Bl.b. meist 5, weiß, außen oft rötlich. 1500—2200 m. ✻ 5—7. A. Geschützt.

2 **Alpen-Tragant,** *Astragalus alpinus* L., Pfl. 7—25 cm, liegend oder aufsteigend. B. unpaarig gefiedert, aus 15—25 elliptischen, stumpfen, anfangs beiderseits behaarten Fiedern. Bl. weißlich, meist violett gescheckt, zu 5—15 in fast kugeliger Traube. Fahne violett, Flügel weiß, Schiffchen mit violetter, stumpfer Spitze. Hülse aufgeblasen, anfangs rauhhaarig. 1500—2800 m. ✻ 7—8. A.

3 **Gratlinse,** *Astragalus (Phaca) frigidus* (L.) Gray, Pfl. 20—40 cm, mit tiefer Pfahlwurzel und langen, von braunen Niederb. besetzten Ausläufern. B. mit 7—11 kahlen, blaßgrünen, unterseits bläulichen, eiförmigen Fiedern und großen, bleichen Nebenb. Bl.traube langgestielt, aus 5—20 gelblichweißen Bl. Hülse schwach aufgeblasen, rauhhaarig. 1500—2700 m. ✻ 7—8. A. — Ähnlich ist der **Blasen-Tragant,** *A. (Phaca) penduliflorus* Lam., Pfl. ästig, behaart, frischgrün. B. mit 15—23 länglich-lanzettlichen Fiedern. Bl. lebhaft gelb. Hülse stark aufgeblasen. Auf trockenen, sonnigen, kalkreichen oder kalkarmen Matten. A.

4 **Alpen-Süßklee,** *Hedysarum hedysarioides* (L.) Schz. et Thell., Pfl. 10—40 cm, mit tiefer Pfahlwurzel. St. aufrecht oder aufsteigend. B. unpaarig gefiedert, mit 11—19 elliptischen, oberseits dunkelgrünen, unterseits hellgrünen Blättchen. Bl.traube aus 12—50 kurzgestielten, purpurroten Bl. Hülse flachgedrückt, zur Reife in 1—4 rundliche, 1samige Glieder zerfallend. 1700—2800 m. ✻ 7—8. A.

2
3
1
4

die Vegetationsdecke samt der Wurzelschicht mitgerissen, und es entstehen die bekannten Blattanbrüche oder Plaiken. In den letzten Jahrzehnten haben solche Blattanbrüche auf tiefgründigen und an Feinerde reichen Bergwiesen, die nicht mehr bewirtschaftet werden, so zugenommen, daß an vielen Stellen, wie z. B. in den Allgäuer Alpen, die Hänge mit Plaiken übersät sind, und oft nur noch schmale Streifen der Vegetationsdecke übrig geblieben sind. Durch Regen wird der ungeschützte Boden weiter ausgespült und abgetragen, bis widerstandsfähigeres Material ansteht. Hier siedeln sich dann wieder Pionierpflanzen an, und erneut setzt die Bodenbildung ein, die jedoch einige hundert Jahre braucht, bis die Bedingungen für Bergwald und Almwiesen geschaffen sind. Um diese anthropogenen, d. h. durch den wirtschaftenden Menschen bedingten oder zumindest geförderten Wiesen zu erhalten, ist weitere Bewirtschaftung und damit Pflege dieser Flächen notwendig und kommt auf jeden Fall billiger, als später groß angelegte Sanierungsversuche in einer zerstörten Landschaft. Selbstverständlich könnte man auch einige nicht mehr bewirtschaftete Flächen mit einem standortsgemäßen Bergmischwald aufforsten; jedoch ist das Aufkommen von Laubbäumen, der Tanne und oft sogar der Fichte unter den derzeitigen hohen Schalenwildbeständen kaum möglich.

---

1 **Schwarzes Kohlröschen,** *Nigritella nigra* (L.) Rchb., Pfl. 8—15 cm, mit handförmig geteilter Knolle. B. linealisch, stumpf. Bl. schwarzpurpurn (selten rosa wie bei f. *rosea* Goiran, weiß bei f. *pallida* Keller und hellgelb bei f. *flava* Jacq.), in dichter, kegelförmiger bis kugeliger Ähre, stark nach Vanille duftend. Bl.hüllb. lanzettlich, sternförmig ausgebreitet, 1nervig. Lippe nach oben gerichtet, da die Drehung des Fruchtknotens im Gegensatz zu den anderen Orchideen unterbleibt. Sporn sehr kurz. 1700—2800 m. ✻ 6—9. A. Geschützt.

2 **Rotes Kohlröschen,** *Nigritella rubra* (Wettst.) Richter, Pfl. kräftiger als vorige Art, bis 25 cm. Bl.ähre langgestreckt, eiförmig, verlängert. Bl.hüllb. rosa bis ziegelrot, Lippe eiförmig, gegen den Grund tütenförmig eingerollt. 1600—2300 m. ✻ 6—9. O-A.

3 **Berg-Flockenblume,** *Centaurea montana* L., Pfl. 10—70 cm, aufrecht, unverzweigt, B. eiförmig, spitz, am St. flügelartig herablaufend, oberseits schwach, unterseits dicht filzig behaart, später verkahlend. Bl.köpfe einzeln. Randliche Bl. stark vergrößert, tiefblau, zentrale Bl. violett. Hüllb. mit kammförmigen, braunschwarzen Fransen. 2000—2100 m. ✻ 5—7. A. Auch in Schluchtwäldern und Hochstaudenfluren. — Auf sonnigen, grasigen Hängen von 900—2000 m., vor allem in den S-A. wächst die ähnliche **Bunte Flockenblume,** *C. triumfetti* All., mit 1- bis mehrköpfigem St., schmal-lanzettlichen B. und hellen, silberglänzenden Fransen der Hüllb.

4 **Berg-Pippau,** *Crepis pontana* (L.) Dalla Torre, Pfl. 20—60 cm, flaumig behaart, mit aufrechtem, unter dem Bl.kopf deutlich verdicktem St. B. länglich-elliptisch, gezähnt. Bl. goldgelb. Hüllb. braungrün, zottig behaart. 1200—2400 m. ✻ 6—8. A.

1
2
3
4
19 C 72

Tafel 31 Pflanzen der Violettschwingelrasen

Auf tiefgründigen, feinerde- und feinschuttreichen, lange durchfeuchteten Böden, sowohl auf Kalk wie auf kalkarmen Silikaten in der alpinen, dann und wann auch in der subalpinen Stufe, wächst der Violettschwingelrasen und liefert eine sehr gute Weide mit vielen Leguminosen und üppigem Graswuchs, die außer von Gemsen und Steinböcken auch gerne von Schafen heimgesucht wird. In den lockeren, tiefgründigen Boden graben die Murmeltiere mit Vorliebe ihren Bau. Häufig ist der Violettschwingelrasen mit dem Blaugras-Horstseggenrasen eng verzahnt. Und oft kann man beobachten, wie hellere, von Schuttflächen durchbrochene Blaugras-Horstseggenrasen auf trockeneren, steileren, flachgründigen und eher schneefreien Hängen und Bergrippen mit den fetten, dunkelgrünen Matten des Violettschwingelrasens auf tiefgründigen, länger schneebedeckten Mulden und Verebnungen abwechseln. Im Laufe der weiteren Bodenentwicklung geht der Violettschwingelrasen in die saure Gesellschaft des Krummseggenrasens über und ist daher je nach Entwicklungsstadium in der Artenzusammensetzung recht unterschiedlich.

---

1 **Violetter Schwingel,** *Festuca violacea* Gaud., dichtes Horstgras, 15—40 cm. Grundb. borstlich. St.b. meist flach, 1—3 mm breit. Ährchen in schlaffer, anfangs zusammengezogener Rispe, meist schwarzviolett, 2—7blütig, elliptisch, begrannt. 1600—2500 m. ✻ 7—9. A. Auch im Rostseggenrasen.

2 **Berg-Hahnenfuß,** *Ranunculus montanus* Willd., vielgestaltige Pfl., 5—25 cm. St. aufrecht, 1—3blütig. Grundb. gestielt, 3teilig, mit eiförmig abgerundeten, gezähnten Abschnitten; obere St.b. sitzend, mit linealischen Abschnitten. Bl. goldgelb, glänzend. Früchten seitlich flachgedrückt, mit kurzem, gekrümmtem Schnabel. 1000—3000 m. ✻ 4—8. A. Auch auf Schutt, Schneeböden und fast allen alpinen Rasengesellschaften in mehreren Unterarten.

3 **Braun-Klee,** *Trifolium badium* Schreb., St. niederliegend oder aufsteigend, locker beblättert, 10—25 cm. B. 3zählig, langgestielt, kahl; Fiedern elliptisch, gezähnelt. Bl.köpfe dicht, reichblütig, anfangs halbkugelig, später kegelförmig, bis 2 cm lang. Einzelbl. langgestielt, goldgelb, verblüht kastanienbraun. Hülse 1samig. 1200—3000 m. ✻ 7—8. A. Auch in anderen, meist nährstoffreichen Rasengesellschaften. — In der gleichen Vergesellschaftung ist auch der **Schneeweiße Alpenklee,** *T. pratense* L., ssp. *nivale* (Sieb.) A. et Gr., mit großen, reichblütigen, schmutzig- oder gelblichweißen Bl.köpfen.

4 **Rasiger Klee,** *Trifolium thalii* Vill., Pfl. strahlig ausgebreitet, niederliegend, 5—15 cm. St. und B. kahl, Nebenb. zarthäutig. Bl. kurzgestielt, weiß, dann rosa. 1400—3000 m. ✻ 7—8. A.

5 **Alpen-Wegerich,** *Plantago alpina* L., Rosettenpfl. 5—15 cm. B. linealisch, kahl, etwas fleischig, undeutlich 3nervig. Schaft rund, angedrückt behaart, mit walzenförmiger Ähre. Krone mit flaumig behaarter Röhre und weißlichen Zipfeln. 1500—2700 m. ✻ 5—7. A. (westlich). — An ähnlichen Standorten wächst der **Berg-Wegerich,** *P. atrata* Hoppe, mit lanzettlichen, kräftig 3—5nervigen B., kugeligen, schwärzlichen Bl.ständen und kahler Kronröhre.

6 **Gold-Pippau,** *Crepis aurea* (L.) Cass., Rosettenpfl., 5—20 cm. B. tiefbuchtig gezähnt, kahl. St. unverzweigt, b.los, oben schwarzdrüsig behaart. Alle Bl. zungenförmig, orangengelb bis feuerrot. Hüllb. mehrreihig, abstehend behaart. 900—2900 m. ✻ 7—9. A.

1
2
3
4
5
6
19C72

Tafel 32 Pflanzen der Alpenfettweiden

Die Alpenfettweide hat mit der vorherigen Gesellschaft, dem Violettschwingelrasen (Tafel 31) in der Artenzusammensetzung und in den Standortsansprüchen große Ähnlichkeiten. Tiefgründige, nährstoffreiche Lehmböden auf Verebnungsflächen zwischen 1300 und 1900 m, die durch weidendes Almvieh regelmäßig gedüngt werden, sind die Standorte der Alpenfettweiden. Für die Almwirtschaft ist sie die wertvollste Gesellschaft, die meist als Ersatzgesellschaft von Hochstaudenfluren oder Latschenbeständen zu betrachten ist. Bei zu hohem Viehbesatz gehen die überdüngten Flächen, wo das Vieh sich lagert, in die Lägerflur (s. Tafel 47 und 48) über, während auf den übrigen Flächen die guten Futterpflanzen durch Tritt und Verbiß verschwinden und sich nach und nach das Borstgras breit macht (s. Tafel 33). Die Alpenfettweide wird auch häufig als Milchkrautweide bezeichnet, weil die häufig vertretenen Korbblütler Gold-Pippau (*Crepis aurea),* Rauher und Herbst-Löwenzahn *(Leontodon hispidus* und *L. autumnalis)* auch Milchkraut genannt werden.

---

1 **Alpen-Rispengras,** *Poa alpina* L., var. *vivipara* L., dichte Horste, 5—50 cm. St.grund durch die B.spreiten zwiebelartig verdickt. B. graugrün, glatt. Rispe ausgebreitet aufrecht, locker. Ährchen 5—10blütig, grüngelb und rotviolett gescheckt, bei der var. *vivipara* L., wachsen die Ährchen zu beblätterten Brutknospen (Bulbillen) aus, fallen ab, bewurzeln sich und wachsen zu neuen Pfl. heran. 1400—2500 m. ✻ 5—9. A. Auch auf Geröllhalden und Flußkies.

2 **Alpen-Lieschgras,** *Phleum alpinum* L., Pfl. 10—50 cm. B. flach, oberste B.scheide aufgeblasen. Ährenrispe walzenförmig, 3—7 cm lang, wollig, trübviolett, beim Umbiegen nicht lappig. Hüllspelzen am Rücken seidig weißhaarig, mit 3 mm langer Granne. 1300—2400 m. ✻ 6—8. A. — Im Rostseggenrasen wächst häufig das **Rauhe Lieschgras,** *P. hirsutum* L., mit schlanker, weißgrüner, beim Umbiegen lappiger Ährenrispe, 1—2mm langen Grannen und weiß bewimperten Hüllspelzen.

3 **Frühlings-Krokus,** *Crocus albiflorus* Kit., Knollenpfl. 8—15 cm, ohne oberirdischem St. B. grasartig, schmal-linealisch, mit weißem Mittelstreifen. Bl. violett oder weiß (s. Tafel 32) oder gestreift. Bl.hülle am Grund zu einer Röhre verwachsen. Bis 2700 m. ✻ 3—4. A.

4 **Alpen-Mutterwurz,** *Ligusticum mutellina* (L.) Crantz, aromatisch riechende Pfl. 10—50 cm, mit überwiegend grundständigen, 3eckigen, 2—3fach gefiederten B. mit häutigen Scheiden. Dolden 1—3, endständig, 7—10strahlig. Döldchen reichblütig, Hüllchen 3- bis mehrblättrig. Bl. weiß oder rosa bis purpurn. Bis 2800 m. ✻ 6—8. A. Auch auf Feinschutt und in Hochstaudenfluren.

5 **Alpen-Vergißmeinnicht,** *Myosotis alpestris* Schmidt, Pfl. 5—10 cm. B. und Sprosse rauhhaarig. Bl.stand ziemlich dicht, kurz. Kelch mit angedrückten, hakig gekrümmten Haaren besetzt. Krone himmelblau, mit gelben Schlundschuppen. 1600—3000 m. ✻ 6—7. A. Auch in Schuttfluren und Blockhalden.

6 **Alpen-Ehrenpreis,** *Veronica alpina* L., Pfl. 2—15 cm. St. abstehend behaart. Unterste B. kleiner als die oberen. B. eiförmig-elliptisch, stumpf, ganzrandig oder leicht gekerbt. Bl. blaulila, in gedrungener, armblütiger Traube. Bl.stiele und Kelch rauhhaarig. Fruchtkapsel verkehrt-eiförmig, langhaarig, ausgerandet. 1500—3200 m. ✻ 6—8. A. Feuchten Weiden, Schneeböden, Moränen.

1
2
3
4
5
6
19C72

Tafel 33 Pflanzen der Borstgrasrasen

Die Standorte der Borstgrasrasen oder Nardeten sind durch Kalkmangel und starker oberflächlicher Versauerung und meistens durch eine Artenarmut gekennzeichnet. Andererseits können in den Nardeten viele Arten, die in den sauren Gesellschaften der Silikatketten zu Hause sind — so im Krummseggenrasen —, auch auf den oberflächlich versauerten Böden der Kalkalpen vorkommen. Arnika, Punktierter Enzian oder Bärtige Glockenblume gehören hierher. Die Borstgrasrasen haben oft eine große Ausdehnung und reichen von den Tallagen bis zur unteren alpinen Stufe. Als natürlich sind jedoch nur wenige anzusehen, so z. B. in hochgelegenen, schneereichen Mulden innerhalb der Zwergstrauchgesellschaften, wo die Zwergsträucher, wie Heidelbeere oder Rauschbeere, die längere Schneebedeckung nicht ertragen. Häufig sind die

---

1 **Borstgras,** *Nardus stricta* L., dichte, feste Horste aus aufrechten, nebeneinanderstehenden, umscheideten, nur am Grunde beblätterten Trieben, 10—30 cm. B. borstig, graugrün. Ährchen schmal, schieferblau bis violett, später gelb, in 1seitswendiger Ähre. Ebene bis 3000 m. ✻ 5—7. A.

2 **Weiße Händelwurz,** *Leucorchis albida* (L.) E. May, Pfl. 10—30 cm, mit handförmig geteilter Knolle. B. 4—5, die unteren verkehrt-eiförmig, die oberen lanzettlich. Bl. klein, gelblichweiß, in schmaler Ähre, schwach duftend. Bl.hüllb. zusammenneigend, Lippe 3lappig, Sporn kurz, walzenförmig. Bis 2500 m. ✻ 5—9. A. Auch in Blaugrasmatten.

3 **Gelber Enzian,** *Gentiana lutea* L., Pfl. 40—140 cm, mit armdickem Wurzelstock (aus dem der Enzianschnaps gebrannt wird, weshalb der Gelbe Enzian und verwandte Arten durch Ausgraben stellenweise fast ausgerottet wurden). St. dick, hohl, mit gegenständigen, elliptischen, bläulichgrünen, von starken Bogennerven durchzogenen B. Bl. zu 3—10, kurzgestielt, in den Achseln von schalenförmigen Hochb. Krone radförmig, fast bis zum Grund 5—6teilig, goldgelb. 1000—2500 m. ✻ 7—8. A. Auch in Hochstauden- und Geröllfluren.

4 **Ungarischer Enzian,** *Gentiana pannonica* Scop., St. 20—60 cm, einfach, aufrecht, oben purpurn überlaufen, mit elliptischen, 5—7nervigen B., untere B. gestielt, obere sitzend. Bl. in den B.achseln, trübpurpurn, am Grund gelbgrün, schwarzrot punktiert, innen gelblich. 1600—2300 m. ✻ 8—9. A. (östlich). Auch in Legföhrengebüsch und Hochstaudenfluren.

5 **Punktierter Enzian,** *Gentiana punctata* L., St. 20—60 cm, im oberen Teil oft metallisch glänzend. B. eiförmig-länglich, zugespitzt. Bl. einzeln oder zu mehreren in den B.achseln, blaßgelb, meist dunkelviolett punktiert. 1400—3000 m. A. (östlich). Auch auf Schutthalden, im Alpenrosengebüsch und im feuchten Krummseggenrasen.

6 **Purpurroter Enzian,** *Gentiana purpurea* L., Pfl. 20—60 cm im Wuchs der vorigen Art ähnlich. B. ei-lanzettlich. Bl. zu 5—10 in den Achseln von Hochb., außen purpurrot, innen gelblich. 1600—2800 m. ✻ 7—9. A. (westlich).

7 **Scheuchzers Glockenblume,** *Campanula scheuchzeri* Vill., Pfl. 5—40 cm, lockerrasig. Grundb. langgestielt, rundlich-nierenförmig, gekerbt, zur Bl.zeit meist vertrocknet. St.b. lineal-lanzettlich, fast sitzend, gezähnt bis ganzrandig, am Grund gewimpert. Bl. nickend, weitglockig, dunkel blauviolett. Kelchzipfel lineal, länger als die halbe Krone. 1400—3100 m. ✻ 7—8. A. Auch auf Schutt und Felsbändern.

2
7
6
4
5
3
19 C 72

Tafel 34 Pflanzen der Borstgrasrasen

Borstgrasrasen als Degradationsstadien verschiedener, verarmter Gesellschaften zu betrachten. Sie können die Überreste ehemaliger Latschenbestände oder des Alpenrosengebüsches, die zur Gewinnung einer Weidefläche geschwendet wurden, oder gar die Folgegesellschaft eines subalpinen Fichten-Lärchen-Waldes nach einem Kahlhieb sein. Durch übermäßige Beweidung verschwinden in den artenreichen Beständen die anspruchsvollen Gräser und Kräuter, die durch Tritt und Verbiß geschwächt werden, während das Borstgras, das vom Vieh weitgehend verschmäht wird, die starke Verdichtung und damit Luftarmut ständig betretener Böden gut verträgt und somit zur Vorherrschaft gelangt. Hohe Niederschläge und lange Schneebedeckung fördern die Bodenauslaugung und damit die Bodenversauerung. Im steilen Gelände der Kalkalpen wird die Bodenversauerung durch ständige Kalkzufuhr von oben aufgehalten.

---

1 Grüne Hohlzunge, *Coeloglossum viride* (L.) Hartm., Pfl. 6—25 cm, mit meist tief 2spaltiger Knolle. B. 3—5, eiförmig bis lanzettlich. Bl. klein, grünlichgelb, bräunlich überlaufen, in lockerer Ähre. Bl.hüllb. helmförmig zusammenneigend. Lippe vorne 3zähnig, mit kurzem, dickem Sporn. Bis 2600 m. * 5—6. A.

2 Berg-Nelkenwurz, *Geum montanum* L., Rosettenpfl., 10—35 cm, keine Ausläufer bildend. B. leierförmig, unterbrochen gefiedert, Endfieder viel größer als die Seitenfiedern. St. 1blütig. Kelchb. eiförmig, unterseits dicht behaart, 2mal so lang wie der Außenkelch. Krone gelb. Griffel zottig behaart; Fruchtstand perückenartig. 1600—3500 m. * 5—7. A. Auch in Krummseggenrasen, Zwergstrauchgesellschaften und Karfluren.

3 Felsen-Ehrenpreis, *Veronica fruticans* Jacq., Pfl. 5—15 cm. St. vom Grund aus verzweigt und schwach verholzt. B. dicklich, glänzend, länglich bis elliptisch, schwach gekerbt, fast kahl. Bl. in armblütiger Traube. Kelch 4teilig, mit kraushaarigen Zipfeln. Krone radförmig ausgebreitet, azurblau, im Schlund mit dunkelpurpurrotem Ring. Fruchtkapsel eiförmig, kaum ausgerandet. 1200—2800 m. * 6—8. A. Auf trockenen, steinigen Matten und sonnigen Felsbändern. — Auf Borstgras- und Krummseggenrasen wächst das **Maßliebchen-Ehrenpreis,** *V. bellidioides* L., mit drüsig-zottig behaarten Sprossen, 6—20 cm. Grundb. rosettig, kurzgestielt, verkehrt-eiförmig, stumpf, dicht behaart; St.b. sitzend, meist gegenständig. Bl-traube gedrungen, zottig. Krone blauviolett. Fruchtkapsel verkehrt-eiförmig, seicht ausgerandet, drüsenhaarig.

4 Berg-Wohlverleih, *Arnica montana* L., Pfl. 20—60 cm, mit grundständiger B.rosette. St. unverzweigt, mit 1—3 gegenständigen, sitzenden B.paaren. B. eiförmig, ganzrandig, 5—7nervig, kurzhaarig, grün. Bl.köpfe groß, meist einzeln. Bl. dottergelb. Frucht mit Haarkrone. Bis 2800 m. * 6—8. A. Teilweise geschützt.

5 Orangerotes Habichtskraut, *Hieracium aurantiacum* L., Pfl. 20—50 cm, mit Ausläufern. Rosettenb. spatelig, rauhhaarig. St.b. 1—4, rasch an Größe abnehmend. Bl.köpfe zu 2—12 in verkürzter Doldentraube. Hüllb. schmal, schwarzdrüsig. Alle Bl. zungenförmig, feuerrot oder orangegelb. 1500—2600 m. * 6—8. A. Auch in anderen alpinen Rasengesellschaften.

2
3
4
1
5
19©72

Tafel 35 Pflanzen der Krummseggenrasen

Der Krummseggenrasen oder *Curvuletum* ist in den Silikatketten der Alpen in der alpinen Stufe die verbreitetste Rasengesellschaft. Sie entspricht den Blaugras-Horstseggenrasen der Kalkalpen; nur bildet sie, dank anderer Bodenverhältnisse, auf Silikat eine dicht geschlossene, ausgedehnte Pflanzendecke bis über 3000 m hinauf, was den Urgesteinsalpen allein schon von der Vegetation her ein anderes Bild als den Kalkalpen verleiht. Die Böden auf Urgestein und kalkarmer Unterlage sind längst nicht so trocken wie die auf Kalkgestein. Zudem ist die Krumm-Segge ein ausgezeichneter Humusbildner und der humusreiche Boden des *Curvuletums* vermag viel Wasser zu speichern, so daß der im Frühsommer mit Wasser vollgesogene Boden auch in einem regenarmen Herbst nie völlig austrocknet. Die Arten des Krummseggenrasens sind stark azidiphil, d. h. sie vertragen den hohen Säuregrad des Bodens. Ihren Stickstoffbedarf decken sie durch Symbiose mit Pilzen (Mykorrhiza). Das *Curvuletum* ist auf die Alpen, Pyrenäen und Ostkarpaten beschränkt; in den Westkarpaten und im hohen Norden fehlt es. In der Tatra wird die Krumm-Segge durch die Dreispaltige Binse ersetzt. In den Alpen ist der Krummseggen-

---

1 **Dreispaltige Binse,** *Juncus trifidus* L., St. 8—25 cm, aufrecht, fadenförmig, stielrund, am Grund von gelbbraunen Niederb. umgeben. B. fadenförmig. Bl.stand 2—4blütig, von 2—3 fadenförmigen, bis 10 cm langen Hüllb. überragt. Bl.hüllb. kastanienbraun. 1700—3100 m. ✻ 7—8. A. Auch in Felsspalten. — Auf feuchteren, kalkreichen Böden durch *Juncus monanthos* Jacq., vertreten. Hüllb. kürzer Bl.stand 1blütig. 1600—2200 m. O-A.

2 **Braune Hainsimse,** *Luzula spadicea* (All.) DC., Pfl. 10—25 cm, lockerrasig. B. mit braunen, bärtig bewimperten Scheiden und flachen, grasartigen Spreiten. Bl.stand locker, oft überhängend. Bl. kastanienbraun, Bl.hüllb. lanzettlich, gleichlang, stachelspitzig. 1200—3200 m. ✻ 7—8. A. Auch auf feuchtem Schutt.

3 **Niedriges Seifenkraut,** *Saponaria pumila* (St. Lag.) Janch., dichte Polsterrasen mit kurzen, 1blütigen St. B. lineal, nach der Spitze leicht verbreitert, stumpf. Bl. auffällig, groß, fast sitzend. Kelch aufgeblasen, dicht kurzzottig behaart, oft rötlich überlaufen. Kronb. breit-eiförmig, rosarot, mit 2spitziger Nebenkrone. 1900—2600 m. ✻ 7—9. Östliche Zentral-A.

4 **Pyrenäen-Hahnenfuß,** *Ranunculus pyrenaeus* L., Pfl. 5—15 cm. B. schmal, grasartig, kahl, bläulichgrün, parallelnervig. St. mit 2—5 mm breiten B. und reinweißen Bl. mit kahlem Kelch. 1700—2800 m. ✻ 5—7. S- und W-A. Auf schwach basischen bis mäßig sauren Weiden.

5 **Alpen-Klee,** *Trifolium alpinum* L., Pfl. mit kräftiger Pfahlwurzel. B. langgestiehlt, 3zählig, mit lanzettlichen, spitzen Fiedern. Nebenb. am B.stiel zu einer langen Scheide verwachsen. Bl.köpfe 3—12blütig, Einzelbl. etwa 2 cm lang, gestielt, fleischrot oder purpurn, duftend. Hülse 1—2samig. 1600—3100 m. ✻ 6—8. Zentral- und W-A. Auch in Borstgrasrasen.

6 **Kleinster Augentrost,** *Euphrasia minima* Jacq., Pfl. 2—10 cm, aufrecht, wenig verzweigt, flaumig behaart. B. stumpf gekerbt, jederseits mit 2—3 Zähnen, am Rand und auf den Nerven borstig behaart. Bl. klein. Kelch 4spaltig, die Kronröhre einschließend. Krone gelb, weiß oder blauviolett. 1200—3300 m. ✻ 7—8. A. — Es gibt noch eine ganze Reihe alpiner *Euphrasia*-Arten, die sich sehr ähneln.

1
2
3
4
5
6
19 C 72

rasen vor allem in den relativ trockenen, inneren Silikatketten und zwar überwiegend in der oberen und mittleren alpinen Stufe verbreitet, während in den feuchteren, niederschlagsreicheren Außenketten Schneeboden- und Zwergstrauchgesellschaften das *Curvuletum* in seiner Ausdehnung einschränken. In der mittleren alpinen Stufe besiedelt der Krummseggenrasen sanft geneigte Hänge beliebiger Exposition; mit zunehmender Meereshöhe zieht er sich auf südexponierte Steilhänge zurück, wo die Schneedecke nicht viel länger als 8 Monate verweilt. Die ausgedehnten Krummseggenrasen, die lokal begünstigt bereits bei 2000 m vorkommen und bis 3250 m hinaufsteigen, sind häufig mit anderen Gesellschaften verzahnt oder mosaikartig unterbrochen. An Kämmen, wo der Wind den Schnee wegbläst, siedeln sich in dem lückigen Rasen Strauchflechten an. Ist der Boden tiefgründiger und etwas kalkhaltig, so finden

---

1 Zweizeiliges Kopfgras, *Sesleria disticha* (Wulf.) Pers., dichte Horste, 10—20 cm, mit steifen, dünnen St. B. borstlich zusammengefaltet. B.häutchen spitz, bis 3 mm. Ährenrispe bis 1,5 cm lang, mit 2zeilig angeordneten, 3—5-blütigen, grünen, weißlich oder blau gescheckten Ährchen. Deckspelzen mit stacheliger Spitze. 900—3200 m. ✻ 7—9. Zentral- und O-A.

2 Krumm-Segge, *Carex curvula* All., dichtrasige, horstbildende Pfl., 3—20 cm, mit bogig gekrümmten oder aufrechten, glatten St., am Grund mit den Resten der vorjährigen B. B.scheiden gelbbraun. B. borstlich, hohlrinnig, bogig gekrümmt, rauh. Ährchen in kopfiger, eiförmiger Ähre, unten die weiblichen, oben die männlichen. Narben 3. 1900—3000 m. ✻ 7—8. A.

3 Klebrige Primel, Blauer Speik, *Primula glutinosa* Wulf., Pfl. 2—8 cm. B. steiflich, mattglänzend, oberseits dunkel punktiert, vorne meist gezähnt, stark klebrig. Bl. zu 1—7, stark duftend, Hüllb. braunrot, oval. Krone dunkelblau, später schmutzig-violett. 1800—3100 m. ✻ 7—8. Zentral- und SO-A.

4 Ganzrandige Primel, *Primula integrifolia* L., Pfl. 2—6 cm. B. elliptisch oder länglich, weich, grasgrün, nach oben eingerollt, ganzrandig, mit farblosen, kaum klebrigen Drüsenhaaren. Bl.schaft 1—2 cm, mit 1—3 kurzgestielten Bl. Kelch röhrig-glockig, meist rötlich überlaufen. Krone mattviolett, Schlund dicht drüsig-zottig. 1500—3000 m. ✻ 6—8. Mittlere Teile der A. Feuchte Stellen im Krummseggen- und Braunsimsenrasen und Schneetälchen.

5 Breitblättriger Enzian, *Gentiana kochiana* Perr. et Song., Pfl. 5—10 cm. Ähnlich *G. clusii,* aber B. breiter, elliptisch, größte Breite im oberen Drittel, am Rand glatt. Kelchzähne spatelförmig, etwas abstehend, kürzer als die halbe Kelchröhre. Buchten zwischen den Kelchzipfeln breit, mit weißer Verbindungshaut. Krone azurblau, innen mit olivgrünen Flecken. 1200—3000 m. ✻ 6—8. A. Kalkarme, saure Matten. — Auf Silikatmagerrasen der S- und SW-A. wächst auch der ähnliche **Südalpen-Enzian,** *G. alpina* Vill., mit kleinen, 2—4 cm, breitelliptischen, lederigen, mattgrünen Rosettenb. Krone 2—4 cm lang, tief azurblau, innen mit grünen Flecken. 2000—2600 m.

6 Krainer Greiskraut, *Senecio carniolicus* Willd., Pfl. 5—15 cm, mit aufrechtem oder aufsteigendem, mehrköpfigem St. Grundständige B. verkehrteiförmig, eingeschnitten gekerbt oder fiederspaltig, langgestielt, obere B. weniger geteilt, sitzend. Bl.köpfe mit trichterförmiger Hülle und dottergelben Scheiben- und Röhrenbl. 1800—3600 m. ✻ 7—9. O-A.

1
3
5
4
2
6

sich Arten der Nacktriedgesellschaft ein. In den schneereichen Mulden treten Schneebodenpflanzen auf. Nach unten, in der unteren alpinen Stufe, etwa zwischen 2300 und 2600 m, wird der Krummseggenrasen häufig durch den Felsschwingelrasen *(Festucetum halleri,* Tafel 37) abgelöst, der mehr Wärme und eine längere Aperzeit verlangt. Sobald die schneefreie Zeit etwa 7 Monate übersteigt, wird die Krumm-Segge vom Felsen-Schwingel vertrieben. Im *Festucetum halleri* treten auch andere Rasenbildner bestandsbildend auf, so etwa die Horst-Segge oder an etwas windexponierten Stellen die Dreispaltige Binse. Häufig durchdringen sich Felsenschwingelrasen und Zwergstrauchgesellschaften. In den niederschlagsarmen, zentralalpinen Tälern unterliegen die Zwergstrauchgesellschaften der Alpenrosen- und Zwergwacholderheiden dem Fel-

---

1 **Felsen-Schwingel,** *Festuca halleri* All., Pfl. 6—10 cm, alle Triebe umscheidet. B. borstenförmig, kahl, 7nervig. Rispe 2—3 cm lang. Ährchen 4—5-blütig, violettbräunlich, meist leicht bereift. Deckspelzen mit langer Granne. 1800—4300 m. ✻ 6—8. Zentral- und S-A. — Auf Kalk der N-A, selten der S-A wächst der **Gemsen-Schwingel,** *F. rupicaprina* (Hackel) Kerner, mit oberseits flaumig behaarten St., 5nervigen, borstlichen B. und rotvioletten bis schwärzlichen Ährchen.

2 **Kleine Sterndolde,** *Astrantia minor* L., Pfl. 15—40 cm, mit langgestielten, fingerförmig gefiederten Grundb. mit 5—9 breit-lanzettlichen, vorne tiefgesägten Fiedern. Dolden einfach, 10 mm breit, mit 10—20 unterseits meist rosaroten Hüllb. 2000—2700 m. ✻ 6—8. W-A. — Auf Kalk der N- und O-A. um 1600—2200 m wächst die **Bayerische Sterndolde,** *A. bavarica* Schultz, B. 5teilig. Dolden 1—1,5 cm breit, mit linealischen, oft schneeweißen Hüllb.

3 **Fleischroter Mannsschild,** *Androsace carnea* L., Polsterpfl., 2—8 cm, mit rosettig gehäuften, linealischen, kurzhaarig bewimperten B. Schaft und Bl.stiele flaumig behaart. Krone fleischrot, mit gelbem Schlund. 2000—3000 m. ✻ 6—7. W-A. Häufig auch auf saurem, durchfeuchtetem Feinschutt und Schneeböden.

4 **Pyramiden-Günsel,** *Ajuga pyramidalis* L., Pfl. 10—20 cm, locker behaart. B. gekreuzt-gegenständig, die unteren rosettig, verkehrt-eiförmig, schwach gekerbt, die oberen B. kleiner, oft violett oder weinrot überlaufen. Bl. in 2- bis 4blütigen Scheinquirlen. Krone hellviolettblau, mit kurzer Oberlippe. 1200—2700 m. ✻ 7—8. A. Auch in Borstgrasmatten.

5 **Knolliges Läusekraut,** *Pedicularis tuberosa* L., Pfl. 10—25 cm, flaumig behaart. B. mit tiefgezähnten Seitenfiedern und wolligem Stiel. Krone blaßgelb, mit linealem, abwärts gerichtetem Schnabel. Kelch flaumig bis zottig behaart. 1200—2600 m. ✻ 6—8. A. (Nördliche Kalk-A. fehlend).

6 **Alpen-Glockenblume,** *Campanula alpina* Jacq., Pfl. 5—15 cm. B. verkehrt-lanzettlich, ganzrandig, wollig-zottig. Bl. in reichblütiger Traube, auf langen, zottigen Stielen. Kelch zottig, mit linealischen, langen Zipfeln, Krone glockig, hellblaulila, innen bewimpert. 1200—2400 m. ✻ 7—8. O-A.

7 **Bärtige Glockenblume,** *Campanula barbata* L., Pfl. 10—40 cm, steifhaarig. Grundb. rosettig, länglich-lanzettlich. Bl. kurzgestielt, nickend, in armblütiger Traube. Kelch zottig behaart, mit länglich-3eckigen Zipfeln. Krone hellblau, Zipfeln auf der Innenseite bärtig. (600—)1500—2800 m. ✻ 6—8. A.

1
2
3
4
5
6
7
19 C 72

senschwingelrasen, der dort auf kalkarmer Unterlage in mehreren Varietäten den Zwergstrauchgürtel ersetzt.
Bei der Besprechung der vorhergehenden Pflanzengesellschaften auf verschiedenen Standorten wurde immer wieder auf den Wandel und die Entwicklungstendenz der Gesellschaften hingewiesen. Die Gesellschaft der Krumm-Segge ist das Endglied einer Entwicklungsreihe, die sich mit einer Pioniergesellschaft beginnend, über mehrere mögliche Folgegesellschaften zu dieser stabilen Schluß- oder Klimaxgesellschaft entwickelt hat. Früher wurde generell der Krummseggenrasen als das Klimaxstadium der alpinen Stufe in den Kalk- und Urgesteinsalpen betrachtet, heute neigt man dazu, dieses nur für die kalkarmen Böden gelten zu lassen.

---

1 **Alpen-Lichtnelke,** *Lychnis (Viscaria) alpina* L., Pfl. rasig, 5—15 cm, mit grundständiger Rosette. B. länglich, linealisch, spitz, am Grund bewimpert. Bl.stand kopfig, dicht. Kelch glockig, kahl. Krone hellpurpurn, 2spaltig, mit Nebenkrone. 1900—3100 m. ✻ 6—8. Zentral- und W-A. Auch in sauren Schutthalden.

2 **Zwerg-Miere,** *Minuartia sedoides* (L.) Hiern., kompakte Polsterpfl. mit derben, am Rand knorpelig verdickten, lanzettlichen, dachziegelig angeordneten, 1nervigen B. Bl. einzeln, endständig, kurzgestielt. Kelchb. 5 eiförmig, stumpf, hellgrün. Kronb. klein und fädlich, häufig auch fehlend. Staubb. 10; Griffel 3. 1800—3000 m. ✻ 7—8. A. Pionierpfl. auf Graten, Felsbändern und Schutt. — An ähnlichen Standorten wächst die **Krummblättrige Miere,** *M. recurva* (All.) Schinz et Thell., dichtrasige Pfl. mit linealisch-pfriemlichen, seitlich etwas zusammengedrückten, sichelförmig gekrümmten B. Kelchb. 5—7nervig. Kronb. eiförmig, stumpf, weiß. A. (außer N-A.)

3 **Schwefel-Anemone,** *Pulsatilla alpina* (L.) Del., ssp. *apiifolia* (Scop.) Nym., der kalkholden ssp. *alpina* (s. Tafel 28) sehr ähnlich, aber Bl. schwefelgelb. 1500—2800 m. ✻ 6—8. A. Häufig auch in Borstgrasrasen. Geschützt.

4 **Frühlings-Anemone (Küchenschelle),** *Pulsatilla vernalis* (L.) Mill., Pfl. 5—15 cm, fruchtend bis 35 cm. B. überwinternd, 1fach unpaarig gefiedert, mit ungleich 2- bis 3spaltigen Fiedern. St. stark filzig behaart, mit stark zerschlitztem, dicht behaartem Hochb.quirl und 1 anfangs nickenden, dann aufrechten Bl. Bl.hüllb. innen weiß oder blaßviolett, außen violett, rosarot oder bläulich und seidenhaarig. Griffel zur Reife sich verlängernd, langzottig behaart. Ebene bis 3600 m. ✻ 4—6. A. Geschützt.

5 **Zwerg-Primel,** *Primula minima* L., Pfl. 1—4 cm. B. glänzend, kahl, keilförmig, vorne abgestutzt, mit großen, knorpeligen Sägezähnen. Bl.schaft sehr kurz, meist 1blütig. Hüllb. 1—2, lanzettlich. Krone rot, später verblassend, Schlund weiß, drüsenhaarig. Kronzipfeln tief eingeschnitten. 1200—3000 m. ✻ 6—7. O-A. Auch auf Schneeböden, feuchtem Schutt und Felsspalten.

6 **Halbkugelige Teufelskralle,** *Phyteuma hemisphaericum* L., Pfl. 5—15 cm. B. lanzettlich, grasartig, St. wenigblütig. Hüllb. der dunkelblau-violetten Bl.-köpfe eiförmig, zugespitzt, ganzrandig, oft bewimpert. Köpfe kugelig, 10—12-blütig. 1600—3600 m. ✻ 7—8. A. (westlich). Auch auf Moränen und in Borstgrasmatten. — An ähnlichen Standorten in den östlichen Zentral-A. wächst die **Verwechselte Teufelskralle,** *P. confusum* Kerner, B. spatelförmig, mit meist stumpf 3kerbigem Ende; Hüllb. rundlich bis eiförmig.

2
4
3
1
5
6
19 C 72

Tafel 39 Pflanzen der Silikatmagerrasen der inneralpinen Trockentäler

Die großen Längstäler in den Innenalpen, wie das Durance- und Aostatal, Wallis, Unterengadin und Vintschgau, liegen im Regenschatten mächtiger Gebirgsketten. Trockene, heiße Sommer und kalte Winter bedingen einen steppenhaften Landschaftscharakter. Die Pioniergesellschaften der nackten, vom Gletscher geschliffenen, kalkarmen Felsböden und Silikatrundhöcker enthalten viele einjährige und sukkulente Arten, die die extrem sommerliche Erhitzung und Austrocknung vertragen. (Es kann hier nur eine bescheidene Auswahl gebracht werden.)

---

1 **Stein-Nelke,** *Dianthus sylvestris* Wulf., Pfl. dichtrasig, 5—30 cm. B. linealisch, spitz; St.b. mit scheidig verbreitertem Grund; grundständige B. rosettig angeordnet. Bl. zu 1—3, groß, geruchlos. Kelchschuppen kürzer als die halbe Kelchröhre, mit stumpfen, 3eckigen Spitzen. Kronb. rosarot, gezähnt. Ebene bis 2800 m. ✻ 6—8. Auf sonnigen, steinigen Matten, Felsspalten und Blockhalden auf Kalk und Urgestein.

2 **Felsen-Leimkraut,** *Silene rupestris* L., Pfl. 10—25 cm, kahl, verzweigt. B. ei-lanzettlich, spitz, sitzend, bläulichgrün. Bl.stand locker, gabelig verzweigt, mit langgestielten, weißen bis rosaroten Bl. Kronb. ausgerandet, 2mal so lang wie die blaßgrünen, stumpfzähnigen Kelchb. (300—)1600—2800 m. ✻ 7—8. A. Auch in Felsspalten. — An ähnlichen, trockenen Kalkstandorten der S-A. wächst das **Steinbrech-Leimkraut,** *S. saxifraga* L., mit zarten, dünnen, entfernt beblätterten, 1—3blütigen, oberwärts klebrigen St., 5—15 cm. Kelch keulenförmig, 10nervig. Kronb. weiß, unterseits rötlich, tief 2spaltig, mit Nebenkrone. 1000—2400 m.

3 **Rundblättriger Mauerpfeffer (Fetthenne),** *Sedum anacampseros* L., nichtblühende Triebe niederliegend, am Ende mit B.rosette. Blühende Triebe aufsteigend, 10—25 cm. B. eiförmig-elliptisch, blaugrün, fleischig. Bl. 4- oder 5zählig, in dichter, kugeliger Traube. Kronb. außen blauviolett, innen purpurn. 1300—2500 m. ✻ 7—8. W- und SW-A.

4 **Weißer Mauerpfeffer,** *Sedum album* L., Pfl. lockerrasig, 8—20 cm. B. grasgrün oder rötlich, beiderseits gewölbt, walzig. Bl.stand meist kahl. Kronb. weiß. Bis 2500 m. ✻ 6—8. A. Als Pionier auf trockenem Feinschutt, Felsbändern und steinigen Rasen, oft mit dem **Dickblättrigen Mauerpfeffer,** *S. dasyphyllum* L., der blaugrüne, oben flache, unten stark gewölbte, breit-eiförmige, leicht abfallende B. und drüsig-weichhaarigen Bl.stand mit 5—6zähligen, weißen oder schwach rötlichen Bl. hat.

5 **Spinnweben-Hauswurz,** *Sempervivum arachnoideum* L., Pfl. 5—12 cm, mit kugelig geschlossener B.rosette. B. am Rand kurzdrüsig, durch lange, spinnwebige Haare verbunden. Bl.stand 5—18blütig, dicht. Kronb. 8—12, breitlanzettlich, rosarot, mit purpurnem Mittelnerv. Bis 3000 m. ✻ 7—9. A.

6 **Berg-Hauswurz,** *Sempervivum montanum* L., B.rosetten kugelig, geschlossen, nicht spinnwebig. B. auf der Fläche drüsenhaarig. Bl. zu 2—8. Kronb. sehr schmal, rotviolett, mit dunklem Mittelnerv. 1500—3400 m. ✻ 7—9. A. — An ähnlichen Standorten, vor allem in den zentralen Massiven wächst die **Gelbe Hauswurz,** *S. wulfenii* Hoppe, mit großen, sternförmig ausgebreiteten B.rosetten und dichtblütigem, reichverzweigtem Bl.stand mit goldgelben, drüsig-flaumigen Bl. 1700—2600 m A. (östlich).

2
6
4
1
3
5

Tafel 40 Pflanzen montaner und subalpiner Wiesen und steiniger Hänge der S-Alpen

Bei dem Reichtum dieser Vegetation kann nur eine winzige, fast willkürliche Auswahl gebracht werden. Ein buntes Gemisch von alten Tertiärrelikten, die die Eiszeit überdauern konnten, und von mediterrranen Arten, von denen manche in warmen Tälern bis zur Waldgrenze steigen, gesellt sich zur übrigen Artenfülle der Alpenflora hinzu. Die blumenreichen Mähwiesen und fetten Weiden zwischen etwa 800 und 2000 m bergen eine Reihe von auffälligen Liliengewächsen. Feuerlilie *(Lilium bulbiferum),* Weiße Narzisse *(Narcissus poeticus),* Südliche Tulpe *(Tulipa australis),* Frühlings-Lichtblume *(Bulbocodium vernum)* und Alpen-Zeitlose *(Colchicum alpinum)* können hier nur genannt werden. Die flachgründigen, steinigen Hänge tragen viele strauchige Leguminosen.

---

1 **Weißer Affodil,** *Asphodelus albus* Miller, Pfl. 60—120 cm, mit gekielten, binsenförmigen, fleischigen Grundb. Bl.schaft kräftig, b.los, mit dichter Traube aus weißen Bl., unten oft mit kurzen Seitenzweigen. Bl.hüllb. ausgebreitet, weiß oder rosa, mit bräunlichem Mittelnerv. Tragb. braun, lanzettlich. 900—1600 m. ✻ 5—8. W- und S-A.

2 **Trichter-Lilie,** *Paradisia liliastrum* (L.) Bertol., Pfl. 30—50 cm, mit langen, linealischen, grasartigen Grundb. Bl.schaft b.los Bl. groß, trichterförmig, zu 2—7 in 1seitswendiger Traube. Bl.hüllb. weiß, unten zu einer schlanken Röhre vereinigt. Tragb. häutig, länger als die Bl.stiele. 1000—2400 m. ✻ 6—7. W-, S- und Zentral-A.

3 **Cytisus ardoini** Fourn., Zwergstrauch., 20—60 cm. Zweige 5—10kantig. B. 3zählig, Blättchen schmal, länglich bis verkehrt-eiförmig, oberseits dicht angedrückt behaart. Bl. zu 1—3, an kurzen, achselständigen, beblätterten Trieben. Bl.stiele dicht behaart. Kelch kurz, glockig. Krone gelb, kahl, mit stark gekrümmtem, stumpfem Schiffchen und fast kreisrunder Fahne. 850—1200 m. ✻ 5—6. Nur in den See- und Kottischen Alpen heimische Ginsterart, auf Kalk. — Auf trockenen, steinigen Hängen und in Buschwäldern der S-A. bis 2300 m wächst der **Meergrüne Ginster,** *C. sessilifolius* L., mit ungestielten, 3zähligen, blaugrünen, dicklichen B. und 3—12blütigen Trauben an kurzen Trieben. Krone gelb, Schiffchen geschnäbelt, stark gekrümmt. Pfl. bis 1 m hoch. — Auf flachgründigen, trocknen Kalkböden, in lichten Föhren- und Lärchenwäldern bis zur Waldgrenze wächst auch der **Kugel-Ginster,** *Genista radicata* (L.) Scop., ästiger, rutenartiger Strauch, 20—40 cm, strahlenartig ausgebreitet. Bl. gelb, zu 4—12 in kopfigen Trauben. B. 3zählig, Fiedern lanzettlich, bald abfallend. Pfl. mit grünen Lang- und b.achselständigen Kurztrieben assimilierend.

4 **Einköpfige Flockenblume,** *Centaurea uniflora* Turra, Pfl. 10—40 cm. B. weiß bis graufilzig, ganzrandig, länglich, mit verschmälertem Grund sitzend. St. 1köpfig. Randbl. größer, blau. Hüllb. federig gefranst. 1000—2400 m. ✻ 7—8. W-A. — Ssp. *nervosa* (Willd.) Rouy, hat lanzettliche, gezähnte, am Grund abgestutzte bis fast geöhrte B. Hüllb. braun, lang federig gefranst. — Ähnlich ist die **Südalpen-Flockenblume,** *C. rhaetica* Moritzi, mit grünen, lanzettlichen, gesägten, kahlen B. und purpurnem Bl.kopf. Trockne Hänge der südlichen Kalk-A. bis 2000 m.

4
3
2
1
19C72

Tafel 41 Pflanzen der Buntschwingelrasen

Lückige Rasentreppen auf trockenem, südexponiertem, steilem Silikatfels der zentralen und südlichen Alpenketten sehen dem treppigen Blaugrasrasen der Kalkalpen täuschend ähnlich. Beim näheren Hinsehen oder besser Hingreifen nimmt man die nadelspitzigen, stechend harten Rollblätter der mächtigen, graugrünen Horste des Bunt-Schwingels *(Festuca varia)* wahr. Im Gegensatz zu den relativ trittsicheren Blaugraspolstern, findet man auf den oft überhängenden Polstern des Bunt-Schwingels mit den glatten Blättern keinen Halt. Genagelte Schuhe oder Grödeln (Vierzacker) sind beim Begehen solcher Hänge empfehlenswert. Der Buntschwingelrasen ist in einer Höhe von 800 bis 2800 m verbreitet; die floristische Zusammensetzung ist daher sehr unterschiedlich, wenngleich sie oft recht artenarm ist. Auf weniger trockenen Hängen und in höheren Lagen wird der Buntschwingelrasen vom Felsenschwingelrasen (Tafel 37) abgelöst.

---

1 **Dianthus furcatus** Balbis, Pfl. rasenbildend, 5—25 cm, mit grundständigen B.rosetten und mehreren, nahe dem Grund verzweigten, kahlen, 1—4blütigen St. B. weich, schmal-lanzettlich, 1—3 mm breit. Kelchzähne lang und schmal; Außenkelch $^1/_2$ mal so lang wie der Kelch. Kronb. gezähnt, purpurrot oder rosarot, am Grund dunkler.

2 **Übersehene Nelke,** *Dianthus neglectus* Loisel., Pfl. dichtrasig, 5—20 cm. Grundb. rosettig, länger als die St.b. B. lineal, steif, blaugrün. St. 4kantig, 1—4blütig. Kelchschuppen steif, krautig, fast so lang wie die kurze, purpurviolette Kelchröhre. Kronb. sehr groß, purpurrot, unterseits grünlichgelb. 1200—3000 m. ✻ 7—8. W- und S-A.

3 **Walliser Leimkraut,** *Silene vallesia* L., Pfl. lockerrasig, 8—15 cm. B. elliptisch-lanzettlich. St. aufsteigend, drüsig-klebrig, mit 1—3 Bl. Kelch mit 10 roten Nerven. Kronb. oberseits hellrosa, unterseits rot, im Schlund mit 2teiliger Schuppe. 1100—2100 m. ✻ 7—8. W- und S-A.

4 **Rosenwurz,** *Rhodiola (Sedum) rosea* L., Pfl. 10—35 cm. Grundachse mit rosenartigem Duft. St. aufrecht, dickfleischig, mit wechselständigen, flachen, lanzettlichen, bläulichgrünen, vorne gezähnten B. Bl. in dichten Trugdolden. Männliche und weibliche Bl. auf verschiedenen Pfl. Männlich Bl. mit 8 Staubb. und 4 gelblichen oder rötlichen Kronb. Weibliche Bl. mit verkümmerten Kronb. 1400—3000 m. ✻ 7—8. Zentral- und S-A. Auf kalkreichem Schutt, Felsspalten und steinigen Rasen.

5 **Potentilla valderia** L., St. 20—40 cm, graufilzig. B. 5—7teilig gefingert. Blättchen schmal verkehrt-eiförmig, vorne abgerundet, gezähnt oben grün oder grau, unten graufilzig. Kronb. weiß, etwas kürzer als die ei-lanzettlichen Kelchb., diese etwas länger als die schmal-lanzettlichen Außenkelchb. Staubfäden zottig. 1200—2400 m. ✻ 7—8. Auf Silikatgeröll in den Seealpen.

6 **Strauchiger Ehrenpreis,** *Veronica fruticulosa* L., Pfl. 10—20 cm, Triebe am Grund schwach verholzt. B. gegenständig, kurzgestielt, länglich, schwach gekerbt, anliegend behaart. Bl. in lockerer, armblütiger, drüsig-flaumiger Traube. Krone hellrot, mit dunkleren Adern. Fruchtkapsel breit-eiförmig, seicht ausgerandet. 600—2700 m. ✻ 7—8. A. (westlich). Auf kalkreichen, steinigen Matten, Schutthalden und Felsbändern.

1
2
3
4
5
6
19 C 72

Tafel 42 Pflanzen der Nacktriedrasen

Auf windgepeitschten Graten und Hochflächen der alpinen Stufe treffen wir den Nacktriedrasen oder das *Elynetum* an. Besonders auffällig sind im Herbst die goldbraun glänzenden, dichten Horste des Nacktrieds mit seinen steifen, borstenförmigen Blättern. Extrem sind die Verhältnisse im *Elynetum.* Im Winter sind die Stellen meist schneefrei geblasen und entbehren der schützenden Schneedecke, so daß im Rasen Temperaturen bis zu —45° erreicht werden, und häufig im Winter und besonders im Frühjahr dort rasche und starke Temperaturschwankungen auftreten, wo Auftauen und Gefrieren der obersten Bodenschichten mehrmals erfolgen. An warmen Sommertagen kann die Temperatur im Nacktriedrasen bis auf +50° ansteigen. Heftige Winde im Sommer wie im Winter fördern die Verdunstung der Pflanzen und die Austrocknung des Bodens, wobei allerdings die oberste Bodenschicht eine hohe wasserzurückhaltende Kraft hat. Das *Elynetum* hat ein ausgesprochen kontinentales Kleinklima. Trocken- und windhart und gegen Kälte weitgehend unempfindlich müssen die Arten dieser Standorte sein, wofür sich besonders anspruchslose Strauchflechten eignen, wie wir sie auch in der Alpenazaleen-Windheide

---

1 **Nacktried,** *Elyna myosuroides* (Vill.) Fritsch, dichte Horste, 10—20 cm, nur am Grund beblättert. B.scheiden braungelb, faserig verwitternd. B.spreiten steif, borstig-rinnig. Ähre schlank, aus 10—20 Ährchen, diese mit je einer weiblichen und einer männlichen Bl. Jedes Ährchen mit glänzend braunen, weißberandeten Tragb. 1800—3100 m. ✻ 6—8. A.

2 **Spätblühende Faltenlilie,** *Lloydia serotina* (L.) Rchb., zierliche Zwiebelpfl. 7—10 cm, mit meist 2 grasartigen, schmal-linealischen Grundb. und wenigen, schmalen St.b. Bl. einzeln. Bl.hüllb. weißlich, außen am Grund gelb, innen mit 3 rötlichen Streifen. 1800—3100 m. ✻ 6—8. A.

3 **Gletscher-Nelke,** *Dianthus glacialis* Haenke, dichtrasige Pfl., 5—10 cm. B. schmal, etwas fleischig, weich, die Bl. oft überragend. Bl. einzeln, fleischrot. Kelchschuppen ei-lanzettlich, mit grüner Spitze, fast so lang wie der Kelch. 1900—2900 m. ✻ 7—8. Zentral-A.

4 **Alpen-Spitzkiel,** *Oxytropis campestris* (L.) DC., Pfl. 5—15 cm. B. grundständig, unpaarig gefiedert, beiderseits behaart, graugrün, mit 10—12 eilanzettlichen Fiederpaaren. Bl. zu 10—18 in kopfigen, langgestielten Trauben. Kelch mit langen weißen und kurzen schwarzen Haaren besetzt. Krone gelblichweiß, Schiffchen lang zugespitzt, oft beiderseits mit violettem Fleck. 1800—3000 m. A.

5 **Edelweiß,** *Leontopodium alpinum* Cass., dicht wollig-filzige Pfl., 5—10 cm. St. unverzweigt, mit verkehrt-lanzettlichen, filzigen B. Bl.stand aus 5—6 unscheinbaren, halbkugeligen, gelblichen, vielblütigen Köpfchen, sternförmig umgeben von 5—15 stark weißfilzigen Hochb., die die Scheinbl. bilden. 1700—3400 m. ✻ 7—9. A. Auf sonnigen, meist kalkreichen Grasbändern, Geröllhalden und Felsspalten. Vielerorts nahezu ausgerottet und meist nur noch an sehr schwer zugänglichen Felsbändern und steilen Schrofen vorkommend.

6 **Niedrige Alpenscharte,** *Saussurea depressa* Grenier, Pfl. 3—10 cm, niederliegend bis aufsteigend. B. dichtstehend, lanzettlich, gezähnt, zugespitzt, oben grün, spinnwebig, unten weiß, wollhaarig. Bl.köpfe dicht stehend, oft von den B. überragt. Hüllb. wollig. Bl. blauviolett. 1500—2500 m. ✻ 7—8. W-A.

5
4
2
1
3
6
19C72

(Tafel 44) haben. Der Nacktriedrasen gehört daher zu den flechtenreichsten Rasengesellschaften. Das Nacktried selbst ist ein guter Humusbildner, und da es die Humusstoffe und die Feinerde vor Verwehung gut schützt, kann die Mächtigkeit des gewachsenen Bodens etwa 30 cm erreichen. Häufig aber wird dann der Boden wieder durch Stürme bis auf den festen Untergrund abgetragen. Silberwurz und Quendelblättrige Weide oder Polster-Segge auf Kalk und Alpenazaleen auf Silikat kommen als Pioniere. Bei ungestörter Entwicklung des Nacktriedrasens, also bei weiterer Bodenentwicklung und oberflächlicher Versauerung, siedeln sich Krumm-Segge und deren Begleiter an; das *Elynetum* wird vom *Curvuletum* abgelöst.

---

1 **Trauer-Segge,** *Carex atrata* L., Pfl. 15—50 cm, rasig, mit kurzen Ausläufern. St. scharf 3kantig, nur am Grunde beblättert. B. linealisch, mit schmaler, rinniger Spitze. Ährchen 3—5, gestielt, kurz, zylindrisch. Unterstes Hüllb. laubb.artig. Tragb. breit-eiförmig, schwarz, mit hellem Mittelstreifen. Schläuche gelbbraun, kurzgeschnäbelt. Narben 3. 1500—3100 m. ✻ 6—8. A.

2 **Alpen-Hornkraut,** *Cerastium alpinum* L., Pfl. 5—20 cm, lockerrasig, mit niederliegenden bis aufsteigenden, wollig behaarten, graugrünen Sprossen. B. ei-lanzettlich, nicht kraushaarig. Bl.stand gabelig 4—5blütig. Kronb. weiß, 2mal so lang wie die zottig behaarten, trockenhäutig berandeten Kelchb. 1900—2800 m. ✻ 7—9. A. Auf sauren oder kalkarmen Böden.

3 **Alpen-Nelke,** *Dianthus alpinus* L., Pfl. 2—20 cm, lockerrasig, aus mehreren grundständigen B.rosetten. St. mit 2—5 B.paaren. B. linealisch, 1nervig, am Rand rauh. Bl. einzeln. Kelchschuppen lanzettlich, mit krautiger Spitze, halb so lang wie die gestreifte Kelchröhre. Krone unregelmäßig gezähnt, purpurn, am Grund tiefpurpurrot und weißgesprenkelt. 1000—2500 m. ✻ 6—8. O-A.

4 **Schneeweißes Fingerkraut,** *Potentilla nivea* L., Pfl. 5—15 cm. B.unterseite und B.stiele weißfilzig. B. 3zählig, mit ovalen, gekerbt-gesägten Fiedern. Kelchb. ei-lanzettlich, so lang oder wenig länger als die lineal-lanzettlichen Außenkelchb. Kronb. gelb, etwas länger als die Kelchb. 1600—2800 m. ✻ 6—8. W-A.

5 **Blattloser Ehrenpreis,** *Veronica aphylla* L., Rosettenpfl., 2—8 cm. B. verkehrt-eiförmig, kurzgestielt, gekerbt, gesägt oder ganzrandig. Bl. in wenigblütigen, langgestielten Trauben. Bl.schaft, Bl.stiele und Kelch dicht drüsenhaarig. Krone radförmig, lila oder tiefblau, dunkel geadert. Fruchtkapsel drüsig behaart. 1200—2800 m. ✻ 6—8. A. Humose Felsritzen und steinige Rasen.

6 **Einblütiges Berufskraut,** *Erigeron uniflorus* L., Pfl. 3—12 cm. B. verkehrt-eilänglich, am Rand bewimpert, sonst kahl. St. oberwärts langzottig, mit 1 Bl.kopf. Zungenbl. fädlich, weißlich oder blaßlila; Hüllb. wollig-zottig. 1900—3000 m. ✻ 7—9. A. Auch auf kalkarmen oder mäßig sauren Moränen.

7 **Gewöhnliche Alpenscharte,** *Saussurea alpina* (L.) DC., Pfl. 10—40 cm, aufrecht. B. schmal-eiförmig oder lanzettlich, die unteren mit geflügeltem Stiel. B. unterseits graufilzig, spinnwebig. Bl.köpfe kurzgestielt, zu mehreren. Bl. violettrot. Hüllb. dicht behaart, schwarzviolett überlaufen. 1800—2800 m. ✻ 7—8. A. — Die **Zwerg-Alpenscharte,** *S. pygmaea* (Jacq.) Spreng., in Polsterseggenrasen der O-A. hat 1köpfige, dicht weißwollige St. mit sitzenden, linealischen B.

6
7
4
1
2
3
5
19 C 72

Tafel 44 Pflanzen der Alpenazaleen-Windheide

Auf schneefreien, meist humusarmen, silikatreichen Windecken bildet die flechtenreiche Alpenazaleen-Windheide oder das *Loiseleurietum* eine kleinflächige Gesellschaft, die bei dem langsamen Wachstum der Alpenazalee und bei den extrem langsam wachsenden Flechten zu ihrer Entstehung lange Zeiträume braucht, die frei von Erosion und sonstigen Störungen sind. Die Alpenazalee ist im Gegensatz zu Alpenrosen oder Krähenbeere, die ohne Schneeschutz leicht erfrieren, selbst gegen Temperaturen bis zu —40° unempfindlich. Auf sauren Böden ist das *Loiseleurietum* oft die Pioniergesellschaft, die sich zum Nacktried-, Krummseggen- oder Felsenschwingelrasen entwickeln kann. Auf Kalk kann sich das *Loiseleurietum* erst einstellen, wenn eine saure Rohhumusauflage vorhanden ist.

---

1 **Alpen-Azalee,** *Loiseleuria procumbens* (L.) Desv., niedriger, reichverzweigter Spalierstrauch. B. lederig, immergrün, schmal-elliptisch, ganzrandig, am Rand umgerollt, mit dickem Mittelnerv. Bl. zu 2—5. Kelch dunkelrot. Krone rosarot, mit 5 purpurnen Staubbeuteln. 1600—3000 m. ✻ 6—8. A.

2 **Gemeiner Alpenlattich,** *Homogyne alpina* (L.) Cass., St. 10—30 cm, wollig, fast b.los, 1köpfig. Grundb. langgestielt, unterseits kahl, nur auf den Nerven behaart, herz-nierenförmig, gezähnt-gekerbt. Bl. hellviolett. Hüllb. wollig, vorne braunrot. 500—3200 m. ✻ 5—8. A. Von schattigen Bergwäldern bis zu alpinen Zwergstrauchheiden. — Der **Filzige Alpenlattich,** *H. discolor* in Schneetälchen der O-A. hat rundlich-nierenförmige, unterseits weißhaarige B.

Flechten

3 **Wind-Blutauge,** *Haematomma ventosum* (Ach.) Mass., Flechten gehören zu den niedrigen und einfach organisierten Wesen im Pflanzenreich. Diese Art ist darunter ein Vertreter der ganz einfach gebauten und wenig differenzierten Krustenflechten, die mit ihrem sogenannten Lager, einer mehr oder weniger dicken Schicht aus Pilz und Alge, den nackten Fels überziehen. Zur Vermehrung erzeugt der Pilz Sporen in den Fruchtkörpern, die bei dieser Flechte blutrot gefärbt sind. Häufig erfolgt aber die Vermehrung durch Ablösen kleiner Teilchen vom Flechtenkörper, die vom Wind fortgetragen und an einer anderen Stelle zu neuen Pflanzen im Lauf der Jahrzehnte heranwachsen.

4 **Landkarten-Flechte,** *Rhizocarpon geographicum* (L.) DC., leuchtendes bis schmutziggrünliches Gelb des Flechtenlagers und das tiefe Schwarz der Fruchtkörper wechseln mosaikartig ab und geben der Pfl. das charakteristische Aussehen. Diese Art besiedelt mit zahlreichen geographisch und standörtlich unterschiedlichen Kleinarten die Silikatgebirge der nördlichen Halbkugel.

5 **Nabel-Flechte,** *Umbilicaria crustulosa* (Ach.) Frey, die Pfl. besteht aus einem blattartigen Flechtenlager, das oben die schwarzen, kreisrunden Fruchtkörper mit den Sporen trägt und auf der Unterseite wurzelähnliche Gebilde (Rhizinen) zur Verankerung in den feinen Felsritzen ausbildet. Dieser Typ gehört zu den Laubflechten und ist im Vergleich zu den beiden vorherigen Krustenflechten bereits höher entwickelt.

6 **Faden-Flechte,** *Alectoria ochroleuca* (Ehrh.) Nyl., nah verwandt mit den Bart-Flechten der Bergwälder, gehört unter den Flechten zu den höchst entwickelten, nämlich den Strauchflechten. Die Pfl. bildet grau- oder gelbgrünliche, rasige Teppiche auf saurem Gestein und Felsspalten der A.

1
2
5
3
4
6
19C72

Tafel 45 Pflanzen der Krummholz- und Zwergstrauchstufe auf Kalk

In der subalpinen Stufe bleibt die Vegetationsentwicklung, ausgehend von Pioniergesellschaften, z. B. von Schuttgesellschaften, nicht bei Rasengesellschaften stehen, sondern führt zu Beständen aus Zwergsträuchern und Krummholz (Latschen), die sich in tieferen Lagen zu subalpinen Wäldern entwickeln können. Umgekehrt sind heute die Rostrote Alpenrose, Rausch- und Krähenbeere oft der übriggebliebene Unterwuchs zerstörter Lärchen-Zirbenwälder, und das Vorkommen der Behaarten Alpenrose ist der Rest ehemaliger Latschenbestände und subalpiner Fichtenwälder. Die Latsche ist die niedriger liegende Form der Bergföhre (Bergkiefer) und hauptsächlich in den Ostalpen und Karpaten verbreitet. In den West-Alpen überwiegt die aufrechte Form der Bergföhre und in den Pyrenäen fehlt die Latsche gänzlich. Auf warmen, sonnigen Kalkstandorten folgen auf Polster-Segge, Silberwurz und anderen Pionier-

---

1 **Wohlriechende Händelwurz,** *Gymnadenia odoratissima* (L.) Rich., Pfl., 15—30 cm, mit 2spaltiger Knolle und stark duftenden Bl. B. schmal-lanzettlich, bläulich-grün. Bl.ähre dicht. Bl. klein, rotviolett oder hellrosa. Lippe 3spaltig, Mittellappen länger, zugespitzt, Sporn kaum so lang wie der Fruchtknoten. Ebene bis 2700 m. ✻ 6—7. A. Geschützt. Auch in Blaugras-Horstseggenrasen.

2 **Brillenschötchen,** *Biscuitella laevigata* L., Pfl. 15—30 cm. Rosettenb. keilförmig, länglich, in den B.stiel verschmälert, ganzrandig oder gezähnt, steifhaarig oder kahl. Kelch gelbgrün, Kronb. gelb. Schötchen brillenförmig. Ebene bis 2800 m ✻ 5—8. A. Oft auf Flußkies herabgeschwemmt.

3 **Alpen-Bärentraube,** *Arctostaphylos alpina* (L.) Spr., laubabwerfender Spalierstrauch, weit kriechend, mit kurzen Endtrieben. B. verkehrt-eiförmig, scharf gezähnt, schwach bewimpert, beiderseits netzaderig, sommergrün, im Herbst leuchtend rot. Bl. (3a) in 2—4blütiger Traube. Kelch 5zipfelig, Krone krugförmig, mit 5 zurückgeschlagenen Zähnen, weiß oder rosa. Frucht (3b) eine kugelige, rote, dann blauschwarze Steinfrucht. 1700—2600 m. ✻ 5—6. A.

4 **Steinröserl, Gestreifter Seidelbast,** *Daphne striata* Trott., zierlicher Zwergstrauch, 5—25 cm. B. lederig, linealisch-keilförmig, stumpflich, bläulichgrün, an den Zweigenden rosettig gehäuft. Bl. in 5—12blütigen Dolden, rosa, fein gestreift, kahl, stark duftend. 1500—2800 m. ✻ 5—8. A. Geschützt. — Ähnlich ist der **Felsen-Seidelbast,** *D. petraea* Leyb., auf Kalk der S-A. mit kurzen, knorrigen Ästen und oberseits rinnigen, dicken, im Querschnitt fast 3eckigen B. und flaumig behaarten, rosaroten Bl.

5 **Rosmarin-Seidelbast,** *Daphne cneorum* L., ähnlich vorheriger Art, 5—25 cm. B. lineal-spatelig, dunkelgrün, lederig, gleichmäßig an den behaarten Zweigen verteilt. Bl. zu 6—8, dunkelrosa, außen behaart. Ebene bis 2000 m. ✻ 4—6. A. Geschützt. Auch in Föhrenwäldern und Halbtrockenrasen.

6 **Schnee-Heide,** *Erica carnea* L., Zwergstrauch, 15—30 cm. B. in 4zähligen Wirteln, spitz, nadelförmig, wintergrün. Bl. in 1seitswendiger Traube. Krone fleischfarben; Staubbeutel dunkel, aus der länglich-krugförmigen Kronröhre herausragend. Ebene bis 2700 m. ✻ 3—6. A. Häufig in Föhrenwäldern.

7 **Bewimperte Alpenrose,** *Rhododendron hirsutum* L., niedriger Strauch, bis 1 m, mit wintergrünen, elliptischen, langhaarig bewimperten B. Bl. zu 3—10. Kelchzipfel lanzettlich zugespitzt. Krone trichterförmig-glockig, hellrot, innen behaart. 1200—2600 m. ✻ 7—8. A. (östlich). Geschützt.

5
4
7
2
6
3a
3b
1
19 C 72

arten die Schnee-Heide, der Gestreifte Seidelbast, und mit zunehmender Bodenentwicklung die Latsche und vereinzelt die behaarte Alpenrose, die mehr in nordseitigen, feuchten Latschenbeständen mit reich entwickelter Moosschicht zur Herrschaft kommt. Die Latschen und Zwergsträucher liefern einen hohen Anteil an schwer zersetzbarem Material, so daß es unter den feuchtkühlen Klimabedingungen der ozeanischen Randalpen zu starker Rohhumusablagerung und Bodenversauerung kommt, und sich die säureliebende Krummholzgesellschaft der Urgesteinsalpen mit Rostroter Alpenrose, Rauschbeere u. a. auch auf Kalk als Endstadium (Klimax) einstellen kann. Über der Krummholzstufe finden wir in der unteren alpinen Stufe an windgeschützten, lange schneebedeckten Stellen auf saurem Gestein oder über Rohhumus die frostempfindliche Krähenbeer-Rauschbeerheide.

---

1 **Herz-Zweiblatt,** *Listera cordata* R.Br., zierliche Orchidee, 5—15 cm. St. zart, blaßgrün, in der Mitte mit 2 herzförmigen, glänzend grünen B. Bl. zu 6—12, gelblichgrün bis rötlichbraun. Lippe länglich, tief 2spaltig. Ebene bis 1800 m. ✻ 5—8. A. Häufig auch in moosreichen Fichtenwäldern.

2 **Alpen-Rebe,** *Clematis alpina* (L.) Mill., Schlingpfl., 1—2 m. B. gegenständig, langgestielt, 3zählig gefiedert; Fiedern grob gesägt. Bl. achselständig, langgestielt, violett bis hellbau, glockig zusammenneigend; Nektarb. 10—12, spatelig, weißfilzig, halb so lang. Frucht mit federigem Griffel. 1000—2400 m. ✻ 5—7. O-A. und W-A. Auf basichen bis mäßig sauren Böden, häufig auch in Zirben-, Lärchen- und Fichtenwäldern, in Schluchtwäldern bis ins Tal gehend.

3 **Krähenbeere,** *Empetrum nigrum* L., Teppich bildender Zwergstrauch mit wintergrünen, nadelförmigen, eingerollten B. Bl. einzeln, an Kurztrieben, unscheinbar, 3zählig, hell- bis dunkelrosa. Frucht eine schwarzglänzende, kugelige Beere, genießbar, aber bitter. 1700—3000 m. ✻ 5—6. A.

4 **Rostblättrige Alpenrose,** *Rhododendron ferrugineum* L., Zwergstrauch, bis 1 m. B. wintergrün, derb, elliptisch bis länglich, am Rand umgerollt, nicht bewimpert, oben dunkelgrün, unten von gelbgrünen, später rostbraunen Drüsenschuppen besetzt. Krone purpurrot. 1500—2800 m. ✻ 6—7. A. Geschützt.

5 **Rauschbeere,** *Vaccinium uliginosum* L., sommergrüner Zwergstrauch, 15—80 cm. B. ganzrandig, blaugrün, unterseits stark netzadrig. St. stielrund, braun. Bl. (5a) zu mehreren, traubig, rosa oder weißlich. Beeren (5b) schwarzblau, bereift. Ebene bis 3100 m. ✻ 5—7. A. — Die ähnliche **Heidelbeere,** *V. myrtillus* L., hat hellgrüne, fein gezähnte, spitze B. und grüne, kantige St.

6 **Preißelbeere,** *Vaccinium vitis idaea* L., Pfl. 10—30 cm. B. wintergrün, lederig, verkehrt-eiförmig, am Rand umgerollt, glänzend, unterseits hellgrün. Bl. (6a) in zierlichen Trauben, glockig, meist 4zählig, weißlich oder rosa. Beere (6b) eßbar. Ebene bis 3000 m. ✻ 5—6. und nochmals 8—9 blühend. A.

7 **Blaue Heckenkirsche,** *Lonizera coerulea* L., kleiner Strauch, 60—100 cm. B. gegenständig, kurzgestielt, stumpflich, oval, hellgrün, unterseits blaugrün. Bl. (7a) paarweise in den B.achseln, kurzgestielt. Fruchtknoten der 2 Bl. verwachsen. Krone 5zipfelig, gelblichweiß. Frucht (7b) eine schwarze, blaubereifte Beere. Bis 2600 m. ✻ 5—6. A. — Die ähnliche **Alpen-Heckenkirsche,** *L. alpigena* L., hat trübrote Bl. mit 3—4 cm langen Stielen und elliptische, spitze, dunkelgrüne B. In kalkreichen Wäldern und Hochstaudenfluren bis 2300 m. A.

a
7
b
4
b
6
a
1
a
5
b
2
3

Tafel 47 Pflanzen der Hochstaudenfluren

Am Hangfuß, am Grund von Tälchen, in Hangmulden und steinigen Rinnen, am Fuß von wasserüberrieselten Felsen und auf groben Blockfeldern der unteren alpinen Stufe, wo das Oberflächenwasser Nährstoffe und Feinerde einschwemmt und konzentriert, gedeiht eine üppige Pflanzengesellschaft, wenn diese Böden im Gegensatz zu den Schneetälchen frühzeitig ausapern, aber dennoch während der heißen Jahreszeit genügend feucht bleiben und nicht austrocknen. Auch in lockeren, schattseitigen Wäldern, in lichten, feuchten Schluchten der subalpinen Stufe entwickelt sich diese Hochstauden- oder Karflur, die

---

1 **Allermannsharnisch, Siegwurz,** *Allium victorialis* L., Zwiebelpfl., 30—60 cm. St. unten stielrund, oben kantig, mit 2—3 kurzgestielten, länglich-elliptischen, anfangs längsgefalteten B. Bl. in kugeligen Scheinähren mit 2 häutigen Hüllb. Bl. gelblichweiß, mit langen Staubb. 1700—3000 m. ✻ 7—8. A.

2 **Weißer Germer,** *Veratrum album* L., giftige Staude, 50—150 cm. B. wechselständig (im Unterschied zum Gelben Enzian), breit-elliptisch, tief längsgefaltet, oberseits kahl, unterseits flaumig, Bl. weiß, gelblich oder grünlich, kurzgestielt, in einer großen, aus vielblütigen Trauben zusammengesetzten Rispe. 1000—2700 m. ✻ 6—8. A.

3 **Rundblättriger Steinbrech,** *Saxifraga rotundifolia* L., St. 10—70 cm, aufrecht, spärlich beblättert. B. langgestielt, hellgrün, rundlich, herz-nierenförmig, grobgekerbt, weich bewimpert. Bl. in lockerer Rispe. Kronb. weiß, am Grund orange und rot punktiert, 2—3mal so lang wie die Kelchb. 800—2200 m. ✻ 6—9. A. Auch in feuchten Bachschluchten und Karfluren.

4 **Alpen-Heckenrose,** *Rosa pendulina* L., niedriger Strauch, bis 1 m, mit stachellosen Zweigen. B. unpaarig gefiedert, mit 7—11 kahlen, länglich-elliptischen, doppelt gesägten, dunkelgrünen Fiedern. Bl. meist einzeln. Kelchb. ganzrandig, lineal-lanzettlich. Kronb. rot, Scheinfrucht (»Hagebutte«) orange, kugelig bis flaschenförmig. 500—2600 m. ✻ 6—8. A. Auch in lichten Bergwäldern, auf Felsbändern und Zwergstrauchheiden.

5 **Purpur-Storchschnabel,** *Geranium phaeum* L., Pfl. 40—60 cm, abstehend behaart. B. langgestielt, mit rundlicher, in 7 Lappen geteilter Spreite. Kronb. 5, flach ausgebreitet, wenig länger als der Kelch, rotbraun oder schwarzviolett. Staubfäden abstehend behaart. 1000—2000 m. ✻ 5—7. A. — Ssp. *lividum* (l'Hér) Pers. hat trübviolette bis bräunliche Kronb. Hauptsächlich SW-A. — Ähnlich ist der **Wald-Storchschnabel,** *G. silvaticum* L., in Bergwäldern und Hochstaudenfluren. B. fast bis zum Grund in 5—7 rhombisch, grobgezähnte Lappen geteilt. Bl. groß, radförmig, rotviolett.

6 **Alpen-Glöckel,** *Cortusa matthioli* L., Pfl. 15—40 cm. B. grundständig, langgestielt, fast kreisrund, 11—13lappig, ungleich grobgezähnt, behaart. Bl. zu 3—12 in endständiger Dolde mit 5—7 cm langen Bl.stielen. Krone rosarot, trichterförmig, wohlriechend. 1100—1900 m. ✻ 7—8. A. Auch in schattigen Schluchten.

7 **Alpen-Wachsblume,** *Cerinthe glabra* Mill., Pfl. 30—50 cm, dicht beblättert. B. kahl, bläulichgrün, bereift. Grundb. schmal-verkehrt-eiförmig, in den B.stiel verschmälert. St.b. mit herz- oder pfeilförmigem Grund sitzend. Kelchzipfel ungleich, eiförmig, halb so lang wie die blaßgelbe Krone, diese am Grund mit 5 roten Flecken. Täler bis 2600 m. ✻ 6—8. A.

5
7
4
3
1
6
2

aus mastiggrünen, großblättrigen Kräutern und Stauden besteht. Die krautreiche Karflur ist in den niederschlagsreichen Randketten der Alpen besonders reich entwickelt. Viele der großblättrigen Stauden werden vom Vieh gemieden und sind oft ein lästiges Weideunkraut, weil die Arten der Hochstaudenflur gerade die besten Böden mit hohem Nährstoffgehalt und günstigem Wasserhaushalt bevorzugen. Werden diese Flächen durch das Weidevieh stark gedüngt, so entsteht eine Gesellschaft, die Lägerflur, charakterisiert durch Arten, die extrem hohe Düngung vertragen. Von den abgebildeten Arten gehören dazu: Weißer Germer und Blauer Eisenhut, von den nicht abgebildeten z. B. Alpen-Ampfer, Alpen-Greiskraut, Brennessel und Rote Lichtnelke.

---

1 **Grün-Erle,** *Alnus viridis* (Chaix) Lam., 50—250 cm hoher Strauch. Junge Zweige drüsig behaart, olivgrün bis rötlichbraun. B. eiförmig, spitz, scharf doppelt gesägt. Bl. in 1geschlechtigen Kätzchen. Männliche Kätzchen hängend, lebhaft gelb, bis 6 cm lang. Weibliche Kätzchen unter den männlichen, eirund, 10—15 mm lang, anfangs grün, später zu braunen Zapfen verholzend. 1500—2400 m. ✻ 5—7. A.

2 **Blauer Eisenhut,** *Aconitum napellus* L., Pfl. 50—150 cm, meist unverzweigt. B. handförmig fast bis zum Grund 5—7teilig. Fiedern mit schmallinealischen Zipfeln, am Grund stark verschmälert. Bl. blauviolett, in dichter, meist 1facher, verlängerter Traube, Bl.helm breiter als hoch. Staubb. meist behaart. Ebene bis 2000 m. ✻ 6—8. A. Alle Eisenhut-Arten sind giftig.

3 **Rispiger Eisenhut,** *Aconitum paniculatum* Lam., ähnlich vorheriger Art, aber Bl.stand ästig. Traube locker, kurz. Bl.stiele und oberer Teil des St. drüsenhaarig. Bl.helm so hoch wie breit. 1200—2400 m. ✻ 7—9. A. Auch in Bergwäldern und Karfluren. — Ähnlich ist der **Bunte Eisenhut,** *A variegatum* L., mit violetten, weißen oder scheckigen Bl. an langen, drüsenlosen Stielen. Helm höher als breit.

4 **Wolfs-Eisenhut,** *Aconitum vulparia* Rchb. (*lycoctonum* L.), Pfl. 50—150 cm. B. handförmig 5—7teilig, mit breiten Abschnitten. Bl. gelb oder weißlich, mit hohem, schlankem Helm, in 1facher oder ästiger Traube. Ebene bis 2400 m. ✻ 6—8. A. Auch in Kurfluren, Schlucht- und Auwäldern.

5 **Eisenhutblättriger Hahnenfuß,** *Ranunculus aconitifolius* L., Pfl. 20—60 cm, 1fach oder verzweigt, Grundb. langgestielt, 3—7teilig, mit ungleich gesägten Abschnitten. St.b. sitzend. Bl. weiß, 1—2 cm breit; Bl.stiele behaart. Täler bis 2600 m. ✻ 5—7. A. Auch in Quellsümpfen, Karfluren und Auwäldern.

6 **Kahler Alpendost,** *Adenostyles glabra* (Mill.) DC., Pfl. 30—80 cm. B. nierenförmig, gestielt, gleichmäßig gezähnt, unterseits graugrün mit engmaschigem Adernetz, kahl oder nur auf den Nerven behaart. Bl. blaßrosa oder rotviolett, in Doldentrauben. 800—2500 m. ✻ 6—8. A. — Ähnlich ist der **Graue Alpendost,** *A. alliariae* (Gouan) Kern., Pfl. 60—150 cm. Obere St.b. sitzend, am Grund geöhrt. B. ungleichmäßig gezähnt, oberseits kurzhaarig, netzrunzelig, unterseits mit weitmaschigem Adernetz.

7 **Alpen-Milchlattich,** *Cicerbita alpina* (L.) Wallr., Pfl. 60—200 cm. B. leierförmig, fiederspaltig, mit spießförmigem Endlappen. Bl.köpfe blauviolett, in 1facher oder zusammengesetzter, drüsig behaarter Traube. 1000—2200 m. ✻ 7—8. A. Auch in Bergwäldern.

1
2
3
4
5
6
7
19©72

Die Tierwelt der Alpen

Schnecken und Muscheln *(Mollusca)*

Mollusken bilden im Alpengebiet einen wesentlichen Bestandteil der niederen Tierwelt. Ihr im Vergleich zum Flachland zahlreicheres Auftreten ist wohl dem Umstand zuzuschreiben, daß einige Faktoren zusammentreffen, die besonders günstige Lebensbedingungen bieten. Einer davon ist das reichhaltige Nahrungsangebot, das vor allem in dem üppigen Pflanzenbestand der montanen Laub- und Mischwaldzone gegeben ist; hier, zwischen 1000—2000 m, liegt daher auch die größte Arten- und Individuendichte der meist pflanzenfressenden Schnecken. Tiere, denen besonders ausgeglichene Temperatur- und Feuchtigkeitsverhältnisse zusagen, finden diese ebenfalls in dem Bereich, unter abgefallenem Laub und Rinde (manche Schließmundschnecken). Andere wiederum bevorzugen die besonnten Hänge der alpinen Grasheidenstufe, oder stark der Strahlung ausgesetzte Felsen als Lebensraum (z. B. einige Windel- und Schließmundschnecken). Felsspalten und loses Geröll bieten hier vielfältige Unterschlupfmöglichkeiten, felsbedeckte Algen, Flechten und Pilze die nötige, wenn auch karge Nahrung.

Neben ausschließlich von Pflanzen lebenden oder allesfressenden Tieren gibt es aber auch ausgesprochene Fleischfresser, die selbst den eigenen Artgenossen nachstellen. Für Schalenaufbau und Größenwachstum ist Kalk nötig. Manche Arten haben einen hohen Kalkbedarf, sie können in kalkarmen Gebieten überhaupt nicht existieren und brauchen dieses Substrat so sehr, daß sie als kalkstet bezeichnet werden müssen (z. B. *Abida, Chondrina*), ihr Hauptverbreitungsgebiet beschränkt sich dementsprechend auf die Kalkalpen. Daneben gibt es eine Reihe von kalkholden Arten (viele *Clausilien*), die zwar ebenfalls diesen Untergrund bevorzugen, aber nicht ausschließlich daran gebunden sind. Der Rest ist weitgehend gesteinsindifferent (kommen auf jedem Gestein vor).

Die Mehrzahl unserer alpinen Schnecken lebt in allen Höhenstufen und bevölkert daher recht unterschiedliche Lebensräume. Nur wenige aber vermögen den extremen Verhältnissen in der Nivalzone, am Rande der Schneefelder, oft sogar unter schmelzendem Schnee standzuhalten. Überraschenderweise sind diese echten Hochgebirgstiere äußerst lebhaft in ihren Bewegungen und selbst während des Winters aktiv; sie entfalten ihre volle Lebenstätigkeit, Paarung und Eiablage, besonders in der kalten Jahreszeit. Diese gesteigerte Vitalität ist jedoch nur von kurzer Dauer, nach der Eiablage sterben sie, 1 Jahr alt, ehe noch das Frühjahr beginnt. Zu den bekanntesten Vertretern dieser Gruppe gehören die Glasschnecken (*Vitrinidae*, S. 154), die im Alpengebiet mit 3 Arten über die Schneegrenze hinausgehen. Auffallend ist, daß sie nie einzeln, sondern stets in Gesellschaft anzutreffen sind.

Einige der Weichtiere, die bis in sub- und hochalpine Lagen aufsteigen, sind lebendgebärend (z. B. Gemeine Erbsenmuschel, Felsen-Pyramidenschnecke, Faltenlose Schließmundschnecke), eine Fähigkeit, die ihnen in diesen, den Witterungsunbilden stark ausgesetzten Gebieten eine größere Sicherheit im Überleben des Nachwuchses garantiert. Die meisten Schnecken ziehen sich im Winter unter die schützende Fallaubdecke oder in die obersten Bodenschichten zurück und verharren im Winterschlaf; sie verschließen ihren Gehäuseeingang mit einer dicken, verkalkten Haut; man sagt, sie deckeln zu.

Bemerkenswert ist das Kleinerwerden alpiner Schnecken mit zunehmender Höhe. Klimatische Verhältnisse, Nahrungsmangel und die kurze Zeitspanne des Bergsommers, die genutzt werden muß, um die Aufgabe der Fortpflanzung zu erfüllen — das alles wirkt sich auf das Größenwachstum aus, und so findet man bei manchen Arten in hohen Lagen ausgesprochene Zwergformen, z. B. beim Baumschnegel, *Helicigona (Arianta) arbustorum* f. *alpicola*. Den unterschiedlichen Lebensbedingungen entsprechend, tritt bei manchen Arten sogar eine Vielzahl von Varianten auf, so bildet *Clausila dubia* vom Alpenostrand bis zur Schweiz eine ganze Reihe ökologischer Formen.
Die Weichtierfauna der Seen und Flüsse des Alpengebietes ist recht artenarm, obwohl hinsichtlich des Kalkgehaltes günstige Bedingungen geboten wären; aber die lange anhaltende winterliche Eisdecke und selbst die im Sommer niedrigen Temperaturen der Wohngewässer halten die Besiedlung in Grenzen.
Eine nennenswerte Rolle spielt die Leberegelschnecke (S. 152), zu erwähnen vor allem wegen ihrer Bedeutung als wichtigster Zwischenwirt des großen Leberegels, der beim Weidevieh Leberfäule hervorruft. Die Schnecke ist in weitgespannter Vertikalverbreitung häufig in seichten Gewässern anzutreffen, verläßt diese auch zeitweilig, hält sich dann gerne auf überschwemmten Wiesen und Weiden auf, und leistet auf diese Weise der Übertragung des Parasiten auf Rinder und Schafe Vorschub. Auch die Alpenfederkiemenschnecke (S. 152) findet man gelegentlich in Bergseen.
Von den Muscheln sei als einziger Vertreter die Gemeine Erbsenmuschel genannt, die allein in den Hochgebirgsseen größere Bedeutung erlangt und sogar in Seen, die einen Großteil des Jahres zugefroren sind, zu existieren vermag.

Gliederfüßer *(Arthropoda)*

Gliederfüßer sind durch ihr Außenskelett aus Chitin gut von den anderen Tierstämmen abgegrenzt. Um trotz des Schutzpanzers die nötige Beweglichkeit zu ermöglichen, ist ihr Körper, ähnlich einer Ritterrüstung, in Segmente gegliedert. Zumindest im vorderen Körperdrittel tragen sie gegliederte Extremitäten, die dem Tierstamm den Namen gegeben haben. Einige davon sind zu Fühlern und Mundwerkzeugen spezialisiert.
In Bezug auf Organisationshöhe und Leistung läßt sich der Stamm der Gliederfüßer in vieler Hinsicht mit den Wirbeltieren vergleichen und nach diesen gilt den Gliederfüßern, besonders den Insekten, das Hauptinteresse der Naturfreunde. Ihrer großen Beweglichkeit und hohen Fortpflanzungsrate wegen sind viele Arten, ungeachtet aller konzentrierten Bekämpfungsmaßnahmen, immer noch recht häufig. Zudem gibt es gerade im Gebirge große und farbenprächtige Arten, die immer wieder entzücken.
Mehr als drei Viertel aller Tierarten sind Gliederfüßer. Die meisten davon sind aber sehr klein und leben so versteckt, daß sie der Aufmerksamkeit des Naturfreundes entgehen. Viele andere sind schwer zu bestimmen, so daß selbst Spezialisten Mühe bei der Determination haben. Die hier vorgestellte Auswahl bietet einen Überblick über die Formenvielfalt und beschränkt sich auf die häufigsten, auffälligsten und bekanntesten Arten. Da viele, auch im Flachland häufige Tiere in den Alpen besonders zusagende Lebensbedingungen finden, sind solche Formen ebenfalls aufgenommen. Das Schwergewicht aber

liegt auf den alpinen oder wenigstens montanen Arthropoden. Den Maikäfer oder Hirschkäfer wird man also in diesem Alpenführer vergeblich suchen!
Um die Übersicht zu erleichtern und einen Überblick über den Formenkreis einer Landschaft zu erhalten, sind die Gliederfüßer in systematischer Ordnung dargestellt. (Für spezielle Studien sei auf Spezialliteratur hingewiesen.)
Ihrer Verwandtschaft nach kann man die Gliederfüßer in vier Klassen unterteilen:

1. **Spinnentiere** *(Arachnida)*
2. **Krebse** *(Crustacea)*
3. **Tausendfüßer** *(Myriapoda)*
4. **Insekten** *(Insecta)*

Spinnentiere kann man als »fühlerlose« *(Chelicerata)* den übrigen drei Klassen *(Antennata)* gegenüberstellen. Ihr erstes Gliedmaßenpaar ist zu Cheliceren spezialisiert. Diese enden in der Regel mit einer kleinen Schere, mit der die Spinnen ihre Beute packen und töten, oder ihre Fäden zerschneiden. Das 2. Gliedmaßenpaar heißt Pedipalpen und hat meist Tasterfunktion. Am Kopfbruststück sind noch vier Laufbeine. Der Hinterleib zeigt in der Regel keine Gliederung (Ausnahme: Weberknecht, Afterskorpione). Folgende Ordnungen sind in den Alpen vertreten:

1. Spinnen *(Araneae)*
2. Afterskorpione *(Pseudoscorpiones)*
3. Weberknechte *(Opiliones)*
4. Skorpione *(Scorpiones)* nur in den Südalpen (hier nicht aufgenommen)
5. Milben *(Acari)* (wegen ihrer Kleinheit nicht aufgenommen)

Krebse — In den klaren Alpengewässern findet man den Flußkrebs *(Astacus fluviatilis)* (z. B. Walchensee); häufig sind auch Flohkrebse *(Gammaridae)* und im Moder die Asseln *(Isopoda)*, dazu in den Bergseen das kaum übersehbare Heer der Kleinkrebse (Wasserflöhe, Hüpferlinge). Ausgesprochen alpine Arten gibt es nur wenige.

Tausendfüßer sind wie die Spinnen und Insekten Luftatmer. Ihr Körper gliedert sich in einen deutlich abgesetzten Kopf und fast gleichartig segmentierten Hinterleib. Fast alle Körperringe tragen gegliederte Laufbeine. Zahlreiche winzige Arten sind im Gelände nicht bestimmbar, und auch die großen Tausendfüßer der Alpen ähneln sich sehr; deshalb wurde von den beiden Unterklassen nur je ein alpiner Vertreter als Beispiel abgebildet: der Hundertfüßer *(Chilopoda)* und der Doppelfüßer *(Diplopoda)*.

Insekten sind mit fast einer Million Arten über die ganze Erde verbreitet und stellen auch in den Alpen den Hauptanteil der Arthropoden. Die kleinste Art ist kaum größer als das einzellige Pantoffeltierchen. Ihr Körper gliedert sich in drei deutliche Abschnitte: Kopf, Brust und Hinterleib. Am Kopf fallen die großen Facettenaugen und mit wenigen Ausnahmen die langen Fühler auf. Als Mundwerkzeuge sind eine unpaarige Oberlippe, paarige Ober- und Unterkiefer, sowie eine unpaarige Unterlippe in vielfältiger Abwandlung entwickelt. Die Extremitäten sind (von den Urinsekten abgesehen) an der Brust (Thorax) eingelenkt. Vorder-, Mittel- und Hinterbrust tragen je ein Beinpaar, das wie folgt gegliedert ist: Hüfte, Schenkelring (beide meist recht kurz), Schenkel, Schiene (häufig stark bedornt) und gegliederter Fuß (Tarsus). Die meisten Insekten

tragen je ein Flügelpaar an den beiden letzten Brustringen. Der Hinterleib (Abdomen) besteht aus einer Anzahl von Ringen (primär höchstens 12), von denen nur in Ausnahmefällen einige Beinrudimente tragen. Alle Insekten atmen durch Tracheen. Das sind Chitinröhren, die die Atemluft an die einzelnen Organe heranbringen. Das Blutgefäßsystem wird damit vom Transport der Atemgase entlastet und ist dementsprechend einfach konstruiert: Ein Rückenherz aus mehreren Kammern pumpt das Blut ohne Adernetz durch den Körper (offenes Blutgefäßsystem).
Man kann die Insektenarten in folgende Überordnungen und Ordnungen zusammenfassen:

I Urinsekten (Flügellose) *(Apterygoten)*

II Geflügelte Insekten *(Pterygoten)*

1. Urtümliche Gruppen mit unvollkommener Verwandlung *(Palaeoptera* und *Neoptera)*
   Eintagsfliegen *(Ephemeroptera)*
   Libellen *(Odonata)*
   Steinfliegen *(Plecoptera)*

2. Weitere Insekten mit unvollkommener Verwandlung *(Paurometabola)*
   Geradflügelartige *(Orthopteromorpha)*
      Ohrwürmer *(Dermaptera)*
      Schaben *(Blattodea)*
      Laubheuschrecken, Grillen *(Ensifera)*
   Feldheuschrecken *(Caelifera)*
   Schnabelkerfe *(Hemiptera)*
      Wanzen *(Heteropteroidea)*
      Zikaden *(Auchenorrhyncha)*
      Pflanzenläuse *(Sternorrhyncha)*

3. Insekten mit vollkommener Verwandlung *(Holometabola)*
   Netzflügler *(Neuropteroidea)*
   Käfer *(Coleopteroidea): Coleoptera*
   Hautflügler *(Hymenoperoidea)*
      Pflanzenwespen *(Symphyta)*
      Taillenwespen *(Apocrita)*
      a) Schlupfwespen *(Terebrantes)*
      b) Stechimmen *(Aculeata)*
      Bienen und Hummeln *(Apioidea)*
      Wespen *(Vespoidea)*
      Ameisen *(Formicoidea)*

4. Schmetterlingsartige *(Mecopteroidea)*
   Köcherfliegen *(Trichoptera)*
   Schmetterlinge *(Lepidoptera)*
   Zweiflügler *(Diptera)*
      a) Mücken *(Nematocera)*
      b) Fliegen *(Brachycera)*

Dieses System ist mit fortschreitender Erkenntnis natürlich in dauerndem Wandel. Die Kategorie wird jeweils in der Endung ausgedrückt: auf -a enden die Ordnungen (z. B. *Coleoptera*), auf -oidea die Überfamilien (z. B. *Apioidea*). Familien enden auf -ae (z. B. *Carabidae* = Laufkäfer). Niedere systematische

Kategorien sind Gattung und Art. Da im Organismenreich alles im Fluß und der Vorgang der Artbildung gegenwärtig ist, ist es kaum möglich, den Begriff »Art« einwandfrei zu definieren. Jedenfalls paaren sich die Mitglieder einer Art unter natürlichen Bedingungen nur miteinander fruchtbar. Nah verwandte Arten vereinigt man zu einer Gattung. Weit verbreitete Insekten bilden besondere Standortrassen aus, die Unterart (Subspecies) heißen. Der Flechtenbär *Endrosa aurita ramosa* erhält demnach drei Namen: Den Gattungs-, Art- und Unterartnamen.
Die Verwandlung (Metamorphose) haben wir im System schon als Einteilungsprinzip kennengelernt. Bei den *Palaeoptera, Neoptera* und den *Paurometabola* ist die Verwandlung unvollkommen (Hemimetabolie). Sie häuten sich bis zum Imaginalstadium (Vollinsekt) und werden dabei der Imago immer ähnlicher. Weiter entwickelt ist die Gruppe der Holometabolen. Ihr Werdegang ist in zwei Lebensabschnitte getrennt: das Larvenstadium und das Imaginalstadium. Den Übergang bildet die Puppenruhe. Die Larven haben lediglich die Aufgabe, zu fressen und zu wachsen. Der Häutungsvorgang ist dem einfachen Körperbau zufolge unkompliziert. Die Organe des Vollinsekts entwickeln sich, nach innen gestülpt, als Imaginalscheiben. Die Puppen sind Verwandlungsstadien. Sie leben von den Nahrungsvorräten der Larven. Nur die Mückenpuppen sind beweglich. Während der Puppenruhe stülpen sich die Imaginalscheiben aus. Das Larvengewebe wird eingeschmolzen und liefert Material für den Aufbau der Imaginalorgane. Häutung und Verwandlung erfolgen unter dem Einfluß von Hormonen.
In der Brust findet der imposante Flugmotor Platz. Flügelsenker (bauchrückenwärts verlaufend) und Flügelheber (längsverlaufend) bewirken eine Formveränderung der Brust (indirekte Flugmuskulatur). Die Schlagfrequenz einer Schmeißfliege liegt bei 200 Hz, bei großen Insekten nur bei 20 Hz. Aerodynamisch sind zwei Flügelpaare von Nachteil, da die Luftwirbel des vorderen Paares das hintere behindern. So sind alle Insekten, die mit beiden Flügelpaaren fliegen, schlechte Flieger (z. B. die Kleinlibellen). Die Großlibellen synchronisieren ihren Flügelschlag mit Hilfe des Nervensystems. Bienen und Schmetterlinge hängen den Vorderrand der Hinterflügel an den Hinterrand der Vorderflügel. Käfer und Ohrwürmer lösen dieses aerodynamische Problem ganz einfach dadurch, daß sie nur mit dem hinteren Flügelpaar fliegen und das vordere als Schutzdeckel benützen. Bei Fliegen, zu denen die schnellsten Insekten gehören, sind nur die Vorderflügel Flugorgane, die Hinterflügel wurden zu flugstabilisierenden »Schwingkölbchen«.
Heuschrecken und einige andere wenig flugtüchtige Insektengruppen haben sich auf das Springen verlegt: Das Sprunggelenk ist zwischen Schenkel und Schiene. Die Schenkel sind dick aufgetrieben durch die mächtige Sprungmuskulatur.
Im gesamten Alpengebiet gibt es wohl keinen Lebensraum, abgesehen von den unwirtlichen höchsten Firnfeldern, der frei von Gliederfüßern wäre. Da gibt es stenöke Arten, die sich an die Umweltbedingungen mit ganz bestimmten Faktoren angepaßt haben, z. B. Höhlentiere. Die euryöken Gliederfüßer haben verschiedenartigen ökologischen Faktoren gegenüber eine größere Reaktionsbreite und sind weiter verbreitet, weil sie weniger eng von den Umweltfaktoren abhängig sind. Exakter ist es, die Umweltfaktoren genauer zu charakterisieren und von eurythermen und stenothermen Arten zu sprechen. Hochalpine Gliederfüßer sind demnach stenotherm.
Auf der Suche nach besonders schönen Insekten genügt es nicht, beim Wandern nur die Augen offen zu halten. Unter Steinen, in alten Baumstubben,

unter Moos und loser Baumrinde verstecken sich gerade die interessanteren Arthropoden. Das Aufsuchen besonderer Lebensräume macht mit den seltenen Stenöken bekannt. (Im speziellen Teil stehen bei den einzelnen Arten Hinweise auf die bevorzugten Lebensräume und damit müßte es möglich sein, auch manche nicht alltägliche Art zu entdecken.)

Mit Ausnahme der kältestenothermen Arthropoden findet man die besten Ausbeuten an sonnenbeschienenen Hängen. Wärme ist für ein wechselwarmes Tier ein besonders wichtiger Faktor. Das Insekt reagiert mehr auf die Sonneneinstrahlung als auf die Lufttemperatur. An günstigen Stellen erwärmt die Sonne den Boden auch bei niedriger Umgebungstemperatur erstaunlich stark und schafft so günstige Mikroklimate, die das Insektenleben ermöglichen. Besonders ungünstig sind die Temperaturen für die Insekten in den frühen Morgenstunden. Sehr oft reicht auch die Tagestemperatur nicht aus, um die Flugmuskulatur im Inneren des Thorax genügend zu erwärmen. Deshalb bleiben an trüben Tagen die Fluginsekten still sitzen. Viele können sich durch Muskelzittern so sehr aufheizen, daß sie bei Körpertemperaturen von 32 bis 35° dennoch imstande sind zu fliegen. Der Wärmeverlust während des Fluges wird durch dichte Behaarung stark vermindert; deshalb trifft man besonders bei alpinen Insekten häufig auf dichte Pelzchen. Libellen haben statt einer Behaarung oder Beschuppung Luftsäcke unter dem Chitinpanzer, die ebenfalls isolierend wirken. Die ungünstige Jahreszeit wird durch eine Winterruhe überbrückt. Sämtliche Stadien können überwintern, besonders häufig sind es Eier und Puppen.

Bei jeder Insektenart ist dieses Ruhestadium auf ein bestimmtes Entwicklungsstadium fixiert. Die Blutflüssigkeit gefriert oft erst bei —20°. In vielen Fällen wird der »Gefrierpunkt« durch Glycerin oder Zucker gesenkt. Die Blattwespe *(Trichiocampus)* vertrug nach stufenweisem Einfrieren sogar 24stündiges Eintauchen in flüssigen Stickstoff!

Klimatisch besonders ungünstig sind die nördlichen Kalkalpen. Die alpinen Arten steigen hier viel tiefer herab als in den Zentralalpen. Doch gibt es auf südexponierten Geröllfeldern und Sandreißen, besonders noch begünstigt durch Föhn, ausgesprochene Wärmestellen (xerotherme Stellen). Hier können sogar südalpine Faunenelemente Fuß fassen.

Besiedelungsgeschichtlich am ältesten sind die alpinen Arten, die wahrscheinlich die Eiszeit in wärmeren Lagen südlich der Alpen überdauert haben. Beispiele für solche autochthone (alteingesessene) Arten sind das Alpenposthörnchen *(Malacosoma alpicola)* und auch der Alpenohrwurm.

Boreoalpine Arten leben in den Alpen und im hohen Norden, wie die Nordische Gebirgsschnecke oder der Falter *Bolorias pales.* Viel seltener ist der Anteil xerophiler Arten (z. B. der Grashüpfer *Stenobothrus rubicundus*). Meist handelt es sich hier um Steppenrelikte. Zusammen mit den boreoalpinen Arten bilden sie die Reliktenfauna (Restvorkommen).

Am häufigsten sind die übrigen paläarktischen Arten, die erst nach der letzten Eiszeit eingewandert sind. Sie besiedeln in erster Linie die montane Stufe.

Eine sichere Bestimmung von Insekten ist nur möglich, wenn man alle Kennzeichen untersuchen kann — das aber ist nur mit Hilfe von Sammel- und Präparationsmethoden zu bewältigen. Weil aber alle Entomologen aus der Freude am Beobachten der farbenschönen Insekten ihre Begeisterung schöpfen, sei von der Anlage einer Insektensammlung entschieden abgeraten. Es ist viel sinnvoller, das Bergerlebnis durch Beobachtung dieser zauberhaften Geschöpfe zu erweitern, als eine »Mumiensammlung« verstauben zu lassen.

Fische *(Pisces)*

Umweltfaktoren, wie etwa das oft steile Gelände und das rauhe Klima, gestalten die Alpenregion zu einem biologisch schwierigen Lebensraum für ihre Fischwelt. Kalte Winter, eine oft lange andauernde Eis- und Schneedecke der stehenden Gewässer, kurze, rauhe Sommermonate sowie das oft sehr starke Gefälle der Gebirgsbäche mit ihrem reißenden Wasser, besonders zur Zeit der Schneeschmelze, zwingen die dort lebenden Fische zur extremen Anpassung an ihren Standort. Es ist daher nicht verwunderlich, daß die Bergwelt der Alpen nur einer beschränkten Zahl von Fischarten ausreichende Lebensmöglichkeit bietet.

Ein Gebirgsbach, aus einer oder mehreren Quellen entsprungen und vom Schmelzwasser der Gletscher und Firnfelder genährt, bietet seinen Bewohnern ganz spezielle Existenzbedingungen: die Wassertemperatur ist gleichmäßig niedrig und übersteigt sogar während des Sommers nur selten 8—10° C. Durch das, vor allem bei Hochgebirgsbächen, sehr starke Gefälle wird eine rasche Strömung hervorgerufen, deren Geschwindigkeit an den einzelnen Stellen jedoch sehr unterschiedlich sein kann, weil der Wasserlauf durch zahlreiche Hindernisse im Bachbett (große Felsblöcke, Geröllhalden, versunkenes Astwerk usw.) vielfach gebremst wird. So wechseln flache, kiesige Strecken mit gurgelnden Stromschnellen, tiefe, ruhige Gumpen mit hohen Kaskaden großer Felsblöcke ab, über die das Wasser schießt und zischt und dadurch reichlich mit Luft durchmischt wird, ehe es schäumend weiterzieht. Im Wasser gelöster Sauerstoff ist daher stets reichlich vorhanden und wird außerdem durch die starke Strömung am Fischkörper ständig erneuert. Zusätzlich ist das Wasser weitgehend frei von organischen, sauerstoffzehrenden Zerfallsprodukten und, von der Zeit der Schneeschmelze abgesehen, sehr klar. Zwischen dem Geröll des Untergrundes und im dichten Aufwuchs (Moose und Algen) der Felsbrocken ist ein reiches Tierleben entwickelt (Würmer, Krebstiere, Weichtiere, Insekten und deren Larven), das den Fischen zur Nahrung dient. Talabwärts münden weitere Quellarme und Seitenbäche aus Nachbartälern oft in den Gebirgsbach ein und vergrößern seine Wassermasse, so daß er dann schon in einem etwas ausgeglicheneren, vielfach geraden Bachbett fließt, an dessen Ufer oder hinter Felsblöcken stillere Bereiche auftreten.

Häufiger und weitverbreiteter »Leitfisch« dieser beiden Bachabschnitte (Ober- und Mittellauf) ist die Bachforelle *(Salmo trutta fario),* eine Standform der Europäischen Forelle *(Salmo t. trutta).* Fischereibiologisch wird deshalb diese Bachstrecke die »Forellenregion« genannt, wobei man zwischen einer oberen und unteren Region unterscheidet. In den Alpen kann die obere Forellenregion bis in eine Höhe von 2500 m reichen; ihre obere Grenze wird vielfach durch hohe Abstürze und Wasserfälle bestimmt, die es der Forelle und ihren Begleitfischen (s. u.) unmöglich machen, weiter bis ins Quellgebiet selbst vorzudringen.

Ständiger, wenn auch nur selten beobachteter Begleitfisch der Bachforelle ist die Groppe oder Koppe *(Cottus gobio),* die sich tagsüber meist zwischen oder unter dem Geröll verbirgt und aufgescheucht, nur kurze Strecken am Boden dahinhuscht. Sie gehört zur Lieblingsnahrung der Forelle, an der sie sich wiederum als Laich- und Bruträuber schadlos hält. Ebenso hoch wie die Koppe steigt auch die Elritze *(Phoxinus phoxinus)* in den Bergbächen hinauf (bis 2500 m), deren kleine Schwärme man in ruhigeren Buchten antreffen kann. Zur Laichzeit (Sommerlaicher wie die Koppe) tragen beide Geschlechter einen

Laichausschlag und die Männchen sind dann besonders hübsch gefärbt. Weitere Begleitfische der Forelle sind die Schmerle oder Bartgrundel *(Noemacheilus barbatulus)*, die beidseitig der Alpen bis in 2000 m Höhe vorkommt, und der Steinbeißer *(Cobitis taenia)* mit mehreren geographischen Rassen in den Nord- und Südalpen, sowie verwandten Arten in Norditalien. Selbst in Hochgebirgsbächen trifft man heute auch nicht selten den aus Amerika eingeführten Bachsaibling *(Salvelinus fontinalis)* an, der dank seiner geringeren Umweltansprüche noch in Bachstrecken sein Fortkommen findet, aus denen die Forelle abwandern muß. Vielfach auf künstlichen Besatz ist auch das Vorkommen der amerikanischen Regenbogenforelle *(Salmo gairdneri)* in dieser Gebirgsregion zurückzuführen. Ein einheimischer Räuber dagegen ist die Quappe, auch Rutte oder Trüsche genannt *(Lota lota)*, ein Dorschfisch *(Gadidae)*, dessen nächste Verwandte im Meer leben; sie steigt als Laich- und Bruträuber im Alpenraum vom Rhone-, Po- und Donaugebiet aus in die Forellenregion auf und dringt in Einzelstücken sogar bis in 2000 m Höhe vor.
Fischereibiologisch besonders wichtig ist der Bereich zwischen der unteren Forellenregion und dem Beginn der auf ihr folgenden »Äschenregion« (in der zur Forelle noch die Äsche *(Thymallus thymallus)* als »Leitfisch« tritt), weil hier das Laichgebiet und der vorübergehende Aufenthaltsort zahlreicher Fischarten liegen, so z. B. des Huchens oder Donaulachses *(Hucho hucho)* und deren Brut dort aufwächst. Forelle und Äsche gehören beide zur Familie der Lachsfische *(Salmonidae)*; daher nennt man ihre zwei Regionen auch die »Salmonidenregion«, die im Alpenraum vielfach weit bis ins Vorland reicht und in die nachfolgende »Barbenregion« übergeht. Bei dieser, aus der Fischereipraxis entstandenen Einteilung der Fließgewässerstrecken ist jedoch zu beachten, daß vor allem in den Alpen die Länge der einzelnen Regionen und Unterregionen sehr schwankend ist.
Den zweiten großen Lebensraum der alpinen Fischfauna bilden die Seen; die meist kleinen Hochgebirgsseen mit geringer Tiefe und vor allem die großen, tiefen Alpen- und Voralpenseen. Ebenso wie die Fließgewässer können sie fischereibiologisch eingeteilt werden; so unterscheidet man z. B. vier Gruppen, jeweils nach der vorherrschenden Fischart:

Seen der Bachforelle Sie können sowohl im flachen Vorland als auch in der höchsten Alpenregion liegen. Im Hochgebirge stellen sie an ihre Bewohner besonders hohe Anforderungen, da sie meist klein und von geringer Tiefe sind (die Existenzbedingungen jedoch um so gleichmäßiger sind, je umfangreicher die Wassermasse ist) und oft 8—9 Monate im Jahr mit Eis und Schnee bedeckt sind, so daß das Nahrungsangebot und der Atmungssauerstoff weitgehend herabgesetzt sind. Neben der Forelle können hier nur noch die Koppe und die Elritze diese harten Lebensbedingungen ertragen. Vielfach werden auch Regenbogenforellen eingesetzt.

Seen der Seeforelle In diesen größeren Seen der unteren Alpenregion, die bereits einen Zu- und Ablauf besitzen, kommen neben der Seeforelle *(Salmo trutta lacustris)* als Leitfisch die Begleitfische Elritze, Koppe, Schmerle, Kilch und Perlfisch vor.

Saiblingsseen Hauptfisch dieser bis in 1900 m Höhe reichenden Seen ist der Seesaibling *(Salvelinus alpinus salvelinus)* mit seinen verschiedenen Formen. In Hochgebirgsseen von über 2000 m Höhe wurde der Saibling jedoch vielerorts künstlich eingesetzt, entwickelt aber dort über den Winter einen deutlichen Hungerhabitus (schmächtiger Körper, relativ großer Kopf). Als Begleitfische sind die Bachforelle, die Mairenke und der Perlfisch zu erwähnen. Verwandte Formen des Seesaiblings sind aus den Alpenseen des Rhein-, Meurthe- und Rhonegebietes (franz.: »Omble chevalier«, *S. a. umbla*) sowie des Einzugsgebietes der Etsch und des Aviso-, Noce- und Sarca-Flußsystems (ital.: »Salmarino«, *S. a. salmarinus*) bekannt.

Renkenseen Diese großen Seenbecken mit schmaler Uferbank liegen sowohl im Flachland als auch in der Alpenregion. Hauptfische, die »Brotfische« der Fischer, sind hier die Renken oder Felchen (Gattung *Coregonus* mit einigen, z. T. noch ungeklärten Arten), die entweder pelagisch (»Schwebrenken«) oder in der Tiefe (»Bodenrenken«) dieser Seen leben. Daneben kommen die Seeforelle (als »Grundforelle«) und verschiedene Karpfenfische (Rapfen, Mairenke, Laube u. a.) sowie in der Uferzone der Hecht vor.

Dieser kurze Überblick der alpinen Fischfauna zeigt, allein schon von der fischereibiologischen Einteilung her, daß man es im Alpenraum mit Salmonidengewässern zu tun hat, mit einem Gebiet, dessen Bewohner äußerst empfindlich auf jede Wasserverschmutzung reagieren. Es sollte deshalb eine selbstverständliche Aufgabe sein, ihren Bestand zu erhalten.

Lurche *(Amphibia)*

Die Lurche waren die ersten Wirbeltiere, die vor rund 350 Millionen Jahren, an der Grenze vom Devon zum Karbon, aus dem Meer auf das Land stiegen. Sie sind die ältesten Landwirbeltiere, die sich aber immer noch nicht ganz vom nassen Element lösen konnten, denn mit wenigen Ausnahmen bringen sie ihre Jugendentwicklung als kiemenatmende Larven oder geschwänzte Kaulquappen noch im Wasser hinter sich, bis sie nach einer tiefgreifenden Umwandlung (Metamorphose) als kleine Schwanzlurche, Jungkröten oder winzige Fröschchen an Land krabbeln.

Zu den wenigen Ausnahmen gehören z. B. Gebirgstiere wie der Alpensalamander.

Auch außerhalb des Wassers brauchen Lurche einen hohen Feuchtigkeitsgehalt in der sie umgebenden Luft. Ihre Haut wird durch über den ganzen Körper verteilte Schleimdrüsen stets feucht gehalten, und sie müssen sich mit einer versteckten Lebensweise vor Austrocknung schützen. Nur wenige Arten, wie die Wechselkröte, sind durch verhornte Haut besser vor Austrocknung bewahrt und können selbst in wüstenartigen Gegenden leben. Viele Lurche besitzen Giftdrüsenpakete in der Haut, beispielsweise Kröten am Hinterkopf in der Ohrregion, deren Gift auf Schleimhäuten entzündliche Reizungen hervorrufen kann.

Neben einigen charakteristischen Besonderheiten im Skelettbau, so besitzen die meisten Lurche 4 Finger und 5 Zehen, sind auch Atmung und Blutkreislauf kennzeichnend für diese Tiergruppe. Man kennt Kehl-, Kiemen-, Lungen- und Hautatmung, wobei der Hautatmung bei vielen Formen besondere Bedeutung zukommt. Unter den Sinnesorganen sind vor allem Tast- und Lichtsinn von großer Bedeutung. Allerdings beschränken sich die Augen gänzlich auf das Bewegungssehen, deshalb bemerken und schnappen fast alle Lurche ihre Beute nur dann, wenn sie sich bewegt.

In ihren Lebensäußerungen und ihrer Aktivität sind Salamander, Molche, Frösche und Kröten von der Temperatur der Umgebung abhängig. Man nennt

sie daher »Wechselblüter«. Sinkt die Temperatur unter ein bestimmtes Minimum, dann reduzieren die Tiere ihre Lebensfunktionen auf das Allernötigste und beginnen eine »Winterruhe«. Nur diese Winterruhe erlaubt den Lurchen ein dauerndes Leben in den gemäßigten Breiten Mitteleuropas und der Alpen mit ihren langen, kalten Wintern. Nach dem Ende der Überwinterung finden sich im Frühjahr die getrennt geschlechtlichen Lurche an den Laichgewässern ein und paaren sich dort. Bei den Schwanzlurchen ist eine innere Befruchtung die Regel, indem das Weibchen mit seinen Kloakenlippen die vom Männchen abgesetzten Samenträger (Spermatophoren) aufnimmt. Bei den Froschlurchen dagegen geht die Befruchtung außerhalb des Körpers vor sich, wobei das auf dem Weibchen festgeklammert sitzende Männchen seinen Samen über die ins Wasser ausgestoßenen Eier spritzt. Die Eier werden in oft gewaltiger Anzahl als gallertige Schnüre oder Klumpen in den Teichen und Tümpeln abgelegt. Als erste Froschlurche laichen direkt am Ende der Schneeschmelze die Grasfrösche ab, oft zu einer Zeit, in der ihre Laichgewässer noch von Schnee umgeben sind. Ihnen folgen sofort die Erdkröten, die bereits in den ersten warmen Tagen im März ihre Laichplatzwanderung beginnen. Später setzt dann auch die Fortpflanzungsbereitschaft der übrigen Froschlurche ein, beginnend beim Springfrosch, über den Laubfrosch, die Wechselkröte, den Seefrosch und den Teichfrosch bis zur Gelbbauchunke.
Das System der Lurche wird in 3 Ordnungen gegliedert: die Blindwühlen *(Gymnophiona),* die Schwanzlurche *(Urodela* oder *Caudata)* und die Froschlurche *(Anura* oder *Salientia).* Nur die Vertreter der beiden letzteren Ordnungen leben in unseren Breiten.
Auf den Tafeln sind die Arten dargestellt, die man auch noch außerhalb der tiefen Talgründe antreffen kann; ausgesprochene Tieflandformen, wie der Moorfrosch *(Rana arvalis),* der Seefrosch *(Rana ridibunda)* oder der kleine Grünfrosch *(Rana lessonae)* konnten nicht berücksichtigt werden.
Die Systematik der »Grünfrösche« (Seefrosch, Teichfrosch, kleiner Grünfrosch) hat jedoch in neuester Zeit interessante, wissenschaftliche Streitfragen aufgeworfen. So sind viele Wissenschaftler der Auffassung, daß der Teichfrosch aus einer Kreuzung des Seefrosches und des kleinen Grünfrosches hervorgegangen ist, daß seine eigenen Nachkommen deshalb eine sehr herabgesetzte Lebenskraft besitzen und zum größten Teil vor dem Auswachsen zugrunde gehen. Demnach müßten Teichfroschpopulationen immer wieder durch Seefrosch-Grünfrosch-Kreuzungen aufgefrischt werden. Ausgesprochene Bergsteiger gibt es nur wenige unter den Lurchen; zu ihnen gehören der Alpensalamander, der Alpenmolch, die Erdkröte und der Grasfrosch.
Ein schwerwiegendes Problem für den Bestand der Lurchfauna wirft die Veränderung der natürlichen Lebensräume durch den Menschen auf. An erster Stelle stehen dabei die Anwendung von Insektenbekämpfungsmitteln und die Zerstörung der Laichgewässer. Hier ist Naturschutz dringend notwendig. Das Beispiel der Schweiz, die neuerdings in vielen Kantonen große Anstrengungen unternimmt, um Teiche und Tümpel für das Laichgeschäft von Molchen, Fröschen und Kröten zu erhalten, sollte auch in den übrigen Alpenländern Schule machen!

Kriechtiere *(Reptilia)*

Kriechtiere sind, wie die Lurche, wechselwarme Wirbeltiere, d. h. ihre Lebensfunktionen sind von der Umgebungstemperatur abhängig. Ihre Haut ist nicht mehr lurchartig nackt und feucht, sondern mit hornigen Schuppen oder Schildern bedeckt und trocken. Sie sind mit wenigen Ausnahmen, wie beispielsweise Seeschlangen, Meeresschildkröten oder Meerechsen im Meerwasser, und Krokodile oder Sumpfschildkröten im Süßwasser, reine Landbewohner. Ihre Embryonalentwicklung läuft nicht mehr über ein Larvenstadium im Wasser, sondern vollzieht sich in dotterreichen Eiern, die entweder an Land abgelegt werden oder bis zum Schlüpfen im mütterlichen Körper verbleiben. Die heute lebenden Kriechtiere sind nur noch der Rest eines einst formenreichen und vielgestaltigen Geschlechtes von Tieren, das seine Hauptblüte im Erdmittelalter von der Trias bis zur Kreide vor rund 200 bis 100 Millionen Jahren hatte. Aus jenen Tagen eines durchwegs wärmeren Klimas ist ihnen die besondere Vorliebe für Sonnenwärme geblieben, und ihr Sonnenhunger ist charakteristisch für diese Tiergruppe. Sinkt die Umgebungstemperatur unter einen bestimmten Betrag, beginnen auch die Kriechtiere eine Kälte- oder Winterruhe. Nur diese Winterruhe mit stark herabgesetztem Stoffwechsel und Reduzierung der Körperfunktionen auf ein notwendiges Minimum, ermöglicht es den einheimischen und nordeuropäischen Kriechtieren, auch im Hochgebirge, in den gemäßigten Breiten, und vereinzelt sogar bis an den Polarkreis zu existieren.
Die trockene, verhornte und mit Schuppen bedeckte Haut schützt den Körper der Kriechtiere gegen mechanische Verletzungen und vor allem gegen allzu großen Wasserverlust. Damit sind sie weitgehend unabhängig vom Wasser und können sogar in völlig wasserlosen Wüsten leben. Den notwendigen Feuchtigkeitsbedarf decken sie dann über die Nahrung. Allerdings können die Tiere in ihrem Hornpanzer nicht mehr ohne weiteres wachsen, und deshalb müssen sie sich von Zeit zu Zeit häuten. Schlangen streifen beispielsweise ihre Haut als Ganzes ab, wie einen ausgezogenen Handschuh, die Innenseite nach außen, und man kann bisweilen solche abgestreiften Hornhäute als durchsichtige sogenannte »Natterhemden« bei einer Bergwanderung finden. Eidechsen und Blindschleichen häuten fetzig und in kleinen Stücken. Die meisten Kriechtiere sind 4-füßig, mit in der Regel 5 Fingern und 5 Zehen. Manche Arten aber, wie die Blindschleiche und die ganze, große Unterordnung der Schlangen, haben Extremitäten vollständig verloren. Diese fußlosen, langgestreckten Tiere bewegen sich schlängelnd vorwärts, wobei die Schlangen auch ihre gelenkig mit der Wirbelsäule verbundenen Rippen zur Fortbewegung benutzen.
Die Lungen der Kriechtiere sind gut ausgebildet. Ihr Herz besitzt eine doppelte Vorkammer und eine unvollkommen geteilte Herzkammer, in der sich venöses und arterielles Blut noch bis zu einem gewissen Grade mischen können. Immer ist ein rechter und ein linker Aortenbogen vorhanden. Unter den Sinnesorganen sind Augen und Geruchssinn gut entwickelt. Zum Riechen benutzen Eidechsen und Schlangen ihre Zungen. Beim »Züngeln« werden mit der gespaltenen, feuchten Zunge Geruchsstoffe aus der Luft aufgenommen und mit den Zungenspitzen im Mundinneren an eine doppelte Riechgrube am Gaumendach gebracht. Diese Grube ist mit einem Geruchsepithel ausgekleidet und dient als Riechorgan. Während Eidechsen recht gut hören können, sind Schlangen taub. Dafür besitzen sie aber einen hochempfindlichen Erschütterungssinn.
Bei allen Kriechtieren findet eine innere Befruchtung statt. Die meisten Arten legen Eier ab. Manche Formen sind lebendgebärend; zu ihnen gehören einige

Bewohner des Gebirges. Bei den lebendgebärenden Eidechsen und Schlangen (Blindschleiche, Bergeidechse, Schlingnatter und alle einheimischen Vipern) verlassen die Jungen ihre Eihüllen noch im Mutterleib in dem Augenblick, in dem die Eier abgelegt werden sollten (Ovoviviparie). Interessant ist das Paarungsverhalten der Eidechsen und Schlangen, denn der Begattung gehen rituelle Liebesspiele voraus.
Die meisten einheimischen Kriechtiere sind Bewohner der Täler und der unteren Hanglagen. Nur wenige Arten sind echte »Bergtiere« und finden sich noch bis zur Baumgrenze oder sogar darüber. Zu ihnen gehören die Blindschleiche, die Bergeidechse, die Schlingnatter, die Barrenringelnatter, die Aspisviper und die Kreuzotter. Während die Mehrzahl der Schlangen im Alpengebiet weit verbreitet ist, dringt die Zornnatter mit ihren zwei geographischen Rassen nur im äußersten Südwesten der französischen und schweizer Alpen noch bis in das Gebirge vor.
Auch die Ringelnatter läßt sich in ihrem Verbreitungsgebiet in zwei Rassen aufgliedern: die gewöhnliche, nur mit kleinen Flecken versehene Ringelnatter *(Natrix natrix natrix)* in den Ostalpen, und die an den Körperseiten durch große rechteckige Barrenflecke auffallende Barrenringelnatter *(Natrix natrix helvetica)* in den Westalpen.
Neben den sechs Arten von ungiftigen Schlangen — der Vollständigkeit halber sei noch die Vipernatter *(Natrix maura)* aus der äußersten Südwestschweiz und Frankreich erwähnt — kann der Bergwanderer den vier beschriebenen Vipern begegnen! Diese sind Giftschlangen, mit Giftdrüsen im Oberkiefer und zwei großen, bei geöffnetem Maul senkrecht aufklappbaren Giftzähnen in der vordersten, oberen Zahnreihe. Der Biß einer einheimischen Viper ist zwar äußerst schmerzhaft, aber nur sehr selten tödlich. Schnellste Behandlung mit Schlangenserum durch einen Arzt bringt wirksame Hilfe. Überdies beißen diese Schlangen nur dann, wenn sie sich angegriffen und in die Enge getrieben fühlen. Meist versuchen sie, bei Annäherung eines Menschen zu fliehen. Man sollte also keinesfalls eine Schlange totschlagen, auch wenn man eine Kreuzotter oder Aspisviper sicher erkannt hat. Diese Tiere haben ihren wichtigen Platz im biologischen System der Natur und sie sind eine Bereicherung unserer alpinen Hochgebirgstierwelt.
Die Kriechtiere Mitteleuropas und damit auch der Alpen sind heute in ihrem Bestand gefährdet; nicht nur durch unvernünftige Verfolgung seitens des Menschen, sondern vor allem durch die Veränderung und Zerstörung ihrer natürlichen Lebensräume. Diese Tierart steht in den meisten Alpenländern unter Naturschutz.

Vögel *(Aves)*

Über die Herkunft der Vögel der Alpen hat man nur ungenaue Vorstellungen. Ein Teil ist aus den innerasiatischen Gebirgen über den Kaukasus eingewandert, so der Schneefink, Wasserpieper, Mauerläufer, die Ringdrossel, Alpenbraunelle und Alpendohle. Während der Eiszeit kam es, wie bei den Pflanzen, zu einer Vermischung der arktischen und der alpinen Tierwelt. Besonders häufig waren damals, wie Reste aus eiszeitlichen Ablagerungen vermuten lassen, Sperbereule, Schneeammer, Ohrenlerche, Moorschneehuhn und Alpenschneehuhn. Zurück blieben in den Alpen als Eiszeitrelikte Alpenschneehuhn, Mornellregenpfeifer und Alpenbirkenzeisig, während Wasserpieper und Ringdros-

Lebensdaten der abgebildeten Vögel

Artname	Brutzeit in Tagen	Eizahl	Tage vom Schlüpfen bis zum Flüggesein	Höchste Brutvorkommen in den Alpen
Gänsegeier	48—54	1 (2?)	125—130	—
Steinadler	40—45	2—3 (4)	77—80	2460 m
Uhu	ca. 35	2—5	über 60	2100 m
Kolkrabe	20—21	3—7	ca. 40	2400 m
Alpenkrähe	21—22	3—6	37—45	1500 m
Alpendohle	18—21	3—6	31—38	3000 m
Alpenschneehuhn	21—24	6—18	?	2800 m
Birkhuhn	25—27	2—10 (15)	14	1800 m
Auerhuhn	26—28	4—10	13—14	1800 m
Haselhuhn	21—25	7—12	14—15	1700 m
Steinhuhn	24—26	9—15	20	2700 m
Dreizehenspecht	?	3—5	?	1850 m
Weißrückenspecht	?	3—5	27—28	ca. 1400 m
Schwarzspecht	12—14	2—6	24—28	2100 m
Tannenhäher	16—21	2—5	21—25	ca. 2300 m
Ringdrossel	12—14	3—6	14—16	2400 m
Mornellregenpfeifer	25	(2) 3 (4)	?	2300 m
Alpensegler	17—23	2—3	53—66	2000 m
Felsenschwalbe	17—20	2—6	24—30	2150 m
Mauerläufer	18—19?	3—5	16—26	2500 m
Wasseramsel	14—18	3—6	18—24	2100 m
Gebirgsstelze	11—14	4—6	12—13	2300 m
Blaumerle	?	?	?	830 m
Berglaubsänger	13—15	3—7	10—12	2000 m
Alpenbraunelle	13—14	2—5	16	2830 m
Wasserpieper	14—16	4—6	ca. 15	2700 m
Alpenbirkenzeisig	14—15	3—6	10—14	ca. 2400 m
Zitronengirlitz	?	3—5	14	ca. 2000 m
Schneefink	13—18	4—7	18—21	3476 m
Steinrötel	13	3—6	13—16	2600 m

sel z. T. nach Norden zogen, die heute dort in der nordischen Rasse vorkommen. Reine Felsvögel wie Alpenbraunelle, Schneefink, Mauerläufer oder Alpendohle blieben auf die Alpen beschränkt und zogen nicht über die riesige Tundrenzone des damaligen Mitteleuropa, bis sie wieder in den skandinavischen Gebirgen ihnen zusagende Lebensräume gefunden hätten.
Die Zahl der ausgesprochen alpinen Vögel, deren Lebensraum über der Waldgrenze liegt, dort brütet und nur in sehr schneereichen Wintermonaten tiefer zieht, ist recht klein. Alpendohle, Alpenschneehuhn, Steinhuhn, Mauerläufer, Alpenbraunelle, Wasserpieper und Schneefink gehören dazu. Für einige Vogelarten sind die Alpen ein Rückzugsgebiet, so für Kolkrabe, Uhu und die Rauh-

fußhühner Auer-, Birk- und Haselhuhn. Auch der Steinadler ist kein reiner Alpenvogel und nur heute meist auf Gebirge beschränkt.
Den größten Artenreichtum haben die Bergwälder, die noch viele Arten des Flachlandes bergen. Es können daher nur Arten dargestellt werden, die sich hauptsächlich auf die Gebirgswaldungen beschränken wie Dreizehenspecht, Weißrückenspecht oder Berglaubsänger, und charakteristische Arten der subalpinen Stufe und der Baumgrenze wie Tannenhäher, Ringdrossel, Zitronengirlitz und Alpenbirkenzeisig. Gelegentlich kann man auch »Flachlandarten«, besonders zur Zugzeit, in großen Höhen antreffen; so wurden z. B. Feldlerche bei 3500 m oder Nachtigall bei 2880 m (Ötztaler Alpen) beobachtet.
Über die Lebensweise vieler Vögel der Alpen, ihre Brutbiologie, ihr Alter, die Höhenverbreitung im Sommer und im Winter sind wir recht wenig orientiert. Die Lebensdaten der abgebildeten Vögel sind in der Tabelle auf S. 145 zusammengefaßt.

Säugetiere *(Mammalia)*

Von den ca. 85 Säugetierarten Mitteleuropas kommen rund 60 in den Alpen vor (11 Kerbtierfresser, 17 Fledertiere, 2 Hasen, 2 Hörnchen, 4 Schläfer, 7 Wühlmäuse, 5 Langschwanzmäuse, 1 Hüpfmaus, 7 Raubtiere, 5 Paarhufer). Von diesen 60 sind jedoch nur 7 (Alpenspitzmaus, Alpenfledermaus, Schneehase, Murmeltier, Schneemaus, Steinbock, Gemse) auch Hochgebirgstiere, und das auch noch nicht einmal in vollem Maße.
Die Alpenfledermaus z. B. ist ein südeuropäisches Gebirgstier, das sowohl Mittel- als auch Hochgebirge bewohnt und mit den Alpen, die in diesem Falle auch Hochgebirge sind, den Nordsaum seiner Verbreitung erreicht. Der Schneehase ist am Ende der Eiszeit der Kälte, an die er sich angepaßt hatte, nachgewandert, und zwar außer in die nordeuropäischen Breiten auch in die Alpen hinauf, weil die Berge sich ebenfalls als Kälteinseln anboten. Er ist also von Haus aus kein Hochgebirgstier. Ähnlich steht es mit dem Murmeltier, das als eiszeitliches Steppentier die Hochmatten der Alpen nacheiszeitlich als eine Zuflucht nahm.
Die Gemse ist von Haus aus Gebirgswaldtier, und zwar auch Mittelgebirgswaldtier; sie nahm den Waldgürtel der Alpen als Rückzugsgebiet vor dem Menschen an, während sie aus dem Mittelgebirge schon früher verschwand. Der sie immer höher hinauf abdrängende Mensch machte sie erst zum eigentlichen Hochgebirgstier.
Richtige Hochgebirgstiere der Alpen sind an sich nur Alpenspitzmaus, Schneemaus und Steinbock. Von diesen wiederum ist für die Alpenspitzmaus das Hochgebirge nur zusagende Klima- und Lebensrauminsel, da es ihr auf Kühle und Feuchte ankommt. Für die Schneemaus gilt ähnliches. Auch für sie sind die Hochlagen der Alpen vor allem zusagende Klimainseln. Dabei sind ihr die Geröll- und Felsspalten als Schlupfwinkel noch besonders willkommen. Der Steinbock paßte sich während der Eiszeit der Kälte und dem Felsklettern an. Er ist als ausgesprochener Felsliebhaber und hervorragender Felskletterer der Hochlagen das einzige reine Hochgebirgssäugetier der Alpen.
Früher lebten in den Alpen auch Elch, Wisent und Ur. Der Elch besiedelte die hochgelegenen Moore und Bruche (Filze). Wisent und Ur lebten im Wald. Auch Bär, Wolf und Luchs kamen dort vor. Elch, Wisent und Ur rottete der Mensch bereits im frühen Mittelalter aus. Die Großraubtiere konnten sich

jedoch in den Alpen, als ihrer letzten Zufluchtsstätte Mitteleuropas, bis vor gut hundert Jahren halten. Zu dieser Zeit war auch der Steinbock bereits bis auf 50 Tiere ausgerottet, ehe ein ganz strenger Schutz die Bestandserhaltung und Wiedervermehrung gewährleistete. Dem Otter geht es heute so, wie den Großraubtieren vor hundert Jahren. Auch er ist aus den Alpen praktisch bereits verschwunden. Die Wildkatze ist nur am West- und Südhang der Alpen richtig zu Hause, weil in den Alpen selbst die Lebensbedingungen für sie zu hart sind.

Von den anfangs genannten 7 Hochgebirgstieren der Alpen entgeht die Alpenfledermaus durch Abwandern und Aufsuchen frostfreier Winterschlafquartiere den Unbilden des Alpenwinters. Die Alpenspitzmaus und die Schneemaus leben während des Winters unter dem Schnee. Sie halten keinen Winterschlaf. Letzteren hält jedoch das Murmeltier in der geschützten Tiefe seines Baues. Der Schneehase wechselt im Herbst seine graubraune Fellfarbe in Weiß um und ist so vor dem scharfen Blick seines Hauptfeindes, des Steinadlers, besser geschützt. Seine starke Pfotenbehaarung wirkt wie ein Schneereif und gewährleistet ihm ein schnelles Fortkommen auf dem Schnee. Er kann aber auch tagelang unter dem Schnee leben. Die Gemse bleibt während des Winters im Schutz des Waldes. Der Steinbock jedoch ist so wetterfest, daß er im Winter die schneearmen oder -freien Steilhänge auch der höchsten Lagen aufsucht, weil er dort die beste Nahrung findet.

Die vielen anderen mitteleuropäischen Säugetierarten, die auch in den Alpen leben, sind so anpassungsfähig, daß sie den Gebirgswinter dort überstehen. Entweder leben sie als Kleinsäuger wie Alpenspitzmaus und Schneemaus unter dem Schnee, wenn auch in tieferen Lagen, halten wie die Fledertiere und Schläfer einen langen Winterschlaf an geschützter frostfreier Stelle wie das Murmeltier, ziehen sich zum Ruhen in schützende Baue oder Höhlen zurück wie die Raubtiere, oder sie sind körperlich so groß wie Hirsch, Reh und Mufflon, daß ihnen, wie der Gemse, ein geschützter Einstand im Wald genügt. Der Rothirsch zog früher aus den Gebirgshängen ganz heraus bis in die Flußtalauen, in deren Wäldern und Buschhorsten er den Winter verbrachte. Straßen, Schienen, Zäune und Häuseransammlungen versperren ihm heute den Weg dorthin. Nur durch künstliche Fütterung vom Herbst bis zum Frühjahr bleibt er den Alpen erhalten.

Die starke Besiedlung und Erschließung der Alpen, die heute auch bis tief in die Hochlagen eingreift, hat diese Gebirgswelt für die Großsäuger so stark verändert, daß auch die bisher nicht ausgerotteten Arten auf die Dauer nur durch die Hilfe des Menschen (Hege, Fütterung, Schutzgebiete) am Leben erhalten werden können.

Die Lebensraumveränderung zieht aber mehr und mehr auch die Mittel- und Kleinsäuger in Mitleidenschaft, so daß sich die Säugetierwelt der Alpen weiterhin stark verändern wird.

Lebensdaten der abgebildeten Säugetiere

Artname	Lebensdauer	Gewicht
Steinbock	12—15 (18) J	♂ 75—100 kg ♀ 50—55 kg
Gemse	12—18 J	♂ 30—50 kg ♀ 25—42 kg
Mufflon	12—18 J	25—50 kg
Reh	12—14 J	15—27 kg
Rothirsch	15—18 J	♂ 160—220 kg ♀ 100—160 kg
Schneehase	10—12 J	2—3,5 kg
Murmeltier	15—18 J	4—8 kg
Rotfuchs	10—12 J	6—9 kg
Dachs	bis 15 J	10—16 kg
Baum(Edel)marder	10—12 J	♂ 1,2—1,6 kg ♀ 0,8—1,4 kg
Iltis	8—10 J	♂ 1—1,5 kg ♀ 0,5—0,9 kg
Alpenspitzmaus	1½ J	6—10 g
Alpenfledermaus	10 J	6—10 g
Schneemaus	2—4 J	38—50 g
Gartenschläfer	5—6 J	60—120 g
Siebenschläfer	5—6 J	70—180 g
Mauswiesel	7—8 J	♂ 60—130 g ♀ 45—60 g
Hermelin	8—10 J	125—300 g

J = Jahre, M = Monate, W = Wochen, T = Tage
Bei Paarungs- und Wurf- oder Setzzeit: Monate in Ziffern, z. B. 5 = Mai

Geschlechtsreife	Paarungszeit	Tragzeit	Wurfzeit	jährl. Wurfz.	Wurfgröße	Säugezeit
♀ 1½ J ♂ 2½ J	1	21—23 W	6	1	1—2	½ J
1½ J	11—12	25—27 W	5	1	1—2	½ J
♀ ¾ J ♂ 1½ J	10—11	21—23 W	3—4	1	1—2	½ J
14 M	7— 8	40 W[1]	5—6	1	1—2 (3)	2—3 M
1½ J	9—10	33—34 W	5—6	1	1 (2)	¾ J
1 J	3— 7	45—53 T	5—8	2—3	2—5 (7)	3 W
2 J	4— 5	33—34 T	6—7	1	2—4 (8)	6 W
10 M	1— 3	50—52 T	4—5	1	3—8 (12)	1 M
1½—2 J	4— 8	7—8 (13) M[1]	1—4	1	3—5	2 M
1¼—3¼ J	6— 8	260—305 T[1]	3—4	1	(2) 3—4 (5)	7—8 W
¾ J	3— 6 (7)	40—43 T	6—8	1	(3) 4—7 (9)	4—5 W
3—4 M	4— 8	15—18 T	5—8	1—2	6—8	3 W
1 J	Herbst	über Winter	5—8	1	1—2	*
3—5 W	5— 7	21 T	6—8	2	2—7	3 W
1 J	4— 5	23 T	5—6	1	3—4	4 W
1 J	7	30—32 T	8—9	1	3—4 (7)	4 W
1 J	1— 9	34—36 T	2—10	1—2	4—7 (12)	6—8 W
11—12 M	2— 8	8 W	3—6	1	4—9 (11)	5—7 W

* Verlassen des Mutterkörpers nach 3—7 T, Flugfähigkeit mit 3—4 W
[1] Tragzeit verlängert

Weiterführende Literatur

Tiere der Alpen allgemein

Guggisberg, C. A.: Das Tierleben der Alpen. Hallwag, Bd. 1, 2. Bern 1954

Psenner, H.: Tiere der Alpen. Innsbruck, Würzburg 1971

Mollusken

Forcart, L.: Schnecken und Muscheln. Hallwag Taschenbücher, Bd. 21. Bern 1947

Janus, H.: Unsere Schnecken und Muscheln. Kosmos-Naturführer. Stuttgart 1962

Gliederfüßer

Insekten allgemein:

Brohmer, P.: Fauna von Deutschland. Heidelberg 1971

Kaestner, A.: Lehrbuch der Speziellen Zoologie 1/3 Insecta. Jena 1972

Stresemann, E.: Exkursionsfauna von Deutschland, Bd. 1 Wirbellose (Spinnentiere, Krebse, Tausendfüßer); Bd. 2 Insekten. VEB Berlin 1967

Spinnentiere:

Bösenberg, W.: Die Spinnen Deutschlands. Zoologica Bd. 14. Stuttgart 1903

Dahl, F.: Die Tierwelt Deutschlands: Teil 3, 5, 23, 33, 42, 44, 47, Jena 1926 bis 1960

Krebstiere:

Dahl, F.: Die Tierwelt Deutschlands: Teil 40 (Flohkrebse), 9, 24, 29 (Ruder-Krebse), s. o.

Eintagsfliegen:

Dahl, F.: Die Tierwelt Deutschlands: Teil 19, s. o.

Libellen:

Dahl, F.: Die Tierwelt Deutschlands: Teil 27, s. o.

Robert, P. A.: Creatura, Naturkundl. Taschenbücher Bd. 4, Bern 1959

Steinfliegen:

Dahl, F.: Die Tierwelt Deutschlands: Teil 43, s. o.

Ohrwürmer, Schaben, Schnecken

Harz, K.: Die Geradflügler Mitteleuropas. Jena 1957

Wanzen:

Gulde, J.: Die Wanzen Mitteleuropas. Frankfurt 1933—1940

Southwood, T., Leston, D.: Land and water bugs of the British Isles. London, New York 1959

Wagner, Ed., in Brohmer, Ehrmann, Ulmer: Die Tierwelt Mitteleuropas Bd. 4, Leipzig 1961

Netzflügler:

Stitz, H.: In Brohmer/Ehrmann/Ulmer, Die Tierwelt Mitteleuropas. Leipzig 1929

Käfer:

Freude, Hard, Lohse: Die Käfer Mitteleuropas. Krefeld, ab 1965 im Erscheinen

Hautflügler:
Schmiedeknecht, O.: Die Hymenopteren Nord- und Mitteleuropas. Jena 1930
Gösswald, K.: Unsere Ameisen. Kosmos Bändchen, Stuttgart 1955
Schröder, Chr.: Die Insekten Mitteleuropas Bd. 1, 2, 3. Stuttgart 1914

Schmetterlinge:
Forster, W., Wohlfart, Th.: Die Schmetterlinge Europas. Stuttgart, 1954—1967
Niggins, L., Riley, N.: Die Tagfalter Europas. Hamburg 1971
Osthelder, L.: Die Schmetterlinge Südbayerns und der angrenzenden Kalkalpen. München 1925

Zweiflügler:

Lindner, E.: Alpenfliegen. Krefeld 1973

Fische

Haempel, O.: Fischereibiologie der Alpenseen. Die Binnengewässer, Bd. 10, Stuttgart 1930
Illies, J.: Die Lebensgemeinschaft des Bergbaches. Die Neue Brehm-Bücherei, Wittenberg-Lutherstadt 1961
Ladiges, J., und Vogt, D.: Die Süßwasserfische Europas. Hamburg, Berlin 1965
Muus, B. J., Dahlström, P.: Süßwasserfische. BLV Bestimmungsbuch, München 1968
Pesta, O.: Der Hochgebirgssee der Alpen. Die Binnengewässer Bd. 8, Stuttgart 1929
Schindler, O.: Unsere Süßwasserfische. Stuttgart 1971
Thienemann, A.: Die Süßwasserfische Deutschlands. Eine tiergeographische Skizze. Handbuch der Binnenfischerei Mitteleuropas Bd. 3 A, Stuttgart 1925

Kriechtiere und Lurche

Frommhold, E.: Heimische Lurche und Kriechtiere. Die Neue Brehm-Bücherei, H. 49, Wittenberg-Lutherstadt 1965
Hellmich, W.: Die Lurche und Kriechtiere Europas. Winters Naturwissensch. Taschenbücher 26, Heidelberg 1956
Mertens, R.: Kriechtiere und Lurche. Stuttgart 1960

Vögel

Corti, U.: Bergvögel. Bern 1935
Glutz von Blotzheim: Die Brutvögel der Schweiz. Aarau 1962
Heinzel, H., Fitter, R., Parslow, J.: Pareys Vogelbuch. Hamburg 1972
Peterson, R., Montfort, G. und Hollom, P.: Die Vögel Europas. Hamburg 1970
Wüst, W.: Die Brutvögel Mitteleuropas. München 1970

Säugetiere

Baumann, F.: Die freilebenden Säugetiere der Schweiz. Bern 1949
Brink van den, F. H.: Die Säugetiere Europas. Hamburg 1972
Haltenorth, Th.: Das Tierreich. VII/6, Säugetiere, Teil 1 und 2, Sammlung Göschen, Bde. 282—283. Berlin 1969

Tafel 49 Weichtiere (5 x vergr.)

H = Höhe, B = Breite, U = Umgänge, Mdg = Mündung, Mds = Mundsaum, Geh = Gehäuse

1 **Gemeine Erbsenmuschel,** *Pisidium cinereum,* H 3—5 mm, Länge 3—4 mm, Dicke der beiden Schalenklappen 2,4 mm. Im ganzen Alpengebiet in stehenden und langsam fließenden Gewässern bis 2500 m (s. S. 133). Lebendgebärend.

2 **Alpen-Federkiemenschnecke,** *Valvata piscinalis alpestris,* H 4,4—5 mm, B 5,4—6,4 mm, U 4—$4^{1}/_{2}$. Am Schlammgrund der Alpen- und Voralpenseen in Tiefen bis zu 80 m, nährt sich von organischen Stoffen.

3 **Zwerg-Schlammschnecke,** *Galba truncatula,* auch **Leberegelschnecke** (s. S. 134), H 7—9 mm, B 3,5—4 mm, U 5—6. Lebt bevorzugt in seichten Wasseransammlungen, in den Alpen von der Talsohle bis 2600 m.

4 **Glatte Achatschnecke,** *Cochlicopa lubrica,* H 5—7 mm, B 2—3 mm, U 6. Weitverbreitete Art, an feuchten Orten bodennah im Gras, unter Laub und Moos; in tieferen Lagen häufig, steigt in die alpine Stufe empor bis 2500 m.

5 **Felsen-Pyramidenschnecke,** *Pyramidula rupestris,* H 1,5 mm, B 2,5 mm, U 4—$4^{1}/_{2}$. Weiter perspektivischer Nabel. Kalkholde, sehr anpassungsfähige Art, meist zu finden wo kalkhaltiges Gestein ansteht, dort aber in allen Lebensräumen bis in sub- und hochalpine Lagen (über 3000 m); weidet an felsbedeckenden Moosen und Flechten. Lebendgebärend.

6 **Zahnlose Windelschnecke,** *Columella edentula,* H 2,3—3 mm, B 1,3—1,4 mm, U 6—7. Mdg zahnlos, ohne Lippenverstärkung. Gesteinsunabhängig, im gesamten Alpengebiet, vor allem in den hochalpinen Matten um 2500 m.

7 **Alpen-Windelschnecke,** *Vertigo alpestris,* H 1,8—2 mm, B 0,8—1,1 mm, U 5. Mdg mit 4 Falten, Mds weißlippig. Hauptvorkommen: Krummholzstufe und alpine Rasengesellschaften. 1000—2400 m. Moosbewohner.

8 **Roggenkornschnecke,** *Abida secale,* H 6—8 mm, B 2,5—3 mm, U 9—10. Mdg mit 7 Falten, Lippe bräunlichweiß. Kalkstet (s. S. 133), an Fels- und Geröllhängen, Baumrinden, bis 2600 m aufsteigend; fehlt in den Ostalpen.

9 **Haferkornschnecke,** *Chondrina avenacea,* H 6—8 mm, B 2—2,5 mm, U 7—8. Mdg meistens mit 7 Falten, hellbraun gelippt. Charakterart besonnter Kalkfelsen, bis 2200 m. Weidet die Krustenflechten der Felsen ab.

10 **Berg-Windelschnecke,** *Pupilla alpicola,* H 3—3,3 mm, B 1,8 mm, U 6. Zahnlos. Eine weitverbreitete hochalpine Form. 1900—2400 m.

11 **Gerippte Grasschnecke,** *Vallonia costata* (Müll.). H 1,3 mm, B 2,5—2,7 mm, U 3—4. Zahlreiche lamellenartige Rippen. Eine der häufigsten Arten, überall bis 1800 m, in Wiesen, Moospolstern, unter Steinen u. an Felsen, oft in der Zwergstrauchstufe und in den alpinen Rasen und Matten anzutreffen.

12 **Braune Diskusschnecke,** *Discus ruderatus,* H 2,5—3 mm, B 5—6 mm, U 4—$4^{1}/_{2}$. Hornbraun, flach, Peripherie gerundet. Weiter perspektivischer Nabel. Unter Laub und Steinen, bis in die alpine Mattenregion (2800 m).

13 **Gefleckte Diskusschnecke,** *Discus rotundatus,* H 2,4—3 mm, B 6—7 mm, U $5^{1}/_{2}$—6. Flacher als vorige Art; durch die rotbraune Fleckenzeichnung auf gelbbraunem Grund sowie die leicht gekielte Peripherie von ihr unterschieden. Im gesamten Alpengebiet (Graubünden 2700 m). Unter Laub und Steinen.

8
2
3
9
4
12
7
6
5
11
13
1
10

Tafel 50 Weichtiere (über dem Strich 4 x, darunter 2 x vergr.)

1 Berg-Vielfraßschnecke, *Ena montana,* H 12—18 mm, B 5—6,5 mm, U 7—8. Mdg unbezahnt, Mds innen weißlippig. Im Waldgürtel der Alpen unter Laub und morschem Holz, bis 2600 m. Gilt in einigen Gebieten als Leitform der Laub- und Mischwaldstufe.

2 Geritzte Glanzschnecke, *Vitrea subrimata,* H 1,5 mm, B 3—4 mm, U 5. Nabel sehr eng. Nicht gesteinsgebunden, von der Talregion bis 2600 m; charakteristisch für die Krummholzstufe. Ernährt sich vorwiegend pflanzlich.

3 Weitmund-Glanzschnecke, *Aegopinella nitens,* H 4,5 mm, B 9—10 mm, U 4½—5. Weiter Nabel. Im ganzen Alpengebiet unter Laub u. Steinen bis 2500 m; Charakterart des hochmontanen Mischwaldes. Ernährung sowohl pflanzlich als auch räuberisch.

4 Kugelige Glasschnecke, *Vitrina pellucida,* H 3—3,4 mm, B 4—6 mm, U 3½. Geh flach kugelig, kann das Tier gerade noch bergen. U nehmen zur Mdg hin langsam an Weite zu. Vorwiegend in der hochalpinen bis nivalen Stufe, bevorzugt an feuchten Stellen. Räuberische Lebensweise.

5 Ohrförmige Glasschnecke, *Eucobresia diaphana,* H 3,3 mm, B 6—7 mm, U 2½—3. Geh länglich, U zur Mdg hin rasch an Weite zunehmend; Tier kann sich nicht mehr völlig in das Geh zurückziehen. Mdg-Rand unterseits mit breitem Hautsaum. Lebensweise und Verbreitung im allgemeinen wie vorige.

6 Faltenlose Schließmundschnecke, *Balea perversa,* H 7—11 mm, B 2—2,3 mm, U 10. Linksgewunden (wie auch die beiden folgenden Arten). Mds weißlippig. In Moos und unter Rinde, an Felsen bis 2400 m, zuweilen in Kolonien. Lebendgebärend.

7 Feingerippte Schließmundschnecke, *Clausilia dubia obsoleta,* H 11—13 mm, B 2,8—3 mm, U 10—12, weißgelippt. Feuchtigkeitsliebend, gesteinsunabhängig, an Felsen und Holz, an warmen Grashängen bis 2200 m.

8 Feingefältelte Schließmundschnecke, *Iphigena plicatula,* H 10—14 mm, B 2,5—3 mm, U 10—12. Breiter, bräunlichweißer Mds. In allen Höhenstufen bis 2400 m, unter Fallaub und modrigem Holz, an feuchten Felsen.

9 Seidenglänzende Laubschnecke, *Trichia sericea,* H 5,5 mm, B 7—7,5 mm, U 5. Die helle Kielbinde wird erst nach Abnutzung der langen Behaarung sichtbar. In Wäldern und auf trockenen Almwiesen bis 2400 m.

10 Genabelte Maskenschnecke, *Isognomostoma holosericum,* H 5 mm, B 9—12 mm, U 5. Mdg innen durch unteren und seitlichen Höcker dreifach ausgebuchtet; weiter Nabel. Ost-Alpen. Hauptsächlich in Wäldern, unter Falllaub, an Felsen bis 1100 m, seltener unter Gesteinsschutt bis 2300 m.

11 Gefleckte Schnirkelschnecke, Baumschnegel, *Helicigona (Arianta) arbustorum,* H 12—23 mm, B 15—25 mm, U 5—6. Eine der häufigsten Schnecken, überall von der Talregion bis 3000 m, in Laubwäldern u. auf Almwiesen; in mit Humus gefüllten Felsspalten bis zur Schneegrenze (s. S. 134).

12 Berg-Bänderschnecke, *Cepaea silvatica,* H 15 mm, B 20 mm, U 5. Das braune Bandmuster auf schmutzig- bis gelblichweißem Grund nach oben zu, individuell verschieden, zunehmend in Flecken aufgelöst. Lippe weißlich, brauner Nabelfleck. Westalpin bis südliche Zentralalpentäler. In feuchten Wäldern, an schattigen Felsen bis über 2400 m.

1
2
3
4
5
6
7
8
9
10
11
12
19C72

Tafel 51 Tausendfüßer, Spinnen (2 x vergr.), **Wanzen** (2,5 x vergr.)
♂ = männlich, ♀ = weiblich

1 Gebirgsschnurfüßer, *Hypsojulus alpivagus,* feuchtigkeitsliebend, versteckt unter Laub und Steinen, leben von modernden Pflanzenstoffen. ♂ mit 75 bis 91 Beinpaaren. 2000 bis 2750 m in den N-Alpen.

2 Steinkriecher, *Lithobius lucifugus,* gehört zu den Hundertfüßern *(Chilopoda).* Das erste Beinpaar ist zu Giftzangen umgebildet, womit die Beute getötet wird. Lebt unter Laub und Steinen. Als Räuber sehr viel schneller als die Schnurfüßer. Mehrere schwer unterscheidbare Arten.

3 Kreuzspinne, *Araneus diadematus stellatus.*
Die Bestimmung der Spinnen ist sehr schwierig. Deshalb sind von den beiden Hauptgruppen, den Webe- und den Wolfsspinnen, nur je eine charakteristische Vertreterin abgebildet. Die abgebildete Art sitzt kopfunter in ihrem Radnetz. Dank der starken Behaarung sind Spinnen recht kälteresistent und gehen bis 3000 m.

4 Wolfsspinne, *Lycosa monticola,* baut keine Netze, sondern schleicht die Beute an und überwältigt sie im Sprung. Die Eikokons werden an den Spinnwarzen festgesponnen und mit herumgetragen. Sie steigen bis über 4000 m. Die abgebildete Art kommt auch im Flachland vor und geht im Gebirge nicht über 1600 m.

5 Weberknecht, *Phalangium opilio,* die häufigste Art, die auch im Flachland vorkommt. Die Bestimmung ist recht schwierig. Häufig bewohnen sie Höhlen, wo sie gemeinsam überwintern. Es gibt zahlreiche hochalpine Arten, die man oft am Rande der Schneefelder sieht.

6 Joch-Afterskorpion, *Obisium jugorum,* ernährt sich von Milben und Springschwänzen. Graubraun. Auf Hochalmen bis zur Schneegrenze. Im deutschen Alpenanteil noch nicht gefangen.

7 Springwanze, *Salda litoralis,* bewohnt schlammige Ufer von Gewässern und Moosfluren, wo sie halb laufend, halb fliegend herumhüpft. Bis 2400 m.

8 Baumwanze, *Eurygaster fokkeri (Pentatomidae),* auf Gräsern recht selten.

9 Bodenwanze, *Trapezonotus arenarius (Lygaeidae),* läuft stets flink am Boden. Überall verbreitet. Die alpine Form ab 800 m.

10 Eurydema rotundicollis *(Pentatomidae),* auf Brillenschötchen, 1150—2600 m.

11 Erdwanze, *Sehirus dubius (Cydnidae),* häufig an Alpenbergflachs.

12 Weichwanze, *Lygus montanus (Miridae),* selten auf Ampfer.

13 Carpocoris melanocerus, *(C. pudicus melanocerus), (Pentatomidae),* subalpin, auf Bäumen und Sträuchern nicht selten.

14 Lygirocoris sylvestris *(Lygaeidae),* eine wärmescheue Art, steigt in den Westalpen bis 2200 m, besonders gerne auf sumpfigen Wiesen. Selten. Wie diese Art, sind alle Wanzen oberhalb der Waldgrenze Bodenformen und daher leichter befähigt, die Temperaturgegensätze zu ertragen.

An Blattläusen findet man häufig die **Bohnenblattlaus,** die Milchkuh alpiner Ameisen, an Germer, Laserkraut, Purpur-Enzian und Schwalbenwurz-Enzian.

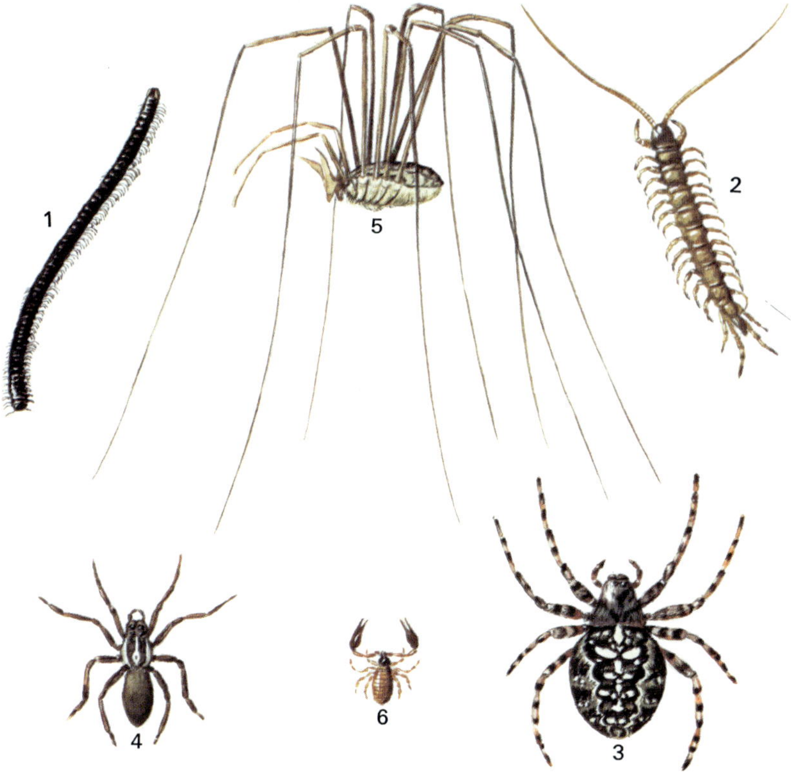
1
5
2
4
6
3

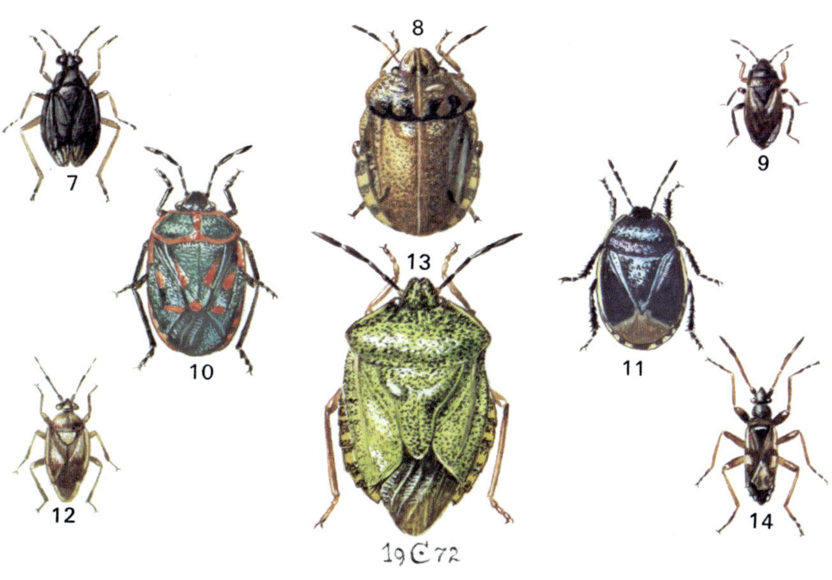
8
7
9
10
13
11
12
14

Tafel 52 Urinsekten, Eintagsfliegen, Steinfliegen, Libellen, Köcherfliegen (1,5 x vergr., 5, 6, 7, nat. Gr., im Kreis 15 x vergr.)

1 **Schneefloh,** *Entomobrya nivalis,* auf Gebüsch und Nadelbäumen, auf Moos und auf Schnee. Bis 3200 m.

2 **Gletscherfloh,** *Isotoma saltans,* auf sommerlichen Schneefeldern oft in Menge. Nährt sich von Windplankton (z. B. Pollen).

3 **Felsenspringer,** *Machilis* spec., unter Steinen oder an Kieferstämmen. Gutes Sprungvermögen. Nährt sich von Flechten. Bis 3800 m.

4 **Eintagsfliege,** *Centroptilum luteolum,* deren Larve in Bächen vom Algenüberzug der Steine lebt. Sie hat wie alle Eintagsfliegenlarven 3 Schwanzanhänge und am Hinterleib Tracheenkiemenblättchen. Während diese Art auch im Flachland häufig ist, kommt der sehr ähnliche *Baetis alpinus* nur im Gebirge vor. Die Flügelanlagen werden während der Larvenstadien ständig vergrößert. Es schlüpft dann eine Subimago (mit opalisierenden Flügeln), und daraus häutet sich erst die Imago. Imagines fallen durch Turbanaugen auf.

5 **Steinfliege,** *Perla maxima,* Larven ähnlich denen von 4, haben aber nur 2 Schwanzanhänge. In Alpenbächen: 500—1800 m hoch, auf der Unterseite von Steinen. Räuberisch. Atmung durch Tracheenkiemenbüschel an den Seiten der Brust. Unvollkommene Verwandlung, die Larven ähneln wie bei 4 der Imago in keiner Weise. Deshalb müssen im letzten Larvenstadium wie bei den *Holometabola* die Larvenorgane abgebaut werden *(Archimetabola).*

6 **Mosaikjungfer,** *Aeschna juncea,* als Beispiel einer Großlibelle. Es gibt keine eigentlich alpinen Libellen. *A. juncea* bevorzugt Torfgewässer der montanen Stufe. Entwicklungsdauer 3—4 Jahre. *Archimetabolie* wie Nr. 7 (vgl. Nr. 5). Die Großlibellen gehören zu den gewandtesten Fliegern. Sie haben als einzige Insekten eine direkt an den Flügeln ansetzende Muskulatur. Die Höchstgeschwindigkeit liegt bei 60 km/h. Sie können in der Luft stehen bleiben und sogar rückwärts fliegen. Zur Paarung lädt das ♂ sein Begattungsorgan am 2. Hinterleibsring mit Sperma, hält dabei das ♀ hinter dem Kopf mit den Zangen seines Hinterleibsendes fest. Das ♀ krümmt dann sein Hinterteil nach vorne und heftet es am ♂ Geschlechtsapparat fest. In dieser Stellung fliegen sie als Paarungsrad. Eiablage an Wasserpflanzen oder in das Wasser. Die Larven sind Räuber wie die Imagines. Zum Ergreifen der Beute haben sie eine Fangmaske auf der Kopfunterseite. Atmung mit Tracheenkiemen im Enddarm. Ist die Larve erwachsen, so kriecht sie an Pflanzenstengeln aus dem Wasser. Die letzte Larvenhaut bleibt nach der Imaginalhäutung zurück.

7 **Binsenjungfer,** *Lestes sponsa,* als Beispiel einer Kleinlibelle.

8 **Rhyacophila** spec. (spec. = Art nicht genau bestimmt), eine Köcherfliegenlarve der Gebirgsbäche. Sie baut keine Köcher, schweift frei umher.

9 **Plectrocnemia** spec., eine weitere Köcherfliegenlarve der Gebirgsbäche. Baut tütenförmige Gespinste zum Fang von Kleinlebewesen. Keine Kiemen.

10 **Köcherfliege,** *Silo* spec., in Bächen der montanen Region. Um nicht fortgerissen zu werden, haben die Köcher seitliche Belastungssteine. Die Köcherfliegen stehen den Schmetterlingen nahe. Die Imagines haben aber keinen Saugrüssel und die Flügel sind nicht beschuppt, sondern behaart. Die Tiere sehen wie Kleinschmetterlinge aus.

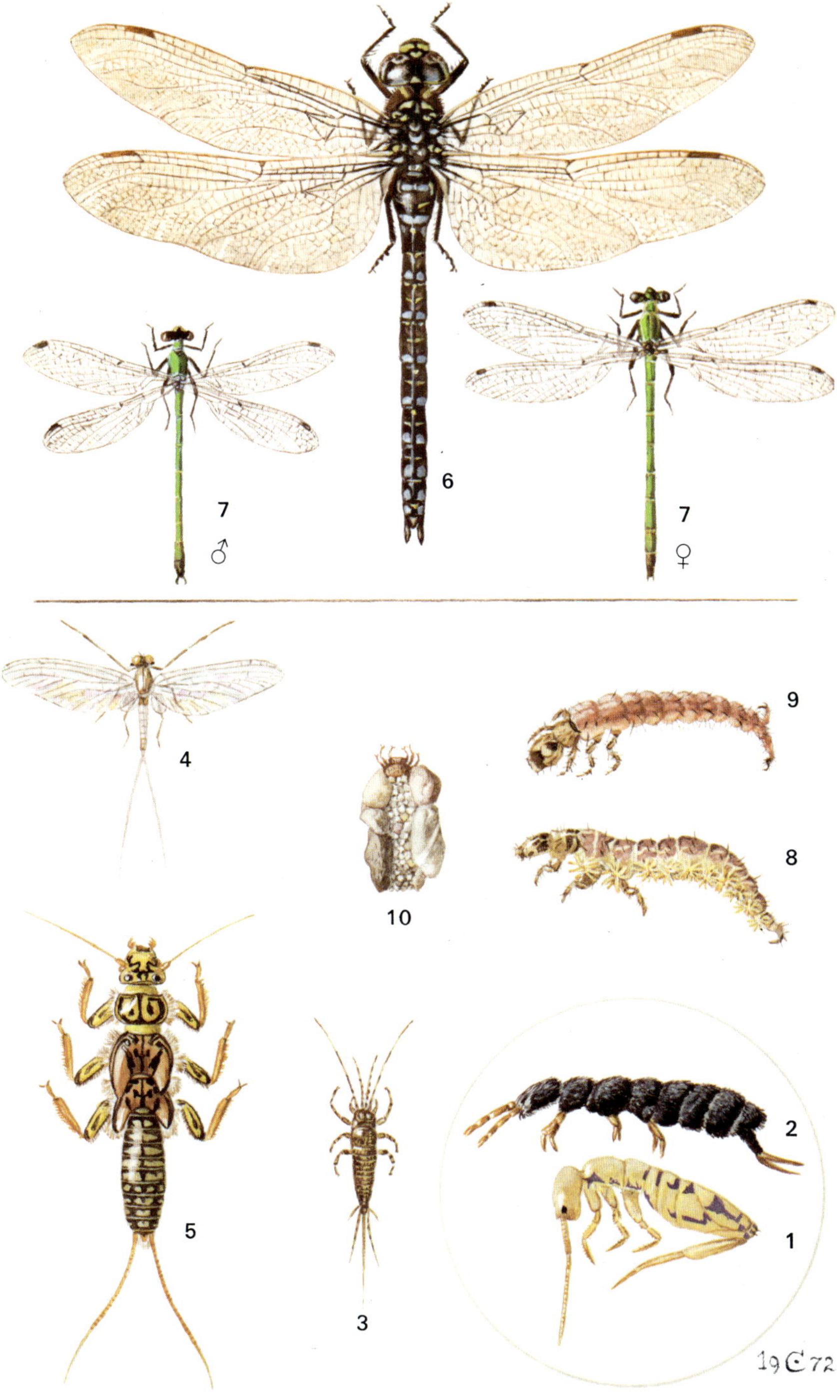
6
7
♂
7
♀
4
9
10
8
2
5
1
3

Tafel 53 Heuschrecken und andere Geradflügler (1,33 x vergr.)

1 Zwitscherschrecke, *Tettigonia cantans,* vertritt das Große grüne Heupferd, *Tettigonia viridissima,* in höheren Lagen. Im Gegensatz zu den Feldheuschrecken (4—8), sind die Fühler aller Laubheuschrecken (1—3) länger als der Körper. ♂♂ mit Zirporganen an den Flügelwurzeln. ♀♀ meist mit Legeröhre.

2, 3 Warzenbeißer, *Decticus verrucivorus,* obwohl kein eigentliches Alpentier, auf Wiesen und Almen recht häufig und bis 2600 m zu finden. Der Warzenbeißer ist wie alle Langfühlerschrecken in erster Linie Fleischfresser, nimmt aber auch gerne Pflanzenkost. Sein Gesang ist laut und wird meist bei Sonnenschein vom Boden aus vorgetragen. Linné benannte die Art so, weil die schwedischen Bauern sich ihre Warzen von der Schrecke abbeißen ließen.

4 Gefleckte Schnarrheuschrecke, *Bryodema tuberculata,* wie die nachfolgenden Springschrecken, eine Kurzfühler- oder Feldheuschrecke: Die Fühler sind kürzer als der Körper. Zur Lauterzeugung streichen die ♂♂ eine Schrilleiste (meist mit Zäpfchen besetzt) an der Innenseite der Hinterschenkel über eine Flügeldeckenader. Gehörorgan am ersten Hinterleibsring. ♀♀ ohne oder nur mit kurzer, klaffender Legeröhre. Pflanzenfresser. Die gefleckte Schnarrheuschrecke ist selten an Kiesbänken und Geröllfeldern der Alpenflüsse. Alle Schnarrheuschrecken fallen durch ihr Flügelschnarren beim Fliegen auf. An trockenen sonnigen Südhängen ist die **Rotflügelige Schnarrheuschrecke,** *Psophus stridulus,* häufig. Ihre Hinterflügel sind leuchtend rot.

5 Keulenschrecke, *Gomphocerus sibiricus,* an südexponierten Grashängen oft recht häufig. Über der Waldgrenze auch im Alpenrosengestrüpp.

6 Grashüpfer, *Stenobothrus rubicundus,* auf trockenen, steinigen und sonnigen Hängen bis 2400 m. Auch diese seltene Art schnarrt beim Auffliegen.

7 Alpengebirgsschrecke, *Miramella alpina,* auf Wiesen und im Gebüsch, kaum über der Waldgrenze. Bevorzugt feuchte Stellen. — Die Gebirgsschrekken (7, 8) haben verkürzte Flügeldecken und erzeugen (im Gegensatz zu den anderen Heuschrecken) ihre Laute durch Aneinanderreiben der Oberkiefer.

8 Nordische Gebirgsschrecke, *Bohemanella frigida,* auf Matten von 1800 bis 2800 m. Kann sogar starke Fröste überstehen. Ein Eiszeitrelikt, das noch nie unter 1800 m gefunden worden ist.

9 Waldschabe, *Ectobius lapponicus,* an Waldrändern, auf Gebüsch flink herumlaufend, die ♂♂ halten sich auch gerne zwischen Farnen, Heidekraut und Heidelbeeren auf, sie fliegen gut. Die ♀♀ bevorzugen mehr den Boden. Bei der Kopulation stehen die Partner in entgegengesetzter Richtung, also mit voneinander abgewendeten Köpfen. Pflanzenfresser. Die Eier werden in Form eines Paketes abgelegt. Obwohl nicht eigentlich alpin, im Gebirge überall häufig, und auffallend als tagaktives Tier unter den sonst lichtscheuen Schaben.

10 Alpenohrwurm, *Chelidura aptera,* unter Rinde und Steinen in Lärchenwäldern, bis zur Schneegrenze. Verbreitung sehr lokal: Südtirol, vom Simplon südlich bis St. Bernhard, Mt. Cenis. Der **Gewöhnliche Ohrwurm,** *Forficula auricularia* steigt im Gebirge bis 2000 m, bevorzugt aber Gegenden mit einem Januarmittel nicht unter 2,2°, allerdings mit einem Julimittel nicht über 18°. Allesfresser. Die Hinterleibszangen sind in erster Linie Hilfsorgane bei der Begattung. Die Eier werden in einer selbstgebauten Röhre abgelegt und beschützt.

1
5 ♂
6 ♂
4
9
10
2 ♂
7 ♂
8 ♂
3 ♀

Tafel 54 Käfer I (2 x vergr.)

1 Sandlaufkäfer, *Cicindela siluicola,* überall häufig auf sandigen oder lehmigen Wegen. Fliegt bei Beunruhigung rasch auf. Räuberisch. *Cicindela gallica* ist eine hochalpine Art. Die helle Zeichnung ist etwas ausgedehnter, die Flügeldecken sind grasgrün. Überall selten.

2 Goldglänzender Laufkäfer, *Carabus auronitens,* häufig in Wäldern, besonders unter Holz. Montan, steigt bis 2000 m. Überwintert in morschen Baumstrünken. Alle großen Laufkäfer der Gattung *Carabus* sind, wie ihre Larven, Fleischfresser und gehören zu den nützlichsten Tieren. Die abgebildeten Arten haben keine voll ausgebildeten Hautflügel, sind also nicht mehr flugfähig. Die ♂♂ haben verbreiterte Vordertarsen mit bürstenförmiger Sohle.

3 Hainlaufkäfer, *Carabus nemoralis,* unter Steinen und Baumrinde überall häufig, steigt in den Zentralalpen bis in die alpine Region. *Carabus fabricii* ist eine echte alpine Art mit bronzefarbiger Oberseite und 3 smaragdgrünen, weitläufigen Grübchenreihen auf den Flügeldecken.

4 Bartkäfer, *Leistus nitidus,* besonders in den Ostalpen; selten.

5 Dammläufer, *Oreonebria castanea* picea, unter Steinen, am Rande von Schneefeldern, nicht häufig.

6 Eilkäfer, *Notiophilus aquaticus,* häufig in Wäldern, unter Geröll und Laub.

7 Bembidion tibiale, als Beispiel der fast 100 einheimischen Arten. Alle suchen die Feuchtigkeit. Die meisten sind, wie die abgebildete Art, am Ufer von Gebirgsbächen zu finden.

8 Flinkläufer, *Trechus glacialis,* als Beispiel für mehrere schwer zu unterscheidende alpine Arten. An Schneerändern, unter Steinen und Moos.

9 Schneckenfresser, *Cychrus angustatus,* der zugespitzte Kopf und der schmale Halsschild erlauben dem Käfer, tief in die Gehäuse der Schnecken einzudringen. Besonders an feuchten Örtlichkeiten, wo sie ihre Beute finden. Selten.

10 Amara erratica, ein Vertreter einer sehr artenreichen Gattung, die alle trockenere Örtlichkeiten bevorzugen. Nur wenige kommen hochalpin vor. Im Gegensatz zu den anderen Arten der Tafel fressen sie gerne Pflanzenstoffe, besonders Gras.

11 Pterostichus metallicus, in Wäldern einer der häufigsten Laufkäfer, durch seine Färbung sehr gut von allen anderen Arten zu unterscheiden.

12 Pterostichus panzeri, besonders in den Kalkalpen. Eine der echt alpinen Arten. Zu ihrer Unterscheidung bedarf es großer Sorgfait.

13 Abax ovalis, eine häufige montane Art, die sich gerne unter Steinen verbirgt.

14 Zwergschwimmer, *Hydroporus foveolatus,* hochalpiner Vertreter einer überaus artenreichen, sehr homogenen Gattung. In Schneeschmelzwässern und kleinen Alpenseen.

15 Schnellschwimmer, *Agabus solieri,* boreoalpine Art dieser sehr großen Schwimmkäfergattung. In Gebirgsseen, kaum unter 1500 m Höhe.

16 Corymbites pectinicornis, ein Schnellkäfer, häufig auf Waldwiesen.

17 Corymbites cupreus, wie bei der vorigen Art, sind die Fühler der ♂♂ lang gekämmt. Im Hochsommer auf sonnigen Waldwiesen und auf Sträuchern.

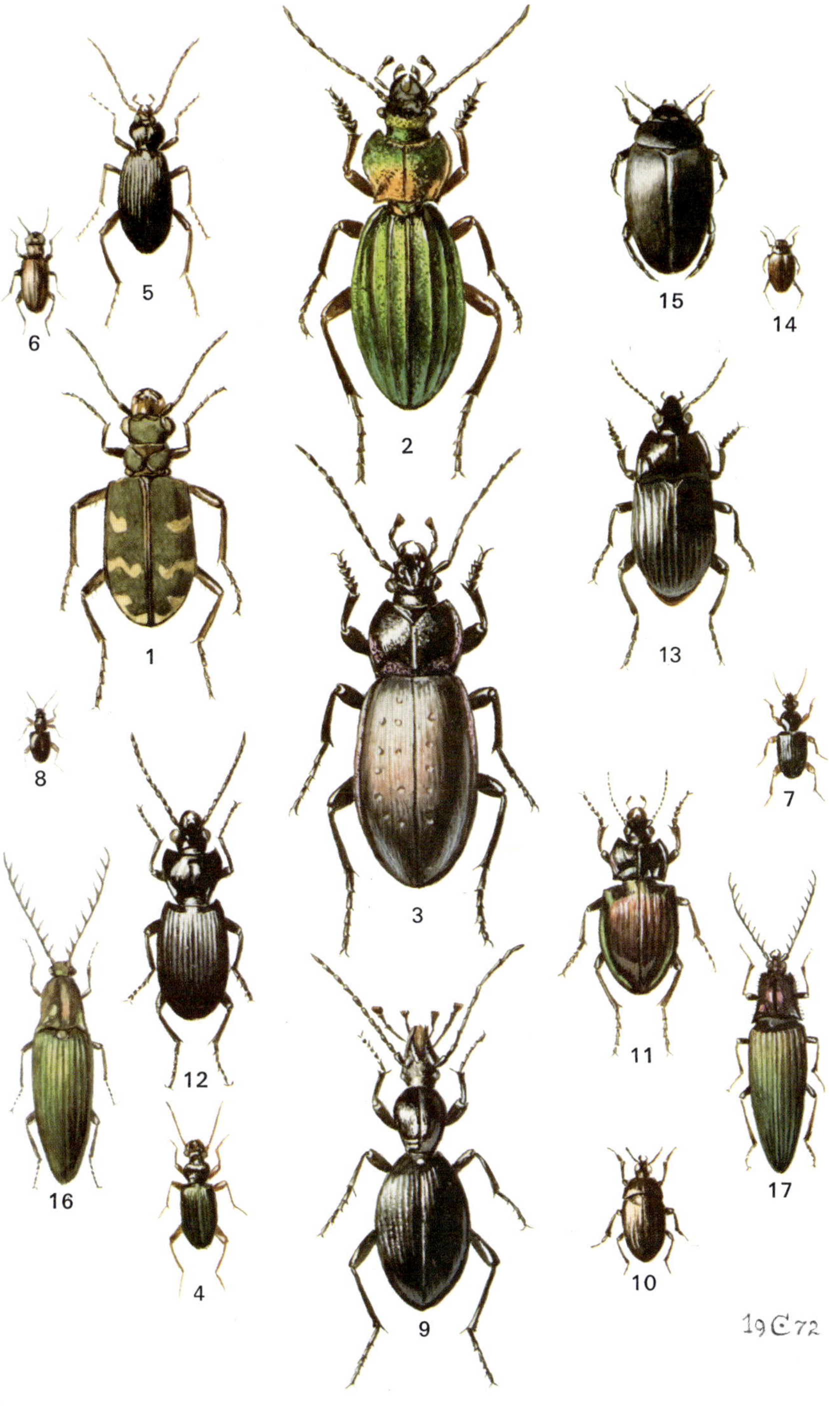

5
6
2
15
14
1
13
8
7
12
3
11
16
17
4
9
10
19 C 72

Tafel 55 Käfer II (3 x vergr.)

1 **Phosphuga atrata,** ein sehr häufiger Aaskäfer, unter modernder Rinde. Schneckenfresser. Stellt sich beim Ergreifen tot.

2 **Anthophagus alpinus,** als Beispiel für die vielen hochalpinen Kurzflügler.

3 **Ocypus brevipennis,** in den Ost- und Zentralalpen weit verbreitet. Die Bestimmung der schier unübersehbaren Fülle von Staphyliniden (Kurzflügler) ist nur dem Spezialisten möglich. Alle sind bodenbewohnend und leben räuberisch. Ihre Flügeldecken sind sehr kurz.

4 **Quedius punctatellus,** im Moos, in der Bodenstreu, unter Rinde.

5 **Lygistopterus sanguineus,** an Waldrändern auf Dolden- und Korbblütengewächsen.

6 **Furchenwasserkäfer,** *Helophorus nivalis,* in Schmelzwassertümpeln von 1300 bis 2500 m mit verwandten Arten.

7 **Soldatenkäfer,** *Cantharis fibulata,* leben räuberisch im Gras oder Gebüsch.

8 **Weichkäfer,** *Malthodes marginatus,* häufig auf Gebüsch, besonders in Blüten.

9 **Dasytes alpigradus,** auf Blüten, die Larven leben schmarotzend unter Rinde.

10 **Zehnpunktmarienkäfer,** *Adalia decempunctata,* sehr häufig. Der **Zweipunkt,** *Adalia bipunctata,* ist etwas breiter gerundet und hat normalerweise auf jeder Flügeldeckenmitte einen schwarzen Punkt. Bei beiden Arten gibt es fast schwarze Formen. Sehr nützlich durch Vertilgung von Blattläusen.

11 **Semiadalia alpina,** seltene, alpine Marienkäferart, 800 bis 2000 m.

12 **Vierzehnpunktmarienkäfer,** *Propylaea quatuordecimpunctata,* überall sehr häufig. Die schwarze Zeichnung kann sehr ausgedehnt sein oder nahezu verschwinden. Vertilger der verschiedensten Blattlausarten.

13 **Augenmarienkäfer,** *Anatis ocellata,* unterscheidet sich vom gewöhnlichen **Siebenpunkt,** *Coccinella septempunctata,* durch die größere Punktezahl und die helle Umrahmung dieser Flecken. Auf Nadelhölzern.

14 **Aphidecta obliterata,** Marienkäfer auf Nadelhölzern. Auch dunkelbraun.

15 **Alpenmistkäfer,** *Geotrupes alpinus,* subalpin und hochalpin, bis 2500 m. Lebt im Kot von Pflanzenfressern. Die Eier werden in selbstgegrabene Gänge abgelegt und mit Mist versorgt. Davon nähren sich die Larven.

16 **Dungkäfer,** *Aphodius fossor,* eine der größten der 85 mitteleuropäischen Arten. In waldreichen, gebirgigen Gegenden an frischem Kuhdung. Anders als bei den Mistkäfern, werden bei den Dungkäfern die Eier gleich in den Dung abgelegt. Die ♀♀ erleben noch das Schlüpfen der neuen Generation.

17 **Dungkäfer,** *Aphodius fimetarius,* wohl die häufigste Art. Alpin ist die Rasse *monticola* mit kräftigerer Punktierung.

18 **Pinselkäfer,** *Trichius fasciatus,* im Juni, Juli auf Blüten oft in Massen. Die Larven leben im modernden Holz der Laubbäume. Sie gehören in die artenreiche Gruppe der Laubkäfer, deren Vertreter ähnlich einem kleinen Maikäfer aussehen. Dieser steigt im Gebirge nicht höher als 1000 m. Nr. 15 bis 18 sind Vertreter der Blatthornkäfer.

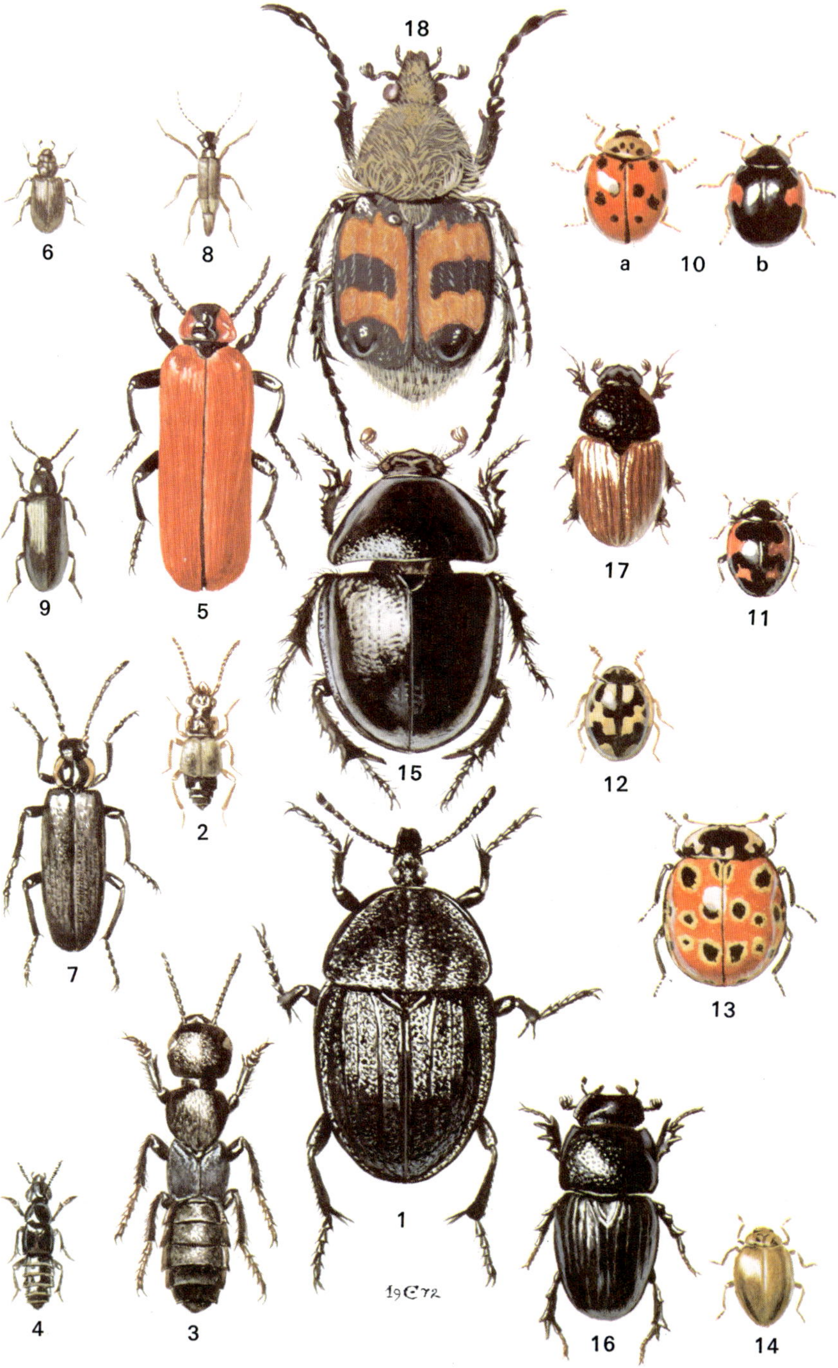

18
6
8
a
10
b
5
9
17
11
15
12
2
7
13
1
4
3
16
14

Tafel 56 Käfer III (2 x vergr.)

1 **Scheinbockkäfer,** *Oedemera subulata,* wegen ihres langgestreckten Körperbaus und der langen, fadenförmigen Fühler werden die Käfer 1 und 2 oft mit den nachfolgenden Bockkäfern verwechselt. Meist Blütenbesucher, die sich von Pollen und Nektar ernähren. Diese Art fliegt gut. Gerne auf Sträuchern.

2 **Nacerda fulvicollis,** ein Oedemeride, wie die vorige Art. Auf Blüten.

3 **Pidonia lurida,** ein Bockkäfer, wie die folgenden Arten dieser Tafel. Käfer auf Blüten, vor allem auf Waldwiesen im Juni, Juli. Die Larven entwickeln sich in Nadelholz. Alle Bockkäfer können an ihren langen Fühlern leicht erkannt werden, die sie in leicht geschwungenem Bogen tragen. Ihre Körperform ist schlank, in der Regel nach hinten verjüngt. Als Larven leben sie meist im Holz und werden deshalb noch immer als Schädlinge verfolgt, wenn auch eine große Anzahl — wirtschaftlich völlig indifferent — nur totes Holz befällt, andererseits aber gerade die Abnahme der oft prachtvollen Bockkäfer eine kaum zu verschmerzende Verarmung unserer Umwelt bedeutet.

4 **Langhornbock,** *Monochamus sutor,* diese seltene Art fliegt im Sonnenschein Fichten an, in deren Holz die Larven leben.

5 **Vierfleckbock,** *Pachyta quadrimaculata,* von Juni bis Sept. auf Blüten, besonders gerne auf Spiraeen. Larven vor allem im Holz von Fichten.

6 **Schmalbock,** *Strangalia maculata,* mit mehreren anderen Arten im Sommer auf Blüten überall häufig. Besonders gerne sitzen sie auf Doldenblüten.

7 **Halsbock,** *Leptura sanguinolenta,* wie die vorige Art häufig auf Blüten. Auch die Gattung *Leptura* ist artenreich. Die ♂♂ der abgebildeten Art haben gelbbraune Flügeldecken mit schwarzen Spitzen. Die Flügeldecken der ♀♀ sind rot. Larven im toten Holz von Fichte und Tanne.

8 **Alpenbock,** *Rosalia alpina,* wegen seiner Schönheit berühmt und begehrt. Gleich dem Apollo, eine der wenigen Insektenarten unter Naturschutz. So lange aber selbst in Schutzgebieten anbrüchige alte Bäume geschlagen werden, ist aller Schutz problematisch. Jedem echten Naturfreund wird es eine Selbstverständlichkeit sein, dieses prachtvolle Tier zu schützen und sich nicht von den fadenscheinigen Argumenten zum Fang verleiten lassen: Die Buchenklafter, an denen die ♀♀ möglicherweise ihre Eier ablegen, werden sowieso bald abgefahren und die Brut damit zerstört. Erstens ist dies nicht sicher und dann weiß man noch nicht genau, wie lange die Larven für ihre Entwicklung brauchen. Der Alpenbock kommt nur noch an einzelnen Stellen vor, an alten Buchen oder besonders gerne auf geschlagenem Buchenholz.

9 **Blaubock,** *Gaurotes virginea,* die auffallend hübsche kleinere Art ist im Gebirge glücklicherweise in Waldgebieten auf Blüten immer noch häufig. Die Flügeldecken glänzen in kaum zu beschreibender Weise blau, violett, grün, ja oft fast schwarz. Larven besonders gerne in Kiefern. — *Gaurotes excellens* ist etwas größer und hat einen schwarzen Hinterleib. Diese seltene montane Art ist mehr im Südosten verbreitet. — Ganz ähnlich, aber mit gelbbraunen Flügeldecken, die gewöhnlich an der Naht, an den Schultern und Spitzen geschwärzt sind, ist *Acmaeops pratensis.* 6 bis 10 mm, in Bergwäldern, auf Doldenblüten häufig. Die Larven entwickeln sich in Fichten. Ein gutes Unterscheidungsmerkmal zur Gattung *Gaurotes* ist der an den Seiten gleichmäßig gerundete, also nicht gebeulte Halsschild.

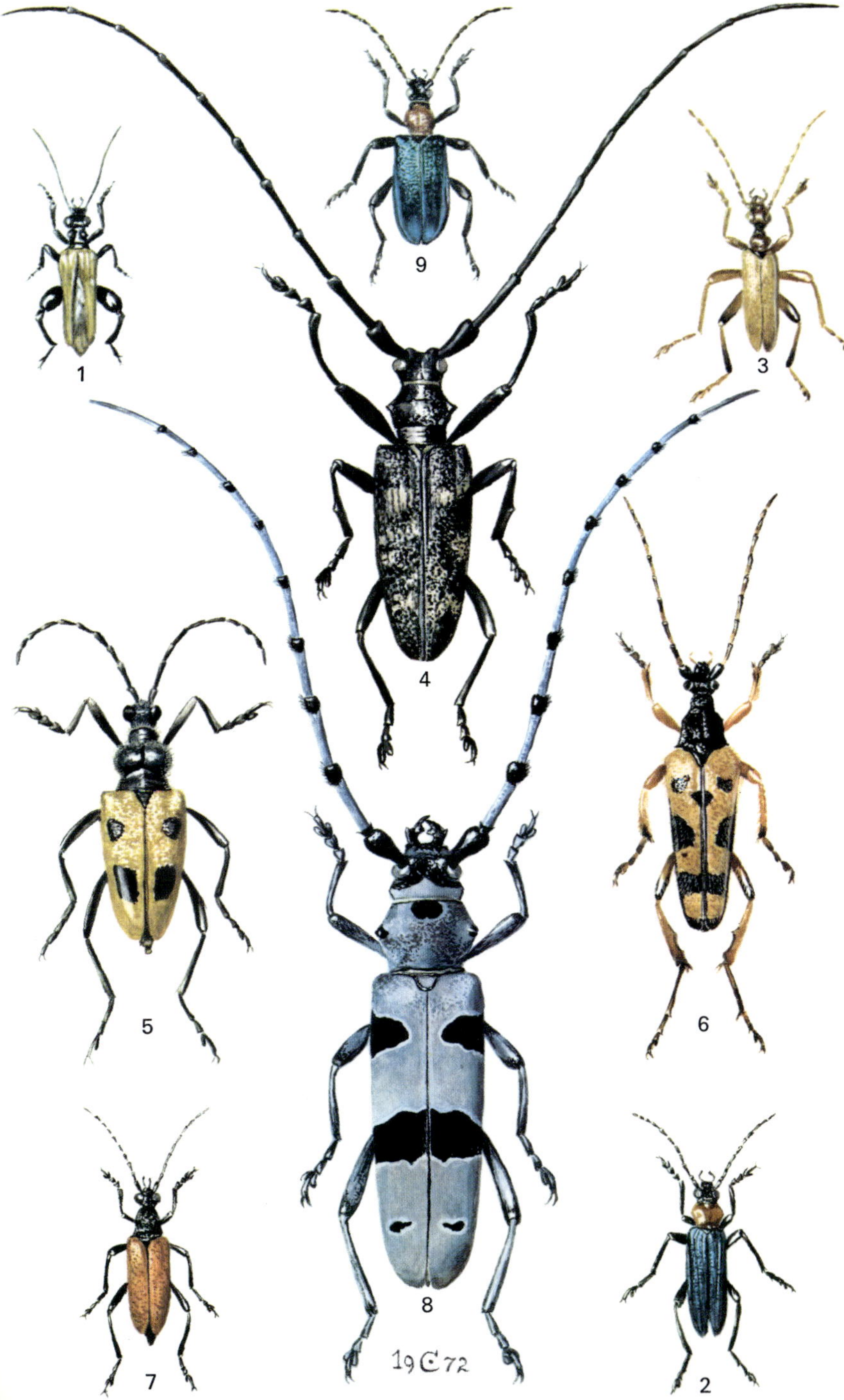
9
1
3
4
5
6
8
7
2
19C72

Tafel 57 Käfer IV (3 x vergr.)

1 **Cryptocephalus aureolus monticola,** ein Blattkäfer wie die folgenden acht Arten. Auf Gebüsch und Blüten. Die Larven stecken in einem Larvensack.

2 **Chrysochloa** *(Oreina)* **gloriosa gloriosa,** diese herrlichen Tiere schimmern metallisch blau bis grün. Mehrere sehr ähnliche alpine Arten.

3 **Alpenblattkäfer,** *Chrysochloa speciosissima,* wie die vorige Art besonders häufig an Gebirgsbächen zu finden. Die Arten dieser Gattung haben eine interessante Anpassung an die kurze Vegetationszeit im Gebirge: Die Junglarven schlüpfen kurz nach der Eiablage (bei dieser Art innerhalb eines Tages).

4 **Timarcha metallica,** tagsüber meist versteckt unter Moos oder Steinen. Lebt an Labkräutern. Ungeflügelt. In Gebirgswäldern häufig.

5 **Phytodecta linnaeana,** in Gebirgsgegenden auf Weiden sehr häufig. Auch die Larven leben auf Weiden. Die Zeichnung auf den Flügeldecken ist sehr variabel, einfarbig rot oder mit 1 bis 5 schwarzen Punkten.

6 **Luperus viridipennis,** besonders auf Erlen häufig. Gute Flieger.

7 **Gebirgsflohkäfer,** *Crepidodera peirolerii,* im Gegensatz zu anderen Flohkäfern bevorzugt er größere Luftfeuchtigkeit. Man findet ihn meist abends.

8 **Wolfsmilchflohkäfer,** *Aphthona ovata,* besonders auf der Zypressenwolfsmilch. Flohkäfer, auch Erdflöhe genannt, sind bekannte Schädlinge, besonders auf Kohlpflanzen. Ihre Larven minieren in den Blättern (die Arten 7 und 8 sind nicht schädlich!). Der Name erinnert an die verdickten Hinterschenkel, mit denen sie erstaunliche Sprünge ausführen.

9 **Longitarsus rubellus,** die Gattung ist an den Hinterbeinen leicht zu erkennen: das erste Tarsenglied ist länger als die halben Schienen.

10 **Latschenborkenkäfer,** *Pityogenes alpinus,* Begleiter der Latsche, in deren absterbenden Ästen sie brüten. Die ♂♂ nagen unter der Rinde eine Kammer, in der 2 bis 5 ♀♀ begattet werden. Jedes ♀ fertigt seinen Brutgang, wodurch eine Sternfigur auf dem Splintholz entsteht. Aus den 20 bis 40 Eiern jedes ♀ schlüpfen beinlose Larven. Tote Käfer findet man oft auf Schneefeldern.

11 **Otiorrhynchus gemmatus,** ein Rüsselkäfer, wie der Rest der abgebildeten Käfer. Rüßler fallen durch die Kopfbildung auf: Vorne am Rüssel sind die Mundwerkzeuge und ermöglichen, durch ein Bohrloch die Eier in das Innere der Pflanze abzulegen.

12 **Otiorrhynchus niger,** Entwicklung wie bei allen *Otiorrhynchus* im Boden.

13 **Otiorrhynchus squamosus,** besonders auf Nadelhölzern.

14 **Otiorrhynchus morio,** im Gebirge überall häufig.

15 **Brauner Rüsselkäfer** *(Hylobius abietis)* bekannter Nadelholzschädling.

16 **Liparus germanus,** größter Rüßler im Gebirge (nur der sehr ähnliche *L. glabrirostris* ist mit 17 bis 21 mm noch größer). Auf Pestwurz an Bächen.

17 **Blütenstecher,** *Anthonomus varians,* auf blühenden Fichten, Kiefern und Latschen benagen die Käfer die Staubgefäße der Blüten. Die Larven fressen im Inneren der Knospen und verpuppen sich im Boden. Imago überwintert im Boden.

11
5
7
6
1
12
14
2
10
9
13
16
3
17
15
4
8
19 © 72

Tafel 58 Hautflügler, Zweiflügler
(2 x vergr.)

1 **Tenthredo olivacea,** eine Blattwespe. Im Gegensatz zu den folgenden Taillenwespen sitzt hier der Hinterleib der Brust breit (ohne Stiel) auf. ♀♀ mit sägeartigem Legeapparat; Blattwespen können also nicht stechen. Ihre Larven sind den Schmetterlingsraupen ähnlich, haben wie diese drei Brustbeinpaare. Im Gegensatz zu den Raupen aber sind die Afterfüße stark vermehrt und lassen keine Lücke zu den Brustbeinen. Imagines leben nur wenige Tage.

2 **Panurgus banksianus,** eine einzellebende Biene der Hochlagen. Die Nester sind im Boden in Kolonien beieinander.

3 **Sandbiene,** *Andrena hattorfiana,* nistet in nicht zu lockerem Sandboden. Die Wände der Zellen werden mit Speichel durchtränkt, damit das Nest fest und wasserdicht wird. Jede Zelle wird mit Pollen versorgt und darauf ein Ei gelegt. Sandbienen sind Beinsammler. Diese Art ist häufig in den Tallagen, besonders auf Knautie (Juli, Aug.), geht nicht in die Hochregionen.

4 **Andrena lapponica,** ♀♀ an Heidelbeere, Alpenrosen und Steinbrech (April/Mai).

5 **Hosenbiene,** *Dasypoda argentata,* wühlt sehr auffällig in Blüten besonders der Skabiose. Sitzen auch nachts in den Blüten. Nistet in Kolonien. Der Nestgang ist oft über $^1/_2$ m tief. An seinem hinteren Ende sind Einzelzellen.

6 **Lapplandhummel,** *Bombus lapponicus,* an der roten Hinterleibsspitze gut zu erkennen. Die Bestimmung der Hummeln ist wegen der starken Variabilität sehr schwer. Hier nur einige Beispiele der vielen alpinen Hummeln. Da der Pelz sie sehr gut gegen die Abstrahlung der Körperwärme schützt, gehen auch die Flachlandarten bis in die Hochlagen. 24 Arten fliegen oberhalb der Waldgrenze. Besonders oft findet man sie in den Alpenrosenfeldern und in den Hochstaudenfluren mit Eisenhut. Hummelstaaten sind kleiner als die der Honigbiene, nur die ♀♀ überwintern und gründen im nächsten Frühjahr einen neuen Staat. Dabei müssen sie anfangs alle Arbeiten selbst verrichten; kein Wunder, daß die ersten Arbeiterinnen nur klein sind. Als Baumaterial dient Wachs.

7 **Bombus gerstaeckeri,** Hinterleibsspitze weiß.

8 **Bombus elegans,** Hinterleib überwiegend rötlich.

9 **Knotenameise,** *Myrmica sulcinodis.* — Die Bestimmung der Ameisen ist überaus schwierig. Hochalpine Ameisen gibt es nicht, und nur wenige dringen in die alpine Stufe vor. Oberhalb der Waldgrenze ist die **Rote Waldameise,** *Formica rufa,* die häufigste Art.

10 **Schwebefliege,** *Platychirus manicatus,* 600 bis 2500 m. Schwebefliegen (Nr. 10, 11, 12, 13) können infolge sehr hoher Flügelschlagfrequenz in der Luft »stehen bleiben«. Ihr Körper ist durch Gelbtöne wespenähnlich. Häufig.

11 **Eristalomyia cryptarum,** auf Blüten, besonders in den Westalpen.

12 **Mistbiene,** *Eristalomyia tenax,* ihre »Rattenschwanzlarve« lebt in Jauche.

13 **Cinxia lappona,** auf Blüten und Blättern bis in die Hochlagen.

14 **Schnake,** *Tipula excisa,* häufigste Art der Alpen, 1200 bis 2800 m. In den Zentral- und Südalpen (Tauern, Koralpe, Dolomiten, Monte Rosa, Aletsch, Pontresina) gibt es Schnaken mit flugunfähigen ♀♀. Sie besiedelten die unvergletschert gebliebenen Gebirgsstöcke und breiteten sich noch nicht weiter aus.

1
6
9
5
8
13
3
12
7
4
14
11
2
10
19C72

Tafel 59 Zweiflügler (2,5 x vergr.)

Die Dipteren gehören zu den besonders schwierigen Gruppen. Gerade sie aber sind besonders häufig und manche Arten lästig für Mensch und Tier. Für die Bestäubung der Alpenpflanzen sind sie sehr wichtig.

1 **Netzmücke,** *Liponeura minor,* eine Blepharoceride, deren stark abgeflachte Larven in kalten, reißenden Gebirgsbächen leben. Um nicht weggerissen zu werden, heften sie sich mit Saugnäpfen an den Felsen fest. Hier weiden sie die feinen Algenrasen ab. Die Imagines saugen kleine Insekten aus.

2 **Schwarze Bremse,** *Hybomitra aterrimus,* im Hochsommer auf den Almen, für Vieh und Wild lästig.

3 **Dungfliege,** *Scopeuma stercoraria,* eine Corduluride. Sie fliegt auf den Almen häufig um Rinderdung.

4 **Wollschweber,** *Systoechus sulphureus,* eine Bombylide. Wollschweber haben als Nektarsauger einen langen Saugrüssel. Sie können wie Schwebefliegen in der Luft »stehen bleiben«. Ihre Larven parasitieren in den Larven anderer Insekten.

5 **Tanzfliege,** *Anacrostichus bistortae,* Vertreter der großen Familie der Tanzfliegen mit zahlreichen Arten in den Alpen (z. B. Nr. 5—8). Fesselnd sind ihre Hochzeitsbräuche.

6 **Rhamphomyia anthracina,** eine boreoalpine Tanzfliege, die bis 2800 m steigt. Die ♂♂ fangen große Insekten und versuchen mit dieser Beute die Aufmerksamkeit eines ♀ zu erregen, die dem ♂ dann die Hochzeitsgabe entreißt. Dabei kommt es dann zur Kopula.

7 **Hilaria interstincta,** häufig in der Nähe von Wasserläufen.

8 **Gewürfelte Tanzfliege,** *Empis tesselata,* nach komplizierten Paarungstänzen überreicht das ♂ dem ♀ ein erbeutetes Insekt als Hochzeitsgabe. Häufig auf Doldengewächsen. Die ♀♀ tanzen wie Mücken im Sonnenschein.

9 **Paregle radicum,** wie Nr. 10 eine Blumenfliege, *Anthomyidae.* Sie gehören zu den häufigsten Fliegen der Alpen und haben große Bedeutung als Bestäuber.

10 **Hylemia variata,** steigt bis 2200 m, auch in Niederungen häufig.

11 **Phaonia morio** *(Muscidae),* 1200 bis 2700 m. Boreoalpin.

12 **Mesembrina mystacea** *(Muscidae),* Eier werden einzeln im Dung abgelegt.

13 **Fleischfliege,** *Sarcophaga carnaria (Sarcophagidae),* die Larven entwickeln sich in einem Brutsack und werden bei Geburtsakt auf das Fleisch gespritzt.

14 **Thricops aculeipes,** wie Nr. 11, 12 und 15 eine Verwandte der Stubenfliege.

15 **Coenosia obscuricula,** bevorzugt feuchte Orte und lebt räuberisch. Alpin.

16 **Winterhaft,** *Boreus hyemalis,* gehört nicht zu den Fliegen, sondern ist ein Verwandter der Skorpionsfliegen, *Mecoptera.* An sonnigen windstillen Wintertagen auf dem Schnee anzutreffen, ernährt sich von Pflanzenresten und toten Insekten. Vorzugstemperatur 10°, ist aber noch bis —5° aktiv. Wegen ihres Sprungvermögens erinnern sie an kleine Heuschrecken und heißen auch Schneeflöhe. Mit den Florfliegen gehören sie zu den *Neuroptereoidea.*

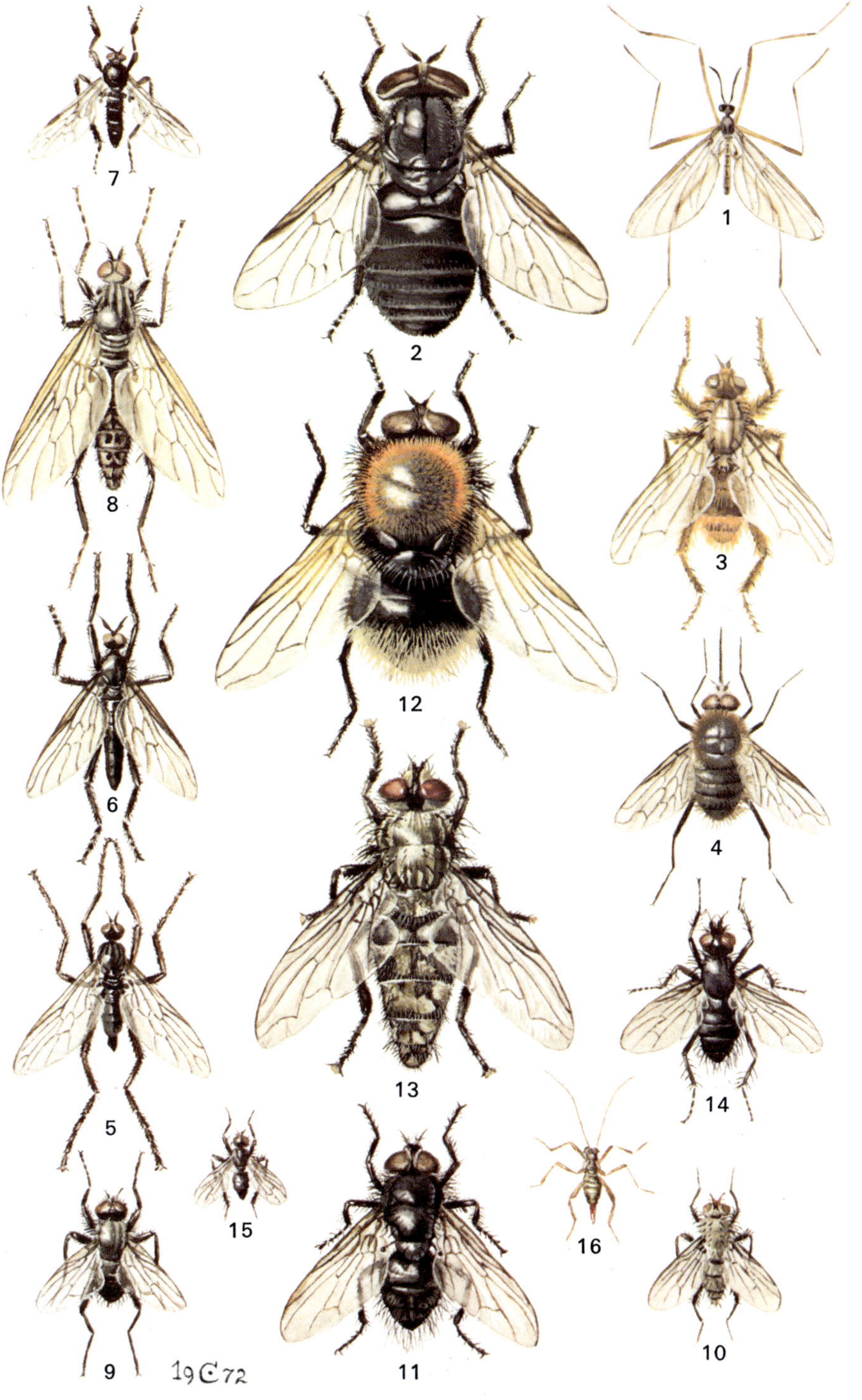
7
2
1
8
3
12
6
4
13
14
5
15
16
11
9
10
19C72

Tafel 60 Schmetterlinge I (1,25 x vergr.)

Die Schmetterlinge der Tafel 60, 61, sowie die Nr. 1 und 2 der Tafel 62 gehören zu den Tagfaltern. Die Flügel werden in Ruhe dorsal über den Körper zusammengeklappt. Ihre Raupen sind nie stark behaart, häufig nackt, die Puppen Stürzpuppen (mit dem Kopf nach unten) oder Gürtelpuppen (mit dem Kopf nach oben an Gürtelfaden befestigt). Wissenschaftlich hat die Einteilung in Tag- oder Nachtschmetterlinge keinen Wert.

Ritter, *Papilionidae* (Nr. 1, 2), farbenprächtige Falter mit leicht konkaven Innenflächen der Hinterflügel. Verwandte des **Schwalbenschwanzes** *Papilio machaon,* der bis 2400 m anzutreffen ist.

1 Apollo, *Parnassius apollo,* in der montanen Zone bis 1800 m verbreitet. Juni bis Sept. Raupe an Hauswurz und Weißem Mauerpfeffer.

Alpenapollo, *Parnassius phoebus,* alpin, 1500—2600 m, Juli bis Aug. Fehlt östlich des Allgäus in den nördlichen Kalkalpen. Kleiner und dunkler als 1. Auch auf den Vorderflügeln rote Flecken. Raupe an Fetthennen-Steinbrech und Hauswurz, an feuchten Stellen.

2 Schwarzer Apollo, *Parnassius mnemosyne,* montan, bis 1500 m, auf Waldwiesen, Mai bis Aug. Raupen auf Lärchensporn.

Weißlinge, *Pieridae* (Nr. 3, 4), weiß oder gelb gefärbt. Raupen meist grünlich, kurz behaart. Verwandte des **Kohlweißlings,** der bis 3000 m geht.

3 Alpenweißling, *Pontia (Synchloe) callidice,* alpin, auf grasigen Hängen 1700—3000 m, Juni, Juli. Eine Generation. Raupe auf Kreuzblütlern.

4 Grünlicher Heufalter, *Colias phicomone,* alpin, 900—2500 m, häufig von Juni bis Aug. auf Almen und Matten. Selten auch noch eine 2. Generation im August und September. Flügelfärbung sehr variabel: beim ♂ grünlichgelb, beim ♀ weißgrün, stark dunkelgrau bestäubt. Raupe dick, dunkelgrün, fein schwarz punktiert, mit weißem, seitlichem Längsstreif, in welchem die schwarzen Stigmen auf gelben Flecken stehen. Sie überwintert nach der 2. Häutung. Auf Wicken, Kronwicken, Hornklee, Hufeisenklee und Spitzkiel.

Fleckenfalter, *Nymphalidae* (Nr. 5, 6; Tafel 61 Nr. 4), sehr bunt gefärbt, Vorderbeine zu Putzpfoten verkürzt. Raupen mit verzweigten Rückendornen. Stürzpuppen. Verwandte des **Kleinen Fuchs,** *Aglais urticae,* bis 3000 m, des **Tagpfauenauges,** *Inachis io,* bis 2500 m, des **Distelfalters,** *Vanessa cardui,* bis 2000 m, oder des **Trauermantels,** *Nymphalis antiopa,* bis 2000 m.

5 Boloria pales, 1500—3000 m, Ende Juni bis Aug., auf Almen oft sehr häufig. Flug schwirrend, nahe am Boden. Raupe überwintert gleich nach dem Schlüpfen und noch einmal halberwachsen. Sie ist schwarzbraun mit dunkleren Punkten und gelblicher, braun geteilter Rückenlinie sowie tiefschwarzen, gelb eingefaßten Fleckenreihen. Die schwarz beborsteten Dornen sind fahlgelb. Kopf dunkelbraun, Scheitel rostgelb. Leben von niedrigen Pflanzen.

6 Alpenperlmutterfalter, *Clossiana thore,* boreoalpin, 700—2000 m, Juni bis Aug. (eine Generation) nur lokal, an buschigen Stellen und an Waldrändern. Raupe schwarz mit fleischfarbigen oder braungelben Längsstreifen und grauen oder trübgelben Dornen. Besonders an Zweiblütigem- und Hunds-Veilchen.

Viele Angaben, bes. die Raupenbeschreibungen, entnommen aus: W. Forster: Die Schmetterlinge Mitteleuropas, Stuttgart.

1
6
5
2
3
4
19C72

Tafel 61 Schmetterlinge II (1,25 x vergr.)

Bläulinge, *Lycaenidae* (Nr. 1—3), kleine Falter, bei denen die ♂♂ in der Regel bläulich (auch rot oder grün), die ♀♀ aber bräunlich gefärbt sind. Die zahlreichen Arten sind oft schwer zu unterscheiden, eine gute Hilfe bietet jedoch die Färbung der Flügelunterseite. Bläulingsraupen sind dick, asselförmig und leben sehr verborgen.

1 Dunkler Alpenbläuling, *Agriades glandon,* 1800—2800 m, oft sehr häufig. Juli, Aug. Die Falter fliegen auf hochgelegenen Matten in raschem, fast schwirrendem Flug dicht über den Boden. Raupe grün, dicht und kurz schwarz behaart. Auf dem Rücken rosarote Flecken. Überwintert. An Mannsschild und Alpenglöckchen.

2 Heller Alpenbläuling, *Albulina orbitulus,* boreoalpin, von 1000—3000 m. Juli, Aug., viel seltener als 1. Fehlt in den östlichen und südöstlichsten Alpen. Raupe überwintert; grün mit dunkler Mittellinie. An Tragant.

3 Polyommatus eros, ♀ braun mit gelbroten Flecken am Flügeldeckenaußenrand, an der Flügelwurzel blau. *P. eros* ist sehr ähnlich dem Hauhechelbläuling, *Polyommatus icarus,* der bis über 2000 m häufig ist. Der schwarze Randsaum auf der Flügeloberseite der ♂♂ ist bei dieser Art schmäler als bei *P. eros.* 1200—2500 m, Juli, Aug. an grasigen Stellen lokal, dann aber meist häufig. Raupe langgestreckt und gelbgrün, rötlichbraun behaart. Dunkle Rückenlinie von 2 gelben Linien eingefaßt. Auf Spitzkiel und Tragant.

4 Veilchenscheckenfalter, *Euphydrias cynthia (Nymphalidae),* 1800—3000 m (Voralpen ab 600 m), Mai bis Aug. an grasigen Stellen. Raupe an Veilchen, Wegerich, Frauenmantel u. a., überwintern in gemeinsamem Gespinst.

Dickkopffalter, *Hesperidae* (Nr. 5), kleine Falter mit sehr breitem Kopf. Flug schnell, schwirrend.

5 Würfelfalter, *Pyrgus cacaliae,* als Beispiel für mehrere, sehr ähnliche alpine Dickkopffalter. 1000—2500 m. Juni—Aug. auf Almwiesen nicht selten. Raupe spindelförmig mit sehr großem, scharf abgesetztem Kopf, auf zusammengesponnenen Blättern von Bach-Nelkenwurz und Fingerkraut, auch an Huflattich und Pestwurz.

Augenfalter, *Satyridae* (Nr. 6—8, Tafel 62 Nr. 1, 2), düster gefärbte Falter mit Augenflecken vor dem Flügelrand. Vorderbeine verkümmert. Raupen spindelförmig, mit Schwanzgabel, nackt oder kurz behaart, meist verborgen an Gräsern.

6 Eis-Mohrenfalter, *Erebia pluto,* 2000—3000 m, in Schuttkaren und Geröllfeldern. Juni—Aug. Viele Rassen. Raupe meist an Einjährigem Rispengras; dunkelgraugrün, mit dunkelgrüner Mittellinie, dunkelgrünen, etwas gewellten Nebenrückenlinien und dunkelgrünen Seitenstreifen. Gedrungen, sehr kurze Analspitzen. Sie überwintert halberwachsen.

7 Erebia gorge, 1600—3000 m, Juni—Aug., nicht selten, bevorzugt wie 6 vegetationslose Örtlichkeiten, wie Schuttkare, ist aber nicht so ausschließlich daran gebunden wie Nr. 6.

8 Erebia pronoe, bis 2500 m. Mitte Juli—Sept. auf Waldlichtungen und feuchten Bergwiesen. Raupe schmutzig rötlichgelb mit schwarzer Rückenlinie, bräunlicher Nebenrückenlinie und heller Seitenlinie; an Rispengräsern. Überwintert.

2
1
3 a
3 b
5
4
6
8
7
19 © 72

Tafel 62 Schmetterlinge III (1,25 x vergr.)

1 Graubrauner Mohrenfalter, *Erebia pandrose,* ein Satyride, wie 2 (vgl. Tafel 61) boreoalpin, 1600—3000 m, Juni—Aug., nicht selten auf kurzrasigen Almwiesen. Raupe grün, fein beborstet, mit schwarzer Rückenlinie und aus schwarzen Strichen gebildeten Seitenstreifen. In den südlichen Dolomiten fliegt eine kleinere, dunklere Farbform.

2 Gelbfleckiger Mohrenfalter, *Erebia manto,* 1200—2500 m, Juli bis Anfang Sept. Besonders auf Almen nahe der oberen Baumgrenze. Auch diese Art neigt zur Rassenbildung. Die Gattung *Erebia* ist mit etwa 35 Arten charakteristisch für die Alpen.

Die folgenden Familien werden oft als »Nachtschmetterlinge« zusammengefaßt. Für diesen Führer wurden vor allem tagfliegende Formen ausgewählt, die man auch wirklich antreffen kann.

Glucken *Lasiocapidae* (Nr. 3—6), dickleibige Nachtfalter mit breiten Flügeln, die in Ruhe dachförmig über den Körper gelegt werden. Fühler gekämmt. Die Raupen sind sehr stark behaart. Am bekanntesten ist der **Ringelspinner,** *Malacosoma neustria,* der bis 1600 m gefunden wird.

3 Alpenringelspinner, *Malacosoma alpicola,* alpin, 1600—2500 m. Juli bis Aug., in den Westalpen, auch in den Allgäuer Alpen. Tagflieger. Raupen an Weiden, Frauenmantel, Knöterich, Rose, gesellig in Seidengespinsten.

4 Alpeneichenspinner, *Lasiocampa quercus alpina,* alpine Rasse des bekannten Eichenspinners. Größer und dunkler gefärbt als die Rasse des Flachlandes. 1200—2000 m. Raupe an Weiden.

5 Alpenkiefernspinner, *Dendrolimus pini* montana, gleich Nr. 4 eine alpine Form, die dunkler und bunter gefärbt ist. Wie beim Eichenspinner scheint aber die Abwandlung nicht genetisch fixiert zu sein. 600—1500 m, Juni—Aug. Raupen gelblich, hellbraun, bis hellgrau, sehr variabel; sie überwintern. Auf Kiefernarten und auf Fichten.

6 Poecilocampa alpina. Bis 1800 m. Ende Sept.—Nov. Raupe an Lärchen; überwintert als Ei. Diese Art unterscheidet sich von dem sehr ähnlichen Pappelspinner, *Poecilocampa populi,* durch die bedeutendere Größe und die dunklere Grundfärbung. P. populi geht in den Alpen nur bis 1200 m.

Eulen, *Noctuidae* (Nr. 7, Tafel 63 Nr. 1—9), Nachtfalter mit dicht behaarten, dicken Körpern. Vorderflügel mit der typischen Eulenzeichnung, in der Ruhe dachförmig über den Körper gelegt. Die Mehrzahl der vielen Arten ist unauffällig grau, braun oder gelblich gefärbt. Eine Schutzwirkung dieser schlichten Farben kann nicht bezweifelt werden. Der überwiegende Teil fliegt nachts. Hier sind ihre ärgsten Feinde die Fledermäuse. Um die Peilrufe ihrer Feinde hören zu können, haben die Eulen beiderseits der letzten Brustringe auffällige Gehörorgane. Die Erkennung der Eulen ist sehr schwierig und allein nach der Bildmethode nicht möglich. Der Spezialist nimmt meist die Gestalt der äußeren Genitalorgane zu Hilfe. Raupen meist nackt, walzenförmig.

7 Rhyacia helvetina, bis 2500 m, lokal aber dann nicht selten. Juli—Ende Aug. Raupe tagsüber in der Erde; lang und sehr schlank, samtartig dunkelblau-schwarz.

2
1
3
4
6
7
5
19 C 72

Tafel 63 Schmetterlinge IV (1,25 x vergr.)

1 **Scotia fatidica,** hochalpin, 1800—3000 m, Juli, Aug. auf Grasheiden, besonders oft auf Disteln zu finden. ♀♀ verkürzte Flügel, flugunfähig, gerne unter Steinen oder im Gras. Sie sind schwärzlich, mit braunen Hinterflügeln. Die schwärzlichen Raupen sind an Gras und unter Steinen.

2 **Scotia simplonia,** 1200—3000 m. Nicht selten, je nach Höhenlage im Mai bis Anfang Aug. Die Falter sitzen oft an Felsen. Die Raupe findet man auf Gräsern und unter Steinen; sie überwintert.

3 **Sympistis nigrita,** in den Hochlagen von 1800—2800 m einzeln und meist selten. Juli—Sept. Die Falter fliegen bei Tage auf Schutthalden und sitzen gerne auf Polstern von Stengellosem Leimkraut und Silberwurz; auch unter Steinen.

4 **Chersotis ocellina,** 1500—2500 m Juli—Aug. Die Falter fliegen bei Tage und sitzen meist auf Blüten, besonders Disteln. Kommen auch nachts oft ans Licht. Raupe dunkel erdbraun, mit heller Rückenlinie, die auf jedem Segment rautenförmig erweitert ist und mit hellen, nach oben braun begrenzten Nebenrückenlinien. Stigmen braun. Rückenfeld dunkel. Kopf klein, dunkelbraun. Der dunkelbraune Halsschild hat drei helle Längslinien. 3 cm lang; auf Kräutern.

5 **Hadena tephroleuca,** in der Schweiz und in Tirol, 1300—1500 m. Sehr lokal und selten, Ende Juni—Juli. Raupe an Lichtnelken zwischen den unteren Blättern versteckt.

6 **Hiptelia ochreago,** bis 2500 m, Juli, Aug., sehr lokal, dann aber nicht selten. Die Falter fliegen bei Sonnenschein und besuchen gerne Disteln und Skabiosen. Fühler des ♂ bis zur Spitze doppelkammzähnig, die des ♀ zweizeilig mit stehenden kurzen Wimperhaaren. Raupe besonders an Huflattich und Königskerzen.

7 **Mythimna andereggi,** vom Tal bis 2500 m, Mai bis Aug. In den Höhenlagen lebt eine alpine Rasse mit kräftiger braun gefärbten Flügeln. Raupe an Knäuelgras.

8 **Autographa aemula,** 1000—1700 m, an feuchten Stellen, Juni—Aug. Raupe olivgrün, Borstenwärzchen schwarz, später lichtgrün mit weißen Streifen. Weiße, schwarz gesäumte Stigmen. Meist an Habichtskräutern, auch an Wegerich und Klee.

Gammaeule, *Autographa gamma* (nicht abgebildet), eine der häufigsten Eulen findet man im Gebirge bis 3000 m auf Schuttkegeln und Almen von Mai bis Okt.; fliegt bei Tag und Nacht. Ein Wanderfalter, der wohl im Mai bis Juli bei uns einfliegt, in Mitteleuropa eine Generation bildet und im Spätherbst wieder zurückwandert. Das Erkennen ist leicht an dem weißen Gamma-Zeichen auf den bräunlichen, schwarzbraun marmorierten Vorderflügeln.

9 **Dasypolia templi alpina,** eine boreoalpine Art, bis 2000 m, von Ende Juli an. Die ♀♀ überwintern und fliegen bis Mai. Raupe gelblich, am Rücken schwach rosa mit großen schwarzen Punktwarzen, dunkelbraunem Kopf und ebensolchem Nacken- und Afterschild. Nackenschild mit hellem Mittelstrich. Jung sind sie in den Blüten, dann am Stengel und schließlich in den Stengeln und den verdickten Wurzeln der Doldengewächse.

1
2
3
4
5
7
8
6
9

Tafel 64 **Schmetterlinge V** (1,5 x vergr.)

Widderchen, *Zygaenidae* (Nr. 1), sitzen tagsüber träge auf Blüten oder Gräsern. Dabei sind die Flügel dachförmig über den dicken Rumpf gelegt. Sie fliegen nur während der heißesten Tagesstunden. Fühler lang, keulig. Raupen dick, mit auffallend kleinem, einziehbarem Kopf; kurz und fein behaart. Puppe in pergamentartigem Gespinst.

1 Lycastes *(Zygaena)* **exulans,** boreoalpin. 1800—3000 m, auf Almen und Schuttreißen oft massenhaft. In Bayern nur im Allgäu und Wetterstein. Raupen meist an Schmetterlingsblütengewächsen. Puppenkokon an Felsen befestigt. Einzige Zygaene der Hochalpen.

Bärenspinner, *Arctiidae* (Nr. 2—4), auffallend gefärbte, dickleibige Falter. Meist nachtfliegend, Hörorgane vorhanden. Flügel liegen in der Ruhe dachförmig über dem Körper. Raupen stark behaart. Verpuppung in mit Haaren vermischtem Gespinst. Bekannteste Art: **Brauner Bär,** *Arctia caja,* in den Alpen bis 2000 m.

2 Engadiner Bär, *Arctia flavia,* hochalpin bis 3000 m, Schweiz, Tirol, Salzburg. Juli, Aug. Flugzeit spät nachts. Raupe alles fressend.

3 Dunkler Flechtenbär, *Endrosa aurita ramosa,* hochalpine Rasse des in den Alpen (östlich bis Inn und Brenner) verbreiteten Flechtenbären. Geht bis 3300 m. Raupen an Steinflechten, mehrjährig.

4 Cycnia sordida, bis 2400 m, meist selten und lokal im April bis Juli. Das ♂ fliegt auch am Tage. Überwintert als Raupe oder Puppe.

Spanner, *Geometridae* (Nr. 5—9), mit tagfalterähnlichen aber wesentlich weniger grell gezeichneten Flügeln. Von den Tagfaltern unterscheiden sie sich sofort durch die nicht gekeulten Fühler und die geringere Größe. Schließlich ist ihre Färbung viel unscheinbarer. Die Gehörorgane sind deutlich sichtbar an der Basis des Hinterteils. Flügel in der Ruhe meist ausgebreitet. Flatternder, unsicherer Flug am Tage. Raupen nackt mit nur 2 Bauchbeinpaaren, deshalb die »spannende« Fortbewegung.

5 Psodos alpinata, fliegt im Sonnenschein (Juli). Eine alpine Art, die bis ins Vorfeld verbreitet ist. Aufgescheucht hält sie die Flügel einige Zeit nach Tagfalterart aufgestellt.

6 Pygmaena fusca, boreoalpin. Im Juli auf Schuttkegeln und den benachbarten Matten bis 3300 m. ♀ flugunfähig. Raupen an niedrigen Pflanzen.

7 Cidaria turbata, eine subalpine Art dieser großen Gattung, von der fast alle Vertreter in den Alpen vorkommen. Vorzugsweise in lichten Bergwäldern und der Alpenrosenregion.

8 Cidaria salicata, alpin, 1200—2500 m. Vorzugsweise in der Felsregion.

9 Steinbrechspanner, *Cidaria flavicinctata,* boreoalpin, Felsregion. Mitte Juni—Sept. Raupe überwintert jung. An Steinbrecharten und Frauenmantel.

Federgeistchen, *Pterophoridae,* in Ruhe sind die gespaltenen Flügel zusammengerollt, stehen waagrecht vom Körper ab und geben mit den langen Beinen den Tieren ein unverkennbares Aussehen.

10 Pterophorus tephradactylus, in subalpinen Tälern, auf Holzschlägen mit lichtem Waldbestand; lokal, dann aber nicht selten. Fliegt tagsüber.

1
4
5
3
2
10
6
9
7
8

Tafel 65 Fische I

1 **Bachforelle,** *Salmo trutta fario,* Familie der Lachsfische. 25—40 cm, in nahrungsarmen Gebirgsbächen oft nur 15—20 cm (»Steinforelle«). Körper langgestreckt, torpedoförmig, Schnauze stumpf, Mundspalte bis hinter die Augen. Schwanzflosse mit fast geradem Hinterrand, bei Jungfischen leicht eingebuchtet. Färbung sehr unterschiedlich: Rücken meist grüngelb bis braun, Seiten heller, gelb- oder goldglänzend, Bauch weiß oder gelblich, Flanken mit schwarzen und roten, hellumrandeten Punkten. Fettflossen hell, mit roten Tupfen. Jungfische mit 6—9 dunklen Querbinden. — Standfisch, bis wenig über 2500 m, mit eigenem Jagdrevier. Nahrung: Kleintiere aller Art; ältere Tiere auch Kleinfische und Kaulquappen (»Raubforellen«). Laichzeit: 10—2; Männchen meist im 2., Weibchen meist im 3. Lebensjahr geschlechtsreif.

2 **Seeforelle,** *Salmo trutta lacustris,* Familie der Lachsfische. 40—80, selten bis 140 cm. Körper langgestreckt, torpedoförmig, ältere Tiere hochrückiger. Mundspalte bis hinter die Augen. Schwanzflosse mit geradem Hinterrand, bei Jungfischen leicht eingebuchtet. Färbung: Rücken meist blaugrün oder braungrau, Seiten heller mit schwarzen, zuweilen orange-gesäumten Flecken und hellbraunen oder orangefarbenen Tupfen. — Wanderfisch in Seen der Voralpen und Alpen bis 1800 m. Nahrung: in der Jugend Kleintierfresser (»Schwebforellen«), im Alter kleine Fische (»Grundforellen«). Laichzeit: 9—12. Dabei meist Wanderung in die Zu-(seltener Ab-)flüsse der Seen; einzelne Tiere laichen auch am Standort. Geschlechtsreife der Männchen im 3.—4., der Weibchen im 4.—5. Lebensjahr.

3 **Seesaibling,** *Salvelinus alpinus salvelinus,* Familie der Lachsfische. Tiefsee- oder Hungersaiblinge (Bodensee) und Zwergformen, wie der Schwarzreuter (Königsee) 15—25 cm, Normalsaiblinge 25—40 cm, Wildfangsaiblinge 65—75 cm. Körper forellenartig langgestreckt, im Alter gedrungener. Große Männchen mit hakenförmiger Aufkrümmung des Unterkiefers. Färbung: Rükken blau- bis graugrün oder braun, Flanken heller, Bauch weißlich oder gelblich, im Hochzeitskleid Körperseiten und Bauch hellrot und orange, Rücken mit hellen, runden Punkten, Brust- und Bauchflossen sowie Afterflosse mit weißem Vordersaume. Jungtiere mit dunklen Querbinden. — Alpenseen nördlich des Zentralkammes bis 2300 m. Nahrung: Planktontiere, große Raubsaiblinge, auch Fische. Laichzeit meist 9—1.

4 **Bachsaibling,** *Salvelinus fontinalis,* Familie der Lachsfische. 20—40 cm; Wachstum jedoch stark vom Aufenthaltsort abhängig. Körper torpedoartig langgestreckt, im Alter gedrungener. Die sehr weite Mundspalte reicht bis hinter die Augen. Schwanzflossenhinterrand stets deutlich eingebuchtet. Färbung: Rücken braun- bis dunkelolivgrün mit helleren Marmorierungen, Seiten mit gelben, grünen oder roten, meist heller umrandeten Punkten, Bauchseite gelblich-weiß oder rötlich, Rücken- und Schwanzflosse hell olivfarben mit dunkleren Querbändern, Brust- und Bauchflossen sowie Afterflosse am Vorderrand mit weiß-schwarzem Saum. — Importfisch aus Nordamerika (seit 1884), zuerst in Teichwirtschaften gezüchtet, heute auch freilebend; dank seiner geringeren Umweltansprüche (Kälteresistenz) trifft man ihn auch in Hochgebirgsbächen an, die selbst für die heimische Bachforelle zu kalt sind. Nahrung: Würmer, Kleinkrebse, Insekten, Weichtiere; ältere Bachsaiblinge jagen auch Kleinfische. Laichzeit: 10—3. Geschlechtsreife am Ende des 2. (Männchen) oder am Ende des 3. (Weibchen) Lebensjahres.

1

2

3

4

19©72

Tafel 66 Fische II

1 Elritze, *Phoxinus phoxinus,* Familie der Karpfenfische. 7—10 cm, Weibchen bis 14 cm. Körper langgestreckt, im Querschnitt fast drehrund, Schwanzstiel seitlich abgeflacht, Schuppen klein. Färbung: Rücken meist braun- bis graugrün, Seiten gold- oder silberglänzend, mit dunklen Querbinden bis unter die Flankenmitte und einem goldglänzenden Längsband, Bauch weiß bis rosa. — Geselliger Oberflächenfisch in Seen und Bächen mit Sand- oder Kiesgrund, bis 2500 m. Nahrung: Kleintiere, Fluginsekten (»Anflug«). Laichzeit: 4—6. Geschlechtsreife: Ende des 1. bis 2. Lebensjahres.

2 Schmerle oder **Bartgrundel,** *Noemacheilus barbatus,* Familie der Schmerlen. 8—12 (16) cm. Körper vorne walzenförmig, hinten seitlich abgeflacht. Mundspalte eng, unterständig, vordere Nasenöffnung röhrenförmig, 6 Bartfäden auf dem Oberkiefer, 4 vorne, 2 in den Mundwinkeln. Schuppen sehr klein, dünn, auf Vorderrücken und Brust fehlend. Färbung: Rücken graubraun bis olivgrün, Seiten und Bauch heller, dunkle Marmorierungen auf Rücken und Flanken, Seitenlinie als heller Streifen. — Standortstreuer Grundfisch in Bächen und Seen bis 2000 m. Nahrung: Kleinkrebse, Insektenlarven, Laichräuber. Laichzeit: 4—6. Männchen bewacht das Gelege.

3 Steinbeißer oder **Dorngrundel,** *Cobitis taenia,* Familie der Schmerlen. 8—10 cm, Weibchen bis 12 cm. Kopf und Körper seitlich stark zusammengedrückt. Mundspalte unterständig eng, 6 sehr kurze Bartfäden auf dem Oberkiefer, 2 davon über den Mundwinkeln, 2spitziger, aufrichtbarer Dorn unter den Augen (»Dorngrundel«). Schuppen sehr klein, dünn. Färbung: Rücken und Seiten sandfarben oder weißlich, mit dunkler Marmorierung. Auf den Flanken 2 Längsreihen aus je 10—20 braunen, hellumrandeten Flecken; auf der oberen Schwanzflossenbasis schwarzer Fleck. — Standortstreuer Bodenfisch in Bächen und Seen auf beiden Seiten des Alpenzentralkammes (zahlreiche Unterarten). Nahrung: Kleintiere, die insbesondere nachts gefangen werden, während diese Art tagsüber meist im Untergrund vergraben bleibt. Laichzeit: 4—7. Keine Brutpflege.

4 Rutte oder **Quappe,** *Lota lota,* Familie der Dorsche. 30—60 (100) cm. Körper langgestreckt, vorne walzenförmig, hinten seitlich zusammengedrückt. Kopf leicht abgeplattet, breit. Mundöffnung breit, leicht unterständig, Nasenlöcher mit kurzen Bartfäden, am Unterkiefer ein langer Bartfaden. Bauchflossen vor den Brustflossen, kehlständig, Schwanzflosse abgerundet. Schuppen klein, dünn, rundlich. Afterflosse und 2. Rückenflosse aalähnlich, sehr langgestreckt (»Aalquappe«). Färbung: braun oder grünlich, mit dunkler, undeutlicher Marmorierung; Flanken heller, Bauchseite weiß- bis gelblich. Jungfische meist dunkler. — Bodenfisch kühler, klarer Gewässer bis 2000 m. Nahrung: als Jungfische besonders Würmer, Insektenlarven, im Alter auch Fischlaich und -brut, nachtaktiv. Laichzeit: 9—3; hierzu kurze Laichwanderungen.

5 Groppe oder **Koppe,** *Cottus gobio,* Familie der Groppen. 10—15 (18) cm. Körper keulenförmig, Kopf etwas abgeplattet und breit. Mundspalte endständig, weit, Vorkiemendeckel mit kräftigem, hakenförmigem Stachel. 2 Rükkenflossen, die 1. kürzer und stachelstrahlig, Brustflossen groß. Körper, außer Seitenlinien, schuppenlos. Färbung: Rücken und Flanken braun bis grau, mit dunkleren Flecken und Bändern, Bauchseite weißlich. — Grundfisch im Flachwasser klarer Bäche und Seen. Laich- und Bruträuber. Laichzeit: 5—7. Männchen intensiver gefärbt. Brutpflege durch das Männchen.

1

2

3

4

5

Tafel 67 Lurche: Kröten, Frösche

1 Gelbbauchunke, *Bombina variegata,* Oberseite olivbraun bis graubraun, Bauch zitronen- oder dottergelb und unregelmäßig dunkel gefleckt, Finger- und Zehenspitzen gelb, Pupille rundlich bis herzförmig. Körperlänge ca. 5 cm, bis 1800 m. In stehenden und fließenden Gewässern, oft nur in kleinen Tümpeln. Ruf dunkles ung-ung. Laichzeit: 5—7. Laich in Klümpchen.

2 Erdkröte, *Bufo bufo,* Oberseite rot-, grau- oder schwarzbraun, mit vielen Warzen bedeckt, Haut trocken, über der Ohrgegend große, halbmondförmige Drüse, breiter Kopf, Pupille waagerecht, Iris gold- oder kupferrot. ♂ ca. 8 cm lang, ♀ ca. 13 cm; bis 2000 m. In Erdlöchern, unter Baumstämmen, sogar in Gärten. Ruf des ♂ als Abwehrlaut bei der Paarung leise bellendes öäk; keine Schallblase. Laichzeit: 3—4. Laich in langen Schnüren um Wasserpflanzen gewunden (bis 6000 Eier von einem ♀).

3 Wechselkröte, *Bufo viridis,* Oberseite hellgrau bis olivfarben mit grünen, inselförmigen Flecken und rötlichen Warzen, über der Ohrgegend eine flache, birnen- oder nierenförmige Drüse; Körperlänge 9 cm; in den Alpen kaum über 800—900 m (in Zentralasien Gebirgstier, das weit über 4000 m hinaufsteigt). Sehr widerstandsfähig gegen Trockenheit. Ruf des ♂ helles Trillern, Schallblase vorhanden. Laichschnüre eines einzigen ♀ mit 10 000—12 000 Eier.

4 Springfrosch, *Rana dalmatina,* Oberseite hellbraun, nur mit spärlichen dunklen Flecken bedeckt, großer schwarzbrauner Fleck in der Ohrgegend, Haut glatt, spitzköpfig, das Fersengelenk des angelegten Hinterbeines reicht weit nach vorn über die Schnauzenspitze hinaus. Körperlänge um 8 cm; bis 1300 m. Ausgezeichneter Springer (Sprünge bis 2 m), in lichten Wäldern, an grasigen Waldrändern, liebt feuchte und schattige Orte. Ruf des ♂ rasches rauhes og-og-og, keine Schallblasen. Laich in Klumpen.

5 Teichfrosch, *Rana esculenta,* Oberseite grasgrün oder grünhellbraun, meist mit hellem Rückenlängsstreifen, locker dunkel gefleckt, Hinterseite der Oberschenkel gelb und schwarzbraun marmoriert, ♂ ca. 7,5 cm lang, ♀ ca. 9 cm, ausnahmsweise bis 12 cm; im Gebirge nicht über 1200 m. Ruf des ♂ ärr-ärr-ärr oder oek-oek-oek, wobei 2 große Schallblasen aus jedem Mundwinkel ausgestülpt werden. Laichzeit: 4—6. Laich in mehreren Klumpen (mehrere tausend Eier). Überwinterung tief im Schlamm der Wohngewässer.

6 Laubfrosch, *Hyla arborea,* Oberseite laubgrün mit glatter, glänzender Haut, weiße Bauchseite durch dunklen, hellgesäumten Fleckenstreifen von der Oberseite geschieden, an den Weichen dunkler, dreieckiger Zwickel (Hüftschlinge), Finger und Zehenenden zu Haftscheiben verbreitert, bis 5 cm lang; bis ca. 1000 m, ausnahmsweise auch bis gegen 2000 m. Ruf des ♂ kräftig und weithin hörbar äpp-äpp-äpp oder gäck-gäck-gäck, 1 große, kugelige Schallblase an der Kehle. Guter Kletterer, steigt gern auf Gebüsche und Bäume. Laichzeit: 3—6. Laich in kleinen Klumpen von Walnußgröße.

7 Grasfrosch, *Rana temporaria,* Oberseite gelb-, rot- bis schwarzbraun, meist dunkel gefleckt oder getüpfelt, sehr deutliches Trommelfell, von großem, schwarzem Fleck umgeben. Bis 10 cm lang; bis 2600 m, selten bis nahe 3000 m. Ruf des ♂ nur während der Paarungszeit ein dumpfes Knurren oder Grunzen. Landbewohner, zur Laichzeit oder bisweilen zur Überwinterung im Wasser. Laicht als erster Froschlurch oft noch während der beginnenden Schneeschmelze. Laichzeit: 3—4, Laich in großen Klumpen (2800—4000 Eier).

2
1
3
5
6
4
7

Tafel 68 Lurche: Salamander, Molche, Echsen

1 **Alpensalamander,** *Salamandra atra,* einheitlich schwarz, schlank, bis 16 cm lang, Schwanz kürzer als der Körper; von 600 bis 3000 m. Liebt hohe Luftfeuchtigkeit, deshalb vor allem bei feuchtem Wetter außerhalb der Verstecke. Lebendgebärend, 1—2 vollentwickelte Junge.

2 **Feuersalamander,** *Salamandra salamandra,* schwarz mit gelben oder orangegelben Flecken bzw. Längsstreifen, plump, bis 24 cm lang, Schwanz kürzer als der Körper; bis ca. 1500 m. In feuchten Schlupfwinkeln. Setzt meist 16—24 weit entwickelte Larven (äußere Kiemen und Beine) ins flache Wasser ab.

3 **Berg-** oder **Alpenmolch,** *Triturus alpestris,* Oberseite schwarzbraun mit schwacher Marmorierung, Unterseite einfarbig orangefarben, gedrungen, bis ca. 11 cm lang. ♂ während der Fortpflanzungszeit mit niedrigem, ungezacktem Rückenkamm, ♀ ohne Kamm; bis 3000 m. An Land an feuchten Orten unter Steinen oder Baumstrünken. Zur Laichzeit im Wasser je nach Höhenlage: 4—6; eierlegend. Überwinterung zuweilen im Wasser.

4 **Alpen-Kammolch,** *Triturus cristatus,* Oberseite olivbraun, Unterseite orangegelb bis orangerötlich mit dunkelgrauen Flecken, bis 15 cm lang. ♂ zur Fortpflanzungszeit mit hohem, gezacktem Rückenkamm. ♀ ohne deutlichen Kamm; bis ca. 1500 m in Österreich, den S-Alpen und im nördlichen Jugoslawien. Eiablage: 4—5 an Wasserpflanzen.

5 **Zauneidechse,** *Lacerta agilis,* Rücken beim ♂ im Frühsommer leuchtend grün, mit breitem, dunklem Längsband und schwarzbraunen, weißgetüpfelten Flecken, ♀ graubraun; plump und nicht sehr flink, meist bis 20 cm lang, einzelne bis 24 cm; bis 1300 m. An Feldrändern, Böschungen, Wiesen- und Waldrändern, sonnenliebend; eierlegend (5—14 Eier).

6 **Mauereidechse,** *Lacerta muralis,* Rücken rötlichbraun bis grau mit dunklen Flecken oder Fleckennetzwerk. ♀ dunkles, oben und unten hell gesäumtes Längsband an jeder Körperseite. Unterseite beim ♂ ziegelrot, beim ♀ gelblich, dunkel gefleckt, schlank, sehr langer Schwanz, außerordentlich flink. ♂ bis 19 cm lang, ♀ kleiner; bis 1700 m in den S-Alpen. An Ruinen und Mauerwerk, sehr wärmeliebend. Schwanz bricht leicht ab und wächst nach. Eierlegend (mehrmals im Jahr 2—8 Eier).

7 **Bergeidechse,** *Lacerta vivipara,* Oberseite braun mit oft unterbrochenem Mittelstreifen, gelblichen oder schwarzen Punktflecken und dunklem Flankenband, ♂ Unterseite orangegelb bis ziegelrot mit schwarzer Fleckung, ♀ ungefleckt, ca. 16 cm lang, manchmal bis 18 cm; bis 3000 m. Scheu, aber nicht besonders flink, an Waldrändern, in feuchten Wiesen und Mooren, auf Geröllhalden und an Quellbächen. Lebendgebärend (3—10 Junge).

8 **Smaragdeidechse,** *Lacerta viridis,* Oberseite grasgrün bis gelblichgrün, beim ♂ mit feinen, dunklen Punkten und Flecken, beim ♀ mit 2—4 weißlichen Längslinien, ♂ zur Paarungszeit mit leuchtend blauer Kehle, kann kräftig beißen; bis 40 cm lang; in den S-Alpen bis 1300 m. Robust, sehr scheu. Trokkene Gras- und Buschhänge, sehr wärmeliebend. Eierlegend (5—21 Eier).

9 **Blindschleiche,** *Anguis fragilis,* Oberseite grau bis braun, Unterseite graublau, langgestreckt schlangenähnlich, ohne Beine, Schwanz kann abbrechen, bis 50 cm lang; bis 2000 m, vereinzelt bis 2400 m. Feuchte Wiesen, Waldränder, verstecktes Dämmerungstier. Lebendgebärend (5—26 Junge).

2
1
3
4
5
6
7
8
9

Tafel 69 Kriechtiere: Schlangen

1 Ringelnatter, *Natrix natrix,* ♂ schlank, ♀ dick, Oberseite graubraun, schwarzbraun oder graublau, oft mit 4—6 Längsreihen kleiner, dunkler Flecke, weißgelber Halbmondfleck am Hinterkopf, Rückenschuppen stark gekielt, ♂ bis 1 m, ♀ bis 1,5 m; bis 1600 m, in den O-Alpen ausnahmsweise über 2000 m. Liebt Nähe von Gewässern, schwimmt ausgezeichnet. Nahrung Frösche, selten kleine Fische. Eierlegend, 11—25 Eier pro Gelege. Ungiftig.

2 Würfelnatter, *Natrix tessellata,* schlank, Oberseite grau- bis olivbraun mit dunkler Würfelzeichnung, Rückenschuppen stark gekielt, um 1 m lang; nur in den S-Alpen bis 1000 m. Wassernatter, Tag- und Dämmerungstier. Nahrung Fische, Frösche und Molche. Eierlegend, 5—12 Eier pro Gelege. Ungiftig.

3 Schling- oder Glattnatter, *Coronella austriaca,* mäßig schlank, Oberseite braun oder graubraun mit 2—4 dunklen Fleckenreihen, vom Nasenloch zum Mundwinkel und auf den Halsseiten dunkler Längsstreifen, Rückenschuppen glatt, bis 75 cm lang; bis ca. 2000 m. Liebt trockenes Gelände, Waldränder, Gemäuer, Magerwiesen und Heiden. Tagtier, klettert vorzüglich. Nahrung Eidechsen, kleine Schlangen, Jungvögel; erdrosselt die Beute mit 2—3 Körperschlingen. Lebendgebärend (3—15 Junge). Ungiftig, aber bissig.

4 Äskulapschlange, *Elaphe longissima,* schlank, Oberseite glänzend braun, vorne heller als hinten, zeichnungslos, Rückenschuppen ungekielt, Bauchschienen seitlich abgewinkelt, eine Längskante bildend (Kletterhilfe), größte Schlange in den Alpen, bis 2 m lang; bis 1600 m. Lebensraum lichte Wälder, buschbestandene Wiesen, Geröllhalden und Mauern. Sehr wärmeliebend, klettert sehr gut. Nahrung Mäuse, Eidechsen, Vögel. Eierlegend (5—8 Eier). Ungiftig.

5 Sandviper, *Vipera ammodytes,* gedrungen, Oberseite grau bis braun mit dunklem Zickzackband auf dem Rücken, weiches Hörnchen auf der Schnauzenspitze, Rückenschuppen stark gekielt, bis 90 cm lang; SO-Alpen, bis 2000 m. Lebensraum sonnenbeschienenes, steiniges Gelände. Nahrung Mäuse, Eidechsen, kleine Vögel. Lebendgebärend (5—18 Junge). Giftschlange.

6 Kreuzotter, *Vipera berus,* gedrungen, Oberseite beim ♂ aschgrau bis graubraun, beim ♀ braun bis gelbbraun, mit schwarzem Zickzackband auf dem Rücken. Einfarbig rostrote oder schwarze Exemplare kommen vor. Auf dem Hinterkopf dunkles X oder V, Kopfseiten mit dunklem Längsstreifen, Rückenschuppen stark gekielt, 60—70 cm lang; bis gegen 3000 m. Lebensraum Waldränder, Kahlschläge, Moore und steinige Hänge. Sehr wärmeliebend. Nahrung Mäuse, Eidechsen, Vögel. Lebendgebärend (5—18 Junge). Giftschlange.

7 Aspisviper, *Vipera aspis,* gedrungen, Oberseite grau bis braunrot mit dunkler Querbänderung oder rechteckigen Fleckenreihen, Schwanzspitze unterseits gelb oder gelborange, ♂ bis 75 cm lang, ♀ etwas kleiner; westliche Alpen, von Südtirol über die Schweizer bis in die Französischen Alpen, bis ca. 2600 m. Lebensraum sonnige Geröllhalden, Steinbrüche, Rebberge. Nahrung Mäuse, Eidechsen, Frösche. Lebendgebärend (4—18 Junge). Giftschlange.

8 Wiesenotter, *Vipera ursinii,* mäßig schlank, Oberseite hellgrau bis hellbraun mit dunklem, wellenförmigem Zickzackband, das seitlich hell begrenzt ist, Nacken oft mit winkelförmigem Fleck, Kopf eiförmig, 50—60 cm lang; Französische und Italienische Alpen bis 2400 m. Nahrung Mäuse, Eidechsen, Frösche. Lebendgebärend (8—15 Junge). Giftschlange.

1
2
3
4
5
6
7
8
Helmut Diller

1 **Gänsegeier,** *Gyps fulvus. Kennzeichen:* 97—104 cm, Spannweite 250 cm. Gefieder sandfarben, das von den schwarzen Flügeln und Schwanzfedern absticht. Kopf und Hals mit weißen Dunen. Halskrause weißlich, bei Juv. braun. Im Flug mit eingezogenem Hals, sehr langen, breiten Flügeln, weit gespreizten Handschwingen und kurzem, rechteckig abgeschnittenem Schwanz. *Vorkommen:* Als Brutvogel in den Balkanländern. In den Alpen nur als Sommergast von Mitte Mai—Sept. *Nahrung:* Lebt in den Alpen von abgestürzten Schafen, Rindern und anderem Aas. Lebende Tiere werden auch in Notzeiten niemals angegriffen; dazu wäre der Vogel auch zu schwerfällig. *Stimme:* Krächzende, grunzende und pfeifende Laute, nur zur Brutzeit.

2 **Steinadler,** *Aquila chrysaëtos. Kennzeichen:* 75—88 cm, Spannweite 2 m. Gefieder dunkelbraun, Scheitel und Nacken gelbbraun. Gleitet und segelt mit gelegentlichen Flügelschlägen. Schwanz gestutzt. Im Jugendkleid mit weißem Fleck im gespreizten Flügel und weißer Schwanzwurzel mit dunkler Endbinde. Das Weiß nimmt mit zunehmendem Alter ab. *Vorkommen:* Baut große Horste auf Vorsprüngen und in Nischen steiler Felswände, meist unterhalb der Waldgrenze. Oft werden mehrere Horste angelegt und abwechselnd benutzt. *Nahrung:* Hasen, Murmeltiere, Reh- und Gamskitze, Füchse, Eichhörnchen, Mäuse und Insekten. Jagd dicht über dem Boden fegend, um das Beutetier zu überraschen und zu schlagen. *Stimme:* Kiä.

3 **Uhu,** *Bubo bubo. Kennzeichen:* 66—71 cm. Größte europäische Eule mit auffälligen Ohrbüscheln, großen, orangeroten Augen, gestreifter, hellbrauner Brust und gelbbrauner, dunkelbraun gefleckter Oberseite. *Vorkommen:* Früher in ganz Europa, heute fast nur in bewaldeten, wenig gestörten Gebirgszügen. Nistet in Felshöhlen, Mauerlöchern oder benützt alte Horste von Greifvögeln. *Nahrung:* Kleine und mittlere Säuger, Vögel, Frösche, Insekten. *Stimme:* Búhu.

4 **Kolkrabe,** *Corvus corax. Kennzeichen:* 64 cm. Gefieder glänzend schwarz, Schnabel und Füße schwarz. Juv. mattschwarz. Im Flug keilförmiger Schwanz, deutlich hörbares Schwingenrauschen. *Vorkommen:* Früher in allen waldreichen Gebieten. Heute fast auf die Alpen beschränkt (in Deutschland noch Schleswig-Holstein und Voralpenland). Nistet in unzugänglichen Felsnischen in der subalpinen Nadelwaldstufe, im Vorland auch auf Bäumen. *Nahrung:* Fallwild, Insekten, Früchte, Abfälle. *Stimme:* Tiefes Korrrk, korrr oder klong.

5 **Alpenkrähe,** *Pyrrhocorax pyrrhocorax. Kennzeichen: 40* cm. Gefieder schwarz, Flügel und Schwanz mit metallischem, grünem, übriges Gefieder mit stahlblauem Glanz. Schnabel und Füße rot. Schnabel gebogen, länger als der Kopf. *Vorkommen:* W-Alpen, in der Schweiz nur Graubünden und Wallis. Nistet in Felsspalten und Ruinen. *Nahrung:* Würmer, Insekten, Samen, Getreidekörner. *Stimme:* Dohlenartiges kja oder mövenartiges kuak-ak-ak, am Brutplatz schischu-schischu.

6 **Alpendohle,** *Pyrrhocorax graculus. Kennzeichen:* 38 cm. Gefieder glänzend schwarz, mit gelbem, geradem Schnabel (viel kürzer als bei der Alpenkrähe) und hellroten Füßen. *Vorkommen:* Über der Waldgrenze bis zu den höchsten, besonders häufig besuchten Gipfeln, im Winter tiefer. Nistet in steilen Felswänden in der alpinen Stufe. *Nahrung:* Insekten, Würmer, Schnecken, Beeren, Abfälle. *Stimme:* Trillerndes, helles skri und pfeifendes zje oder tschjup.

2
4
3
5
1
6

Tafel 71 Vögel II

1 Alpenschneehuhn, *Lagopus mutus. Kennzeichen: 3*6 cm. Im Sommerkleid ♂ mit schwarzbraun, ♀ mit gelbbraun geflecktem Gefieder. Im Winterkleid ♂ und ♀ ganz weiß bis auf den schwarzen Schwanz und beim ♂ den schwarzen Streif vom Schnabel durchs Auge. Flügel, Bauch und Füße zu allen Jahreszeiten weiß. Rote Lappen (Rosen) über den Augen. *Vorkommen:* Alpine Stufe von 2000—3400 m. Auch im Winter nur selten wesentlich tiefer. Moränen, Blockfelder, Schneetälchen. Nistet in Bodenvertiefungen, unter Steinen oder Zwergsträuchern. Die Jungen verlassen am 1. Tag das Nest und können sehr bald fliegen. *Nahrung:* Knospen, Blätter, Insekten, im Winter viel Fichtennadelspitzen. *Stimme:* Tiefes, rauhes Krächzen, bei Alarm knarrende Laute.

2 Birkhuhn, *Lyrurus tetrix. Kennzeichen:* ♂ 53, ♀ 41 cm. Hahn mit blauschwarzem Gefieder, leierförmigem Schwanz und weißen Flügelbinden. Henne mit braunem Gefieder, Gabelschwanz und schmalen, hellen Flügelbinden. *Vorkommen:* Nahe der Baumgrenze und im Zwergstrauchgürtel. Im Winter etwas tiefer. Nistet am Boden. *Nahrung:* Beeren, Blatt- und Blütenknospen, Samen, im Winter Blätter und Teile von Zwergsträuchern und Nadelhölzern. Jungvögel fressen viel Insekten. *Stimme:* ♂ zur Balzzeit ein hohltönendes Kollern und zischende Laute wie tschu-schwih.

3 Auerhuhn, *Tetrao urogallus. Kennzeichen:* ♂ 86, ♀ 61 cm. Schwerfälliger, großer Vogel, fliegt mit polterndem Geräusch auf. ♂ mit dunklem Gefieder (keine weißen Flügelbinden), blaugrün glänzender Brust, roter Haut über den Augen und abgerundetem Schwanz. ♀ mit gerundetem Schwanz und breitem, rotbraunem, unten hell eingefaßtem Schild auf der Brust. *Vorkommen:* Bergwälder, besonders Nadelwälder, der montanen und unteren subalpinen Stufe. Nistet in Bodenvertiefungen, am Fuß von Bäumen oder zwischen Zwergsträuchern. *Nahrung:* Beeren, auch Würmer, Schnecken, Insekten, im Winter vor allem Koniferennadeln, Blätter und Knospen von Zwergsträuchern. *Stimme:* ♂ zur Balzzeit ein rhythmisches, hölzernes Knappen etwa wie telak-telak, das immer rascher wird und mit dem »Hauptschlag« titock endet; darauf folgt ein wetzendes Schleifen. Ruf des ♀ fasanähnlich. — Gelegentlich kommt noch der Bastard zwischen Auerhuhn und Birkhuhn, das **Rackelhuhn,** vor.

4 Haselhuhn, *Tetrastes bonasia. Kennzeichen:* 36 cm. Gefieder grau- oder rostbraun, braun und schwarz gefleckt und gebändert, mit weißen Schulterstreifen. Im Flug mit weiß gesäumter schwarzer Schwanzbinde. ♂ mit schwarzem, weiß umrandetem Kehlfleck. ♀ mit weißlicher Kehle. *Vorkommen:* Bergwälder mit reichem Unterholz bis etwa 1600 m. Nistet in Bodenmulden. Lebt zur Brutzeit am Boden. Vom Herbst bis zum Frühjahr hauptsächlich auf Bäumen. *Nahrung:* Beeren, Insekten, Schnecken (tierische Nahrung vor allem von Jungvögeln aufgenommen), im Winter Knospen, Tannennadeln und Kätzchen von Hasel, Weide und Erle. *Stimme:* Hohes, pfeifendes tsissi-tseri-tsi.

5 Steinhuhn, *Alectoris graeca. Kennzeichen:* 35 cm. Stirn grau, Oberseite graublau bis -braun, Kehle weiß, nach unten scharf schwarz begrenzt. Unterseite rotbraun, die Seiten stark gebändert. Schnabel und Füße rot. *Vorkommen:* Sonnseitige, frühausapernde Blockfelder und sonnige Felsen der subalpinen und alpinen Stufe hauptsächlich der S-Alpen. Nistet am Boden zwischen Steinen oder Zwergsträuchern. *Nahrung:* Beeren, Samen, Knospen, Insekten und Schnecken. *Stimme:* Witt-witt, bei Gefahr pitschi-i.

3
4
2
5
1
Winter
Sommer

Tafel 72 Vögel III

1 **Dreizehenspecht,** *Picoides tridactylus. Kennzeichen:* 22 cm (etwa Buntspechtgröße). ♂ mit gelbem, ♀ mit schwarzem Scheitel (und weißlicher Stirn). Wangen schwarz, mit 2 weißen Streifen. Schwingen schwarzbraun. Rücken mit breitem weißlichem Streifen vom Nacken bis zum Bürzel. Flanken schwarzweiß gebändert. Unterseite weiß. Füße nur mit 3 Zehen (1 Hinterzehe fehlt). Juv. dunkelbraun bis schiefergrau, mit undeutlichem Weiß. *Vorkommen:* In Gebirgswäldern bis zur Waldgrenze. Nistet in Baumhöhlen. *Nahrung:* Kerbtiere. *Stimme:* Kjök oder ke-ke-ke-ke oder leise grü-grü-grü. Drommelt langsam.

2 **Weißrückenspecht,** *Dendrocopos leucotos. Kennzeichen:* 25 cm. ♂ mit rotem, ♀ mit schwarzem Scheitel, beide mit weißlicher Stirn. Rücken schwarz (keine großen, weißen Schulterflecken wie beim Buntspecht). Bürzel weiß. Flügel schwarz-weiß gebändert. Unterseite weiß bis rosa, schwarz längsgestreift. Bauch und Unterschwanzdecken rot. *Vorkommen:* Bergmischwälder. Nistet in alten Bäumen. *Nahrung:* Insekten und Larven. *Stimme:* Kjück oder kjück-kjück. Drommelt mit allmählich schneller werdenden Schnabelhieben.

3 **Schwarzspecht,** *Dryocopus martius. Kennzeichen:* 46 cm. Größter heimischer Specht. Gefieder schwarz. ♂ mit roter Kopfplatte, ♀ nur mit rotem Genickfleck. Schnabel hell. Flug schwerfällig und nicht wellenförmig wie die übrigen Spechte. *Vorkommen:* Bergwälder bis zur Waldgrenze. Legt große Nisthöhlen an, oft auch gleichzeitig mehrere, die später als Schlafhöhlen benutzt werden. Die selbständig gewordenen Jungvögel werden aus dem elterlichen Revier vertrieben. *Nahrung:* Insekten, Larven, Ameisen. *Stimme:* laut kliöh oder kliäh und im Flug hoch kri-kri-kri-kri. Trommelt dumpf und laut.

4 **Tannenhäher,** *Nucifraga caryocatactes. Kennzeichen:* 32 cm. Gefieder dunkelbraun bis schwarz, mit dichter weißer Fleckung. Im Flug auffälliges weißes Schwanzende. Schnabel lang, kräftig, schwärzlich. Die sibirische Rasse *N. caryocatactes macrorhynchos* (manchmal im Winter auftretend) hat längeren, schlankeren und spitzeren Schnabel und breiteren, weißen Saum am Schwanz. *Vorkommen:* Vor allem Nadelwälder der Alpen bis 2500 m. Nistet auf Nadelbäumen. *Nahrung:* Nüsse, Eicheln, Samen von Nadelhölzern, besonders von Zirben, die er auch im Boden vergräbt und somit zur Verbreitung der Zirbe beiträgt; ferner Beeren, Insekten, Würmer, Eier. *Stimme:* Schnarrend garrr, rätsch oder rauh krorr.

5 **Ringdrossel,** *Turdus torquatus alpestris. Kennzeichen:* 24 cm. ♂ mattschwarz oder grauschuppig (heller als die nordische Rasse *T. t. torquatus,* die gelegentlich im Herbst oder Frühjahr durchzieht), mit breitem, weißem, halbmondförmigem Brustschild. ♀ braun, mit schmälerem, matterem Schild. Juv. ohne Brustschild, stark gefleckt. Bodenvogel, hüpft in großen Sprüngen, zuckt dabei mit Flügeln und Schwanz. *Vorkommen:* Subalpine Stufe und Zwergstrauchgürtel. Nistet auf Nadelbäumen oder fast am Boden in Zwergsträuchern. *Nahrung:* Würmer, Schnecken, Insekten, Beeren. *Stimme:* Schnarrend tack-tack. Gesang an Singdrossel erinnernd, aber weniger klangschön, nicht so abwechslungsreich und abgehackt, aus 2- oder 3fachen Rufen bestehend wie tschere, tschiwi, iräket, jerp, schilp.

1
2
5
3
4

Tafel 73 Vögel IV

1 **Mornellregenpfeifer,** *Eudromias morinellus. Kennzeichen:* 21,5 cm. Rostrote Unterseite und schwärzlicher Bauch, im Winter verblassend. Weißer Überaugenstreif und weißes Brustband. Sehr zutraulich, sehr selten. Als Brutvogel in Kärnten und Steiermark. *Vorkommen:* Alpine Stufe. Nistet in Krummseggen- und Borstgrasrasen. *Nahrung:* Insekten, Samen. *Stimme:* titi-rititi-ri, in Erregung in einen schellen Triller übergehend oder pip.

2 **Alpensegler,** *Apus melba. Kennzeichen:* 21 cm, viel größer als Mauersegler. Oberseite bräunlich. Unterseite weiß, mit braunem Brustband. *Vorkommen:* Trockne, heiße Täler. Nistet in Nischen und Spalten steiler Felswände in Kolonien. Jagdausflüge bis 3000 m Höhe. *Nahrung:* Insekten, die im Flug gefangen werden. *Stimme:* Auf- und absteigende Triller im Flug.

3 **Felsenschwalbe,** *Ptyonoprogne rupestris. Kennzeichen:* 15 cm. Oberseite graubraun. Unterseite schmutzig weiß, am Bauch graubraun, kein Brustband wie bei Uferschwalbe. Schwanz mit weißen Flecken. *Vorkommen:* In sonnigen, steilen Felswänden in kleinen Kolonien brütend (Nester wie die von Rauchschwalben). *Nahrung:* Insekten (auch Schmetterlinge), im Flug oder vom Felsen. *Stimme:* Leises tschitsch oder tschri.

4 **Mauerläufer,** *Tichodroma muraria. Kennzeichen:* 16,5 cm. Flügel leuchtend rot und schwarz, mit weißen Flecken an den Rändern. ♂ im Sommer mit schwarzer, im Winter wie ♀ mit weißlicher Kehle. Schnabel lang, dünn und gebogen. Bewegt sich schmetterlingsartig flatternd und rüttelnd senkrechte Wände hinauf. *Vorkommen:* Alpine Stufe, im Winter tiefer. Nistet in Felsspalten. *Nahrung:* Insekten, Asseln, Spinnen. *Stimme:* Dünn pfeifend tih oder tiü. Gesang wohltönend zizizitüi.

5 **Wasseramsel,** *Cinclus cinclus. Kennzeichen:* 18 cm. Dunkelgrauer, kurzschwänziger, ständig knicksender Wasservogel mit weißem Brustlatz. *Vorkommen:* Schnellfließende Gebirgsbäche. Baut halbkugelige Nester in Fels- oder Erdlöcher an Bächen. *Nahrung:* Insektenlarven, Asseln, Krebse, auch kleine Fische; schwimmend oder tauchend aus dem Wasser geholt. *Stimme:* Zit-zit oder im Flug zrrrb. Gesang pfeifend, schwatzend, zwitschernd, auch im Winter singend.

6 **Gebirgsstelze,** *Motacilla cinerea. Kennzeichen:* 18 cm. Sehr langer, schwarzer Schwanz mit weißen Außenkanten. Oberseite blaugrau, am Bürzel grüngelb. Unterseite leuchtend gelb (im Winter gelbbräunlich). ♂ im Sommer mit schwarzem, im Winter mit weißem Kehlfleck. ♀ oben grünlich, im Sommer und Winter mit weißlicher Kehle. *Vorkommen:* An schnellfließenden Bergbächen und Flüssen bis über 2000 m. Nistet in Mauer- oder Erdlöchern. *Nahrung:* Größtenteils aus dem Wasser. Insekten, Larven. *Stimme:* Metallisches zittzitt oder zezezeze.

7 **Blaumerle,** *Monticola solitarius. Kennzeichen:* 20 cm. ♂ schieferblau, mit dunkleren Flügeln und Schwanz. ♀ oben dunkler, unten heller bräunlich, gebändert und gefleckt. *Vorkommen:* Felsgebiete von Südeuropa. In Tessin brütend. Nest zwischen Steinen und in Mauerlöchern. *Stimme:* Hart tschak oder klagend tsihk. Gesang ähnlich Amsel, aber kürzer.

4
2
3
6
7
1
5

Tafel 74 Vögel V

1 **Berglaubsänger,** *Phylloscopus bonelli. Kennzeichen:* 11,5 cm. Scheitel und Oberseite olivgrün. Schwacher, rahmfarbener Augenstreifen. Bürzel gelblich. Kehle und Unterseite reinweiß (der ähnliche Waldlaubsänger hat gelbliche Kehle und Brust). *Vorkommen:* In lichten Bergwäldern bis 1800 m. Nistet am Boden in Vertiefungen. *Nahrung:* Fluginsekten. *Stimme:* Sanftes 2silbiges »hoid«. Gesang ein langsamer Triller ähnlich wie Waldlaubsänger, aber Einzeltöne klarer getrennt.

2 **Alpenbraunelle,** *Prunella collaris. Kennzeichen:* 18 cm. Ähnlich der Lerche, aber mit weißer, schwarzpunktierter Kehle und breiten, rotbraunen Streifen an den Seiten. Oberseite graubraun, gestreift, mit 2 weißen, undeutlichen Flügelbinden. Schnell hüpfend, häufiges Schwanzwippen. *Vorkommen:* Oberhalb der Waldgrenze. Blockfelder, Fels- und Grasbänder. Im Winter tiefer. Nistet in Felslöchern und unter Steinen. *Nahrung:* Insekten, Würmer, Schnecken, Samen und Beeren. *Stimme:* Ein trillerndes trr-lit, trrüi. Gesang ähnlich Feldlerche.

3 **Wasserpieper,** *Anthus spinoletta. Kennzeichen:* 16,5 cm. Oberseite graubraun. Schwanz mit weißen Außenkanten. Weißlicher Augenstreif. Unterseite weiß, im Sommer ungestreift, im Herbst und Winter und bei Juv. gestreift. Brust zur Brutzeit rötlich. *Vorkommen:* Von der Krummholzstufe bis zur Schneegrenze. Im Winter tiefer. Nistet am Boden. *Nahrung:* Insekten, kleine Schnecken, Samen. *Stimme:* zip, djihp, zihp-ihp oder sst. Gesang im Flug aus 1- oder 2silbigen Lauten wie tsitsi . . . sisisi . . . zip . . . djib.

4 **Alpenbirkenzeisig,** *Acanthis flammea cabaret. Kennzeichen:* 12 cm. Ist die kleinere, braune Alpenrasse des Birkenzeisig, *A. f. flammea,* mit roter Stirn und schwarzem Kinn und gestreiften Flanken. ♂ mit rötlicher Brust. *Vorkommen:* Über der Waldgrenze. Nistet in Latschen, Zwergsträuchern oder am Boden. *Nahrung:* Samen und Insekten. *Stimme:* Metallische Flugrufe, rollendes irrr oder dschädschädsch oder klagend zuit. Gesang aus ähnlichen Lauten und Trillern.

5 **Zitronengirlitz (Zitronenzeisig),** *Serinus citrinella. Kennzeichen:* 12 cm. Nacken und Halsseiten grau. Rücken dunkel gelbgrün. Unterseite gelbgrün, ungestreift. Flügel schwärzlich, mit 2 grüngelben Binden. *Vorkommen:* Subalpine Nadelwälder. Nistet meist auf Nadelbäumen. *Nahrung:* Samen der Nadelhölzer, auch von Korbblütlern, Klee und Disteln. *Stimme:* Metallisch dit-dit oder näselnd zih. Gesang aus klirrenden und zwitschernden Lauten.

6 **Schneefink,** *Montifringilla nivalis. Kennzeichen:* 18 cm. Kopf und Nacken grau. Rücken braun. Flügel und Schwanz schwarz und weiß. Unterseite rahmweiß, nur Kehle schwarz. Im Flug auffällige schwarz-weiße Flügelzeichnung. ♀ und Juv. matter. *Vorkommen:* Alpine und nivale Stufe. Nistet in Felsspalten und unter Dächern von Schutzhütten. *Nahrung:* Samen und Insekten. *Stimme:* Rasches tri-gri-gri-gri-gri oder rauh zuihk. Gesang eintönig.

7 **Steinrötel,** *Monticola saxatilis. Kennzeichen:* 19 cm. ♂ im Brutkleid mit graublauem Kopf, Hals und Mantel. Flügel schwärzlich. Unterseite rostrot. Farben im Ruhekleid durch rahmfarbene Federränder überdeckt. ♀ oben braun, unten gelblich gefleckt. Zuckt mit Flügeln und Schwanz. *Vorkommen:* Sonnige Geröllhalden und Blockfelder bis 2400 (südlich). Nistet in Felsspalten oder Ruinen. *Nahrung:* Insekten, seltener Beeren. *Stimme:* Tack, tack. Gesang flötend, voll, abwechslungsreich.

2
5
4
6
1
3
7

Tafel 75 Säugetiere I

KR = Kopfrumpflänge S = Schwanz SK = Sommerkleid
WK = Winterkleid WH = Widerrist- oder Schulterhöhe
Monate in Ziffern, z. B. 5 = Mai

1 Steinbock, *Capa ibex. Kennzeichen:* KR 130—145 cm, Schwanz 12—15 cm, WH ♂ 100 cm, ♀ 80 cm. SK gelblichbraun (Fahlwild), WK dunkler, alte ♂ kastanienbraun. ♂-Gehörn säbelförmig, bis 100 cm, ♀-Gehörn kurz (bis 30 cm), dünn, nur leicht gebogen. Jahreszuwachsmarken als Alterskennzeichen. ♂ mit kurzem Kinnbart. *Vorkommen:* Meist oberhalb der Waldgrenze, sehr gut kletternd und springend. Im Winter an steilen, schneefreien Südhängen. ♀♀-Rudel mit Kitzen und Jungtieren, ♂♂-Rudel für sich, im Winter Gemeinschaftsrudel. *Nahrung:* Wie Gemse. *Stimme:* Meckern, Warnlaut wie Gemse, doch kürzer und schärfer.

2 Gemse, *Rupicapra rupicapra. Kennzeichen:* KR 120 cm, S 3—4 cm, WH 75 cm. WK mit langen Rückenhaaren (»Bart« beim ♂). ♂-Gehörn stärker hakenförmig als bei ♀, Jahreszuwachs als Alterskennzeichen. Sehr gut kletternd und springend. Ortstreu. Tagtier, Rudel aus ♀♀ und Kitzen, ♂♂ in kleinen Trupps. *Vorkommen:* Im Sommer subalpine und alpine Stufe, 1500—2500 m, im Winter tiefer. *Nahrung:* Gräser, Kräuter, Knospen, Zweige, Rinde, Flechten, Nadeln. *Stimme:* Meckern (Blädern), Warnlaut pfiffartiges Luftausstoßen durch verengte Nasenlöcher.

3 Mufflon, *Ovis musimon. Kennzeichen:* KR 110—130 cm, Schwanz 4—6 cm, WH 65—75 cm. ♂ mit weißem Rückenfleck (Sattel) und großen Kreisbogenhörnern (Schnecken), ♀-Gehörn kurz aufrecht (bis 10 cm) oder fehlend. Jahreszuwachsmarken als Alterskennzeichen. Tag- und Dämmerungstier. Läuft und springt sehr gut. Ortstreu. Kleine Rudel (♂♂, ♀♀ und Lämmer). Altes ♀ führt. *Vorkommen:* Ursprünglich, nacheiszeitlich Bergwälder Korsikas und Sardiniens und auf Zypern. Von dort ab Ende vorigen Jahrhunderts in fast ganz Europa ausgesetzt. Bevorzugt Bergwälder. In den Alpen bis 2000 m. *Nahrung:* Gräser, Kräuter, Him- und Heidelbeeren, Flechten, Eicheln, Bucheckern, Kastanien. *Stimme:* Blöken und Bähen. Warnruf wie Gemse.

4 Reh, *Capreolus capreolus. Kennzeichen:* KR 100—135 cm, S 2—3 cm, WH 65—75 cm. Kitz am Rumpf weiß gefleckt. ♂ mit kleinem Stangengeweih, 3- bis 4endig, ♀ geweihlos. Geweihabwurf 10—11, Fegen des neugebildeten Geweihs 4—5. Tag- und Nachttier. Hauptäsungszeiten morgens und abends. Ortstreu. Herbst und Winter in kleinen Sprüngen (♂♂, ♀♀ und Jungtiere), im Sommer ♀ mit Kitz(en), ♂ in Nähe. *Vorkommen:* Wälder, Lichtungen, Almwiesen, Moore, bis 2000 m. *Nahrung:* Gräser, Kräuter, Pilze, Laub, Knospen, Rinde, Nadeln. *Stimme:* Lautes Blöken (Schreckruf), ♂ ruft auch so zur Paarungszeit, ♀ und Kitz fiepen.

5 Rothirsch, *Cervus elaphus. Kennzeichen:* KR 180—250 cm, S 12—15 cm, WH 120 cm. Nur ♂ mit Stangengeweih (6—20 Enden). Im Oberengadin und bei Flums-Walensee kleine »Steinhirsche«. Geweihabwurf 2—3, Fegen des neugebildeten Geweihs 8. Dämmerungs- und Nachttier. Gesellig in Rudeln, außer zur Paarungszeit nach Geschlechtern getrennt, ♀♀ mit Jungtieren, ♂♂ für sich. *Vorkommen:* Wälder, bis 2000 m und mehr. *Nahrung:* Gräser, Kräuter, Laub, Knospen, Zweige, Rinde. *Stimme:* Bellartiges Schrecken und Brummen (Warnruf), Blöken (Kälber), blökähnliches Mahnen (♀), röhrende Schreie (♂ zur Paarungszeit).

Sommer
Winter
3
2
Winter
1
Sommer
4
5

Tafel 76 Säugetiere II

1 Schneehase, *Lepus timidus. Kennzeichen:* KR 57—61 cm, S etwa 6 cm. Ohroberseite mit breitem, schwarzem Ende. Dämmerungs- und Nachttier, doch auch tags tätig. Lager (Sasse) als flache Mulde zwischen Steinen, Wurzeln, unter Felsen. Im Winter auch unterm Schnee lebend. Schwimmt und taucht gut. *Vorkommen:* Subalpine und alpine Stufe, etwa 1200—3500 m. In den Alpen fast überall, aber durch Klimaerwärmung seltener werdend. *Nahrung:* Gräser, Kräuter, Knospen, Triebe, Rinde. *Stimme:* Fauchen (Ärger), Schreien (Not).

2 Murmeltier, *Marmota marmota. Kennzeichen:* KR 50—58, S 13—16 cm. Geselliges Tagtier, in Kolonien, gräbt tiefe Baue (Winterbau für Winterschlaf, dieser von Ende 10 bis Anfang 4), Sommerbau höher gelegen und flacher. Häufiges Männchenmachen (Ausschauen bei Aufrechtsitzen). *Vorkommen:* Sonnige, offene Hänge, 1000—2700 m. *Nahrung:* Gräser und Kräuter. Im Spätsommer Heueintragen für Winterschlaflager. *Stimme:* Knurren, Brummen, bei Kämpfen Schreie, pfiffartiger Warnschrei.

3 Rotfuchs, *Vulpes vulpes. Kennzeichen:* KR 65—70 cm, S 40—45 cm, WH 35 cm. Vorwiegend nächtlich, standorttreuer Revierbummler, zur Welpenzeit paarweise, sonst einzeln, in oft selbstgegrabenen oder in Dachsbauen. Haupttollwutträger. *Vorkommen:* In den Alpen fast überall, bis 2500 m, sehr anpassungsfähig. *Nahrung:* Hauptsächlich Wühlmäuse, ferner Kleintiere, Gelege, Jungwild, Fallwild, Aas, Hausgeflügel, Beeren, Obst. *Stimme:* Blaffen (♀), Klaffen (♂), Knurren (Ärger), Keckern (Wut, Angst), pfauenartiges Geschrei (Paarungsruf).

4 Dachs, *Meles meles. Kennzeichen:* KR 65—75 cm, S 15—18 cm, WH 30 cm. Nachttier. Gesellig im Familienverband, in selbstgegrabenen, tiefen Erdbauen, standorttreuer Revierbummler. Im Winter längere Ruhezeiten. *Vorkommen:* Wälder, Parklandschaft. In den Alpen fast überall bis 2000 m. *Nahrung:* Kleintiere, Gelege, manchmal kleines Jungwild, Obst, Beeren, Hafer, Mais. *Stimme:* Schnaufen, Fauchen, Winseln, Brummen, Keckern, manchmal markerschütternde Schreie.

5 Baum- oder Edelmarder, *Martes martes. Kennzeichen:* KR ♂ 48—53 cm, ♀ 40—45 cm, S ♀ 23—26 cm, ♂ 28 cm. Kehlfleck meist dottergelb, unten kaum gegabelt. Einzelgänger, vorwiegend nächtlich, Tagesruhe in Baumhöhlen, Eichhörnchenkobeln, Vogelhorsten. In den Alpen fast überall bis 2000 m. *Nahrung:* Mäuse, Eichhörnchen, Vögel, kleines Jungwild, Beeren, Obst. *Stimme:* Tockern (Lockruf), Knurren (Aufregung), Kreischen (Bedrängnis, Ranz), Zirpen (Ranz).

6 Iltis, *Mustela putorius. Kennzeichen:* KR ♂ 40—44 cm, ♀ 35—36 cm, S 13—19 cm. Vorwiegend Nachttier, bodenlebender Einzelgänger, Lager in Höhlungen aller Art, in Schuppen, Ställen, Scheunen. Schwimmt und taucht gut. *Vorkommen:* Alle Landschaften mit Deckungen, Gewässernähe bevorzugt, winters gerne bei und in menschlichen Siedlungen. Alpen bis 2000 m. *Nahrung:* Kaninchen, Ratten, Mäuse, Frösche, Fische, Gelege, kleines Jungwild, Hausgeflügel. Bißgelähmte Frösche als Vorrat. *Stimme:* Knurren und Keckern (Schreck), Fauchen und Schreien (Angst, Not), in Not Stinksaft aus Drüsen am After.

Winter
Sommer
1
2
5
4
6
3

Tafel 77 Säugetiere III

1 **Alpenspitzmaus,** *Sorex alpinus. Kennzeichen:* KR 6,2—7,5 cm, S 6,3—7,5 cm. Fast einfarbig schwarzgrau, Füße und Schwanzunterseite weißgrau, Schwanz auffallend lang, Zahnspitzen rotbraun. Tags und nachts tätig, Rüssel ständig schnuppernd, oberirdisch und in Gängen, Nest oberirdisch am Boden. *Vorkommen:* Feuchte Wiesen, Matten, Moore, an Bächen, lockerer Nadelwald, 300—3000 m. *Nahrung:* Kerbtiere, Spinnen, Schnecken, Würmer.

2 **Alpenfledermaus,** *Pipistrellus savii. Kennzeichen:* KR 4,3—4,8 cm, S 3,4—3,9 cm, Unterarm 3,1—3,8 cm. Haar oberseits dunkel mit hellen Spitzen, Unterseite bis Kinn grauweiß, Gesicht schwarz, Schwanzspitze ragt aus Flughaut. Ohrdeckel kürzer als 1/2 Ohrlänge. Im Sommer in kleinen Kolonien, im Winterquartier einzeln. Flug kurz nach Sonnenuntergang, mittelhoch, schnell, mit vielen Schwenkungen. *Vorkommen:* Mittelmeergebiet, nordwärts bis Alpen, vereinzelt in Bayern. Bis 2500 m. *Nahrung:* Kerbtiere.

3 **Schneemaus,** *Microtus nivalis. Kennzeichen:* KR 11,7—14 cm, S 5—7,5 cm. Fell dicht und lang, Schwanz und Schnurrhaare lang. Felsspaltenschlüpfer, sonnt sich gern, bei Schlechtwetter im Bau, im Winter unter Schnee tätig, kommt in Berghütten, zutraulich. *Vorkommen:* Hochgebirge und sonnige Mittelgebirge, meist oberhalb der Baumgrenze. *Nahrung:* Gräser, Kräuter, Samen, Blüten und Zweige von Alpenrosen. Beißt Gräser und Kräuter ab zum Trocknen als Wintervorrat. *Stimme:* Quett-quett-quett als Drohruf.

4 **Gartenschläfer,** *Eliomys quercinus. Kennzeichen:* KR 11—15 cm, S 10—12 cm. Dämmerungs- und Nachttier, auf Boden und Bäumen, wenig gesellig. Schlafplatz Vogelnester, selbstgebaute Kobel, Baumhöhlen, Felsspalten. Winterschlaf in Erdlöchern, Felsspalten, Baumhöhlen, Nistkästen, Gebäuden. *Vorkommen:* Bewaldete Landschaften, Obst- und Weingärten. In den Alpen bis 2000 m. *Nahrung:* Kerbtiere, Kleinvögel, -säuger, Eier, Obst, Beeren, Samen. *Stimme:* Murksen, Knurren, Quieken, lautfreudig, Paarungsruf tsü.

5 **Siebenschläfer,** *Glis glis. Kennzeichen:* KR 13—19 cm, S 11—15 cm. Dämmerungs- und Nachttier. Ziemlich gesellig in kleinen Familientrupps. Springt und klettert gut. Winterschlaf 10—5. Schlafplätze ähnlich Gartenschläfer. *Vorkommen:* Wald- und Parklandschaften, bis 1500 m. *Nahrung:* Ähnlich Gartenschläfer. *Stimme:* Abwechslungsreich: Muckern, Knurren, Schnarchen, Quieken, Paarungsruf uiiii-uiiii-uiiii.

6 **Mauswiesel,** *Mustela nivalis. Kennzeichen:* KR ♂ 20—23, ♀ 16—19 cm, S 4—6,5 cm, Zwergformen (Zwergwiesel) kleiner. Färbt mancherorts winters in Weiß um. Tags und nachts tätig, einzeln, paarweise oder ♀ mit Jungen. Sehr lebhaft und neugierig, bei Angst Entleerung der Stinkdrüsen am After. Springt, klettert und schwimmt gut. Unterschlupf in Steinhaufen, Spalten. *Vorkommen:* Alle Landschaften mit Deckung, bis 3000 m. *Nahrung:* Fast nur Mäuse, die in deren Gängen gejagt werden. *Stimme:* Muckern, Keckern, scharfer Drohschrei.

7 **Hermelin,** *Mustela erminea. Kennzeichen:* KR ♂ 24—29, ♀ 21,5—24 cm, S 8—9 cm. In W- und Zentral-Alpen besonders kleine Tiere (**Zwerghermelin**). Im Sommer Tag-, im Winter Nachttier. Sehr lebhaft, neugierig. Springt, klettert, schwimmt und taucht gut. Bei Angst Entleerung der Stinkdrüsen am After. Einzeln, paarweise oder in Familien. *Vorkommen:* Wald- und Parklandschaft, in den Alpen bis 3000 m. *Nahrung:* Mäuse, Ratten, Junghasen, Kleinvögel. *Stimme:* Trillern, durchdringendes Kru-kri als Drohgeschrei.

1
2
3
4
5
7
6

Geologie und Mineralogie der Alpen

Die Alpen schwingen sich vom Mittelmeer zunächst in einem Bogen nach Norden und erstrecken sich dann, etwa vom Rheintal an, in mehr gerader Richtung nach Osten bis zur ungarischen Tiefebene. Dieser mächtige, oft abweisende Bergwall mag bei flüchtiger Betrachtung als der Inbegriff des Festen, Unverrückbaren erscheinen, aufgebaut aus grauem, unansehnlichen Gestein.
Aber schon der Schutt, der sich am Fuß der Felsen sammelt, lehrt, daß die Gebirge keineswegs unveränderlich sind: Der Stein fällt vom Berg, die Geröllhalde wandert zu Tal und wird zur ständig sich ändernden Sandbank am Fluß. Und bei genauerem Zusehen zeigen schon die »gewöhnlichen« Steine ein recht vielfältiges Aussehen: manche sind gleichmäßig dicht, andere zeigen ein grobes Korn, wieder andere eine schichtige Struktur. Und irgendwann trifft der Beobachter im Schutt, in einem Spalt im Fels auf glänzende, ebenmäßige Gebilde, auf Kristalle, auf Mineralien. Sie sind die eigentlichen Bausteine der unbelebten Natur, der Felsmassen — aber auch so unscheinbarer Stoffe wie Sand und Lehm. Aus Kristallen besteht sogar das Eis der Gletscher und der Schnee.
Mit dem Aufbau der festen Erdkruste, den vielfältigen Vorgängen und dem zeitlichen Ablauf der Ereignisse, durch die sie gestaltet wird, befassen sich *Mineralogie* und *Geologie,* die Wissenschaften von den Mineralien, den Gesteinen, von den versteinerten Lebewesen oder Fossilien, vom Werden und Vergehen der Erde und ihrer Jahrmilliarden dauernden Geschichte.

Mineral und Gestein

Im allgemeinen Sprachgebrauch bezeichnet man mit *Stein* alle festen Bestandteile der Erdoberfläche, die natürlichen und künstlichen Baustoffe, und schließlich auch die Edelsteine. Im geologischen Sinne spricht man von *Gestein* und unterscheidet davon die *Mineralien,* zu denen auch alle Erze zählen, sowie die Edelsteine; nicht jedoch die Kohlen und z. B. der Bernstein.
Als *Mineral* bezeichnet man feste Körper natürlicher Entstehung, die eine in chemischer und physikalischer Hinsicht einheitliche Zusammensetzung aufweisen. Fast alle Mineralien treten in größeren oder kleineren Kristallen auf. Wesensmerkmal der *Kristalle* ist eine gesetzmäßige, geometrisch geregelte Anordnung der kleinsten Teilchen, der Atome, Moleküle oder Ionen in einem sogenannten *Kristallgitter.* Diese Anordnung ist es, die auch die ebenmäßige, äußere Form der Kristalle hervorruft. Ihre Vielfalt ordnet man in 6 Systemen, die sich jeweils auf bestimmte Achsenkreuze beziehen lassen: 1. das kubische, 2. das hexagonale und trigonale, 3. das tetragonale, 4. das orthorhombische, 5. das monokline und 6. das trikline System. (Beispiele sind auf Seite 239 abgebildet). Daraus leitet man 32 Kristallklassen ab. Jedem Mineral kommt eine bestimmte Kristallentwicklung zu, jedoch können manche in zwei oder auch in mehreren verschiedenen Klassen kristallisieren. Dies hängt von besonderen Umständen bei der Entstehung ab. So treffen wir etwa das Calciumkarbonat als trigonalen Calcit und, wenn auch seltener, als rhombischen Aragonit an. Der Begriff »Kristall« wird übrigens auch auf künstlich hergestellte Stoffe angewendet, im Gegensatz zu »Mineral«.

Unter *Gestein* versteht man Anhäufungen von Mineralien, meist in einer Kombination von 2, 3 oder 4 Arten — seltener von nur einer Mineralart — die gleichfalls auf natürlichem Wege entstanden sind und in der Erdkruste in geologisch bedeutsamen Größenordnungen angetroffen werden. Mehr oder weniger zufällige Konzentrationen von selteneren Mineralien, z. B. die Erzkörper, bezeichnet man im allgemeinen nicht als Gestein; doch sind die Grenzen fließend.

Fossilien sind versteinerte Lebewesen. Meist sind es Schalen oder Skelette, seltener die Weichteile von Pflanzen und Tieren, die uns erhalten geblieben sind. Gelegentlich findet man Reste der Lebenstätigkeit, Fraß- oder Kriechspuren, die folgerichtig als Spurenfossilien bezeichnet werden. Nicht wenige Sedimente bestehen weitgehend aus Ansammlungen von Fossilresten.

Wir kennen weit über 2000 Minerale, eine schwer überschaubare Vielfalt von Gesteinen und eine nicht abzuschätzende Fülle von Fossilien. Kein Wunder, daß das Bestimmen, das Ordnen dieser Dinge keineswegs einfach ist. Zwar gibt es eine Reihe von Bestimmungsbüchern, doch führen diese nur teilweise zum Ziel. Eine Anleitung durch den geübten Sammler oder den Fachmann ist fast unerläßlich, bis hinreichend eigene Erfahrung weiterhilft. Einige Mineralien und Gesteine, und zwar die häufigsten, sind jedoch nicht allzu schwer zu erkennen.

Die Mineralien ordnet man, ziemlich einfach, nach ihrer chemischen Zusammensetzung in 8 Klassen.

Die Einteilung der Mineralien nach der chemischen Zusammensetzung*

Klasse	Bezeichnung	Beispiel mit Formel		gesteinsbildende Mineralien
1	Elemente	Gold	Au	Graphit
2	Sulfide	Bleiglanz	PbS	Pyrit
3	Halogenide	Flußspat	CaF_2	Steinsalz
4	Oxide	Korund	Al_2O_3	Quarz, Hämatit
5	Karbonate	Siderit	$FeCO_3$	Calcit, Dolomit
6	Sulfate	Coelestin	$SrSO_4$	Gips, Anhydrit
7	Phosphate	Vanadinit	$Pb_5[Cl\vert(VO_4)_3]$	Apatit
8	Silikate	Zirkon	$Zr[SiO_4]$	Olivin, Andalusit, Disthen, Staurolith, Granat, Epidot, Turmalin, Augit, Hornblende, Talk, Muskovit, Biotit, Chlorit, Serpentin, Tonmineralien, Orthoklas, Plagioklas.

* *Anmerkung:* Die chemische Zusammensetzung aller hier, im Text und bei den Tafeln erwähnten Mineralien findet sich in dem alphabetischen Verzeichnis S. 240.

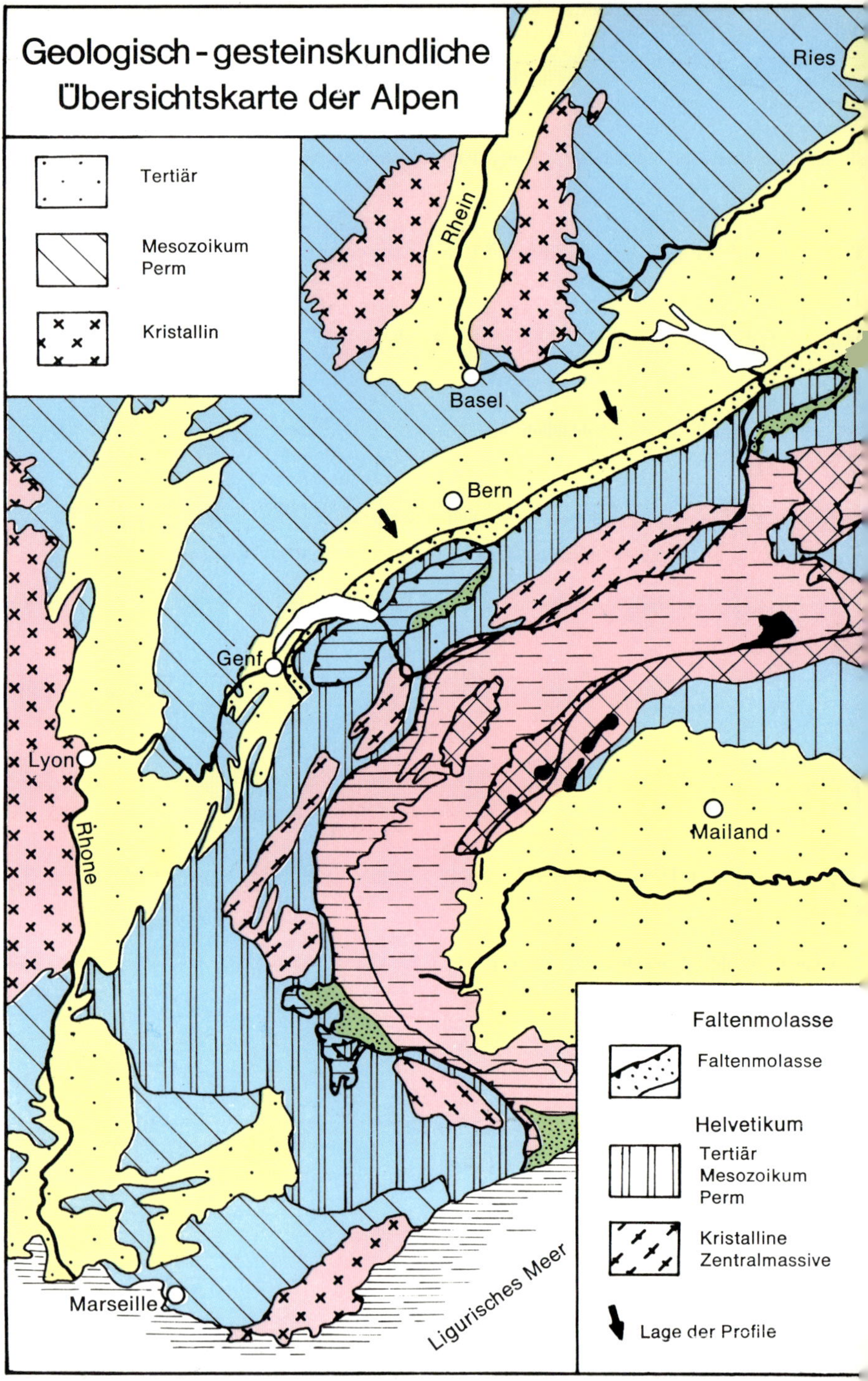

Geologisch - gesteinskundliche Übersichtskarte der Alpen
Tertiär
Mesozoikum
Perm
Kristallin
Ries
Rhein
Basel
Bern
Genf
Lyon
Rhone
Mailand
Marseille
Ligurisches Meer
Faltenmolasse
Faltenmolasse
Helvetikum
Tertiär
Mesozoikum
Perm
Kristalline
Zentralmassive
Lage der Profile

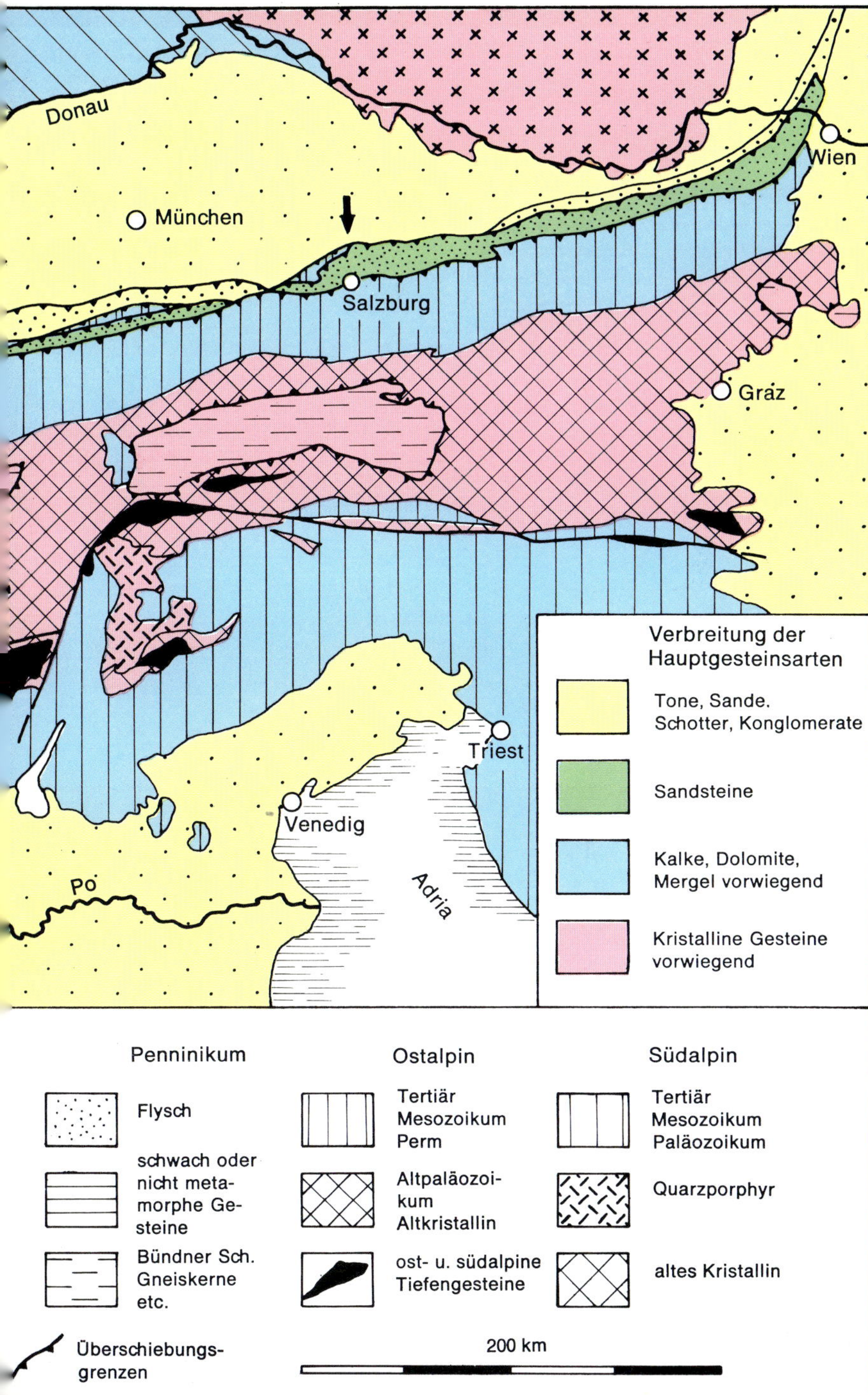
Donau
München
Salzburg
Wien
Graz
Triest
Venedig
Po
Adria
Verbreitung der Hauptgesteinsarten
Tone, Sande. Schotter, Konglomerate
Sandsteine
Kalke, Dolomite, Mergel vorwiegend
Kristalline Gesteine vorwiegend
Penninikum
Flysch
schwach oder nicht metamorphe Gesteine
Bündner Sch. Gneiskerne etc.
Überschiebungsgrenzen
Ostalpin
Tertiär Mesozoikum Perm
Altpaläozoikum Altkristallin
ost- u. südalpine Tiefengesteine
Südalpin
Tertiär Mesozoikum Paläozoikum
Quarzporphyr
altes Kristallin
200 km

Tafel 78 Mineralien I

Mineralien sind Naturkörper, die in außerordentlich vielfältigen Erscheinungsformen auftreten können. Nur einige wenige sind so beschaffen, daß man sie stets auf Anhieb zu erkennen vermag, die allermeisten zeigen sich in sehr

---

H = Härte, Mgl. = Metallglanz, Glgl. = Glasglanz, Blgl. = Blendeglanz, Str. = Strich

1 **Pyrit,** Würfel, in Biotitschiefer; Habachtal, H. Tauern. Mgl., goldgelb. Str. schwarz, H. 6. Sehr häufig in allen möglichen Gesteinen und Lagerstätten. Oft in Kristallen, sonst als derbe Massen; vom ähnlichen Kupferkies leicht zu unterscheiden: Pyrit ritzt Glas, Kupferkies nicht.

2 **Fahlerz,** Rhombendodekaeder, in Baryt; St. Gertraudi bei Brixlegg/Unterinntal. Fahler, öliger Glanz bis Mgl., grau bis schwarz, Str. schwarz, H. 3—4. Nicht häufig, untergeordnet in sulfidischen Erzlagerstätten, Haupterz von Brixlegg und Schwaz, heute nur noch Funde auf den Halden.

3 **Magnetit,** Oktaeder, in Chloritschiefer; Venediger-Gebiet. Matt, grauschwarz Str. schwarz, H $5^1/_2$. Verbreitet in den Tauern, den Zillertaler Alpen, am Burgstall in den Stubaier Alpen; Rhombendodekaeder in Serpentin im Stubachtal/Tauern; Gebiet von Zermatt: Rimpfischwänge in Serpentin (Asbest z. T.), Oktaeder in Chloritschiefer, reichlich am Pfulwe-Paß.

4 **Hämatit,** blättrige Kristalle mit **Calcit**-Skalenoedern; Froßnitz-Kees, H. Tauern/Osttirol. Hämatit: Mgl., schwarz, oft bunt anlaufend. Str. dklrot, H. $6^1/_2$. Vorkommen meist in den alpinen Zerrklüften, z. B. Cavradi-Schlucht (s. u.). **Calcit:** Glgl., farblos bis weiß, oft blaß gefärbt. Str. weiß, H 3, Vorkommen auf Zerrklüften, vor allem aber in Sedimenten verbreitet.

5 **Hämatit,** tafelig, mit aufgewachsenen **Rutil**kriställchen; Cavradi-Schlucht im Val Curnera bei Tschamut (Tavetsch, Aar-Gotthard). Hämatit: siehe 4, Rutil: siehe 6. Die Rutilsäulchen sind entsprechend der trigonalen, dreiseitigen Entwicklung der Hämatitkristalle gesetzmäßig aufgesetzt: orientierte Verwachsung.

6 **Rutil,** »Rutilknie«, in Kalkschiefer; Kematen im Pfitschtal (Valle di Vizze), Zillertaler A./Südtirol. Blgl. bis Mgl., meist braunrot, rot, gelblich, schwarz, Str. gelbbraun, H. 6. Typisches Mineral der alpinen Zerrklüfte, verbreitet. Mehrere kurze Rutilkristalle sind unter gleichen Winkeln miteinander verwachsen. Gesetzmäßiges An- und Ineinanderwachsen gleichartiger Kristalle ist sehr häufig: Man spricht dann von Zwillingen, Drillingen etc., auch Viellingen.

7 **Bergkristall** (Quarz) und rosa **Fluorit**oktaeder; Göschener Alp, oberhalb von Göschenen (Aar-Gotthard). Bergkristall: Klare Varietät von Quarz; Glgl., wasserklar, Str. weiß, H. 7. Deutliche, trigonale Entwicklung in der Spitze. Zusammen mit Rauchquarz häufigstes Mineral der alpinen Zerrklüfte, Gemeinschaft mit Fluorit eher selten. Fluorit: Glgl., sehr vielfältig gefärbt (rosa selten!), sehr gute Spaltbarkeit nach dem Oktaeder, H. 4.

8 **Rauchquarz-Gwindel;** Val Giuv (Tavetsch, Aar-Gotthard). Siehe 7. Gwindeln entstehen durch Verwachsen von Kristallen, wobei jeder gegen seinen Nachbarn um einen geringen Betrag gedreht erscheint.

9 **Amethyst,** sog. Zepterquarz; oberes Zillertal/Tirol. Violette Abart von Quarz; siehe 7. In den Alpen selten.

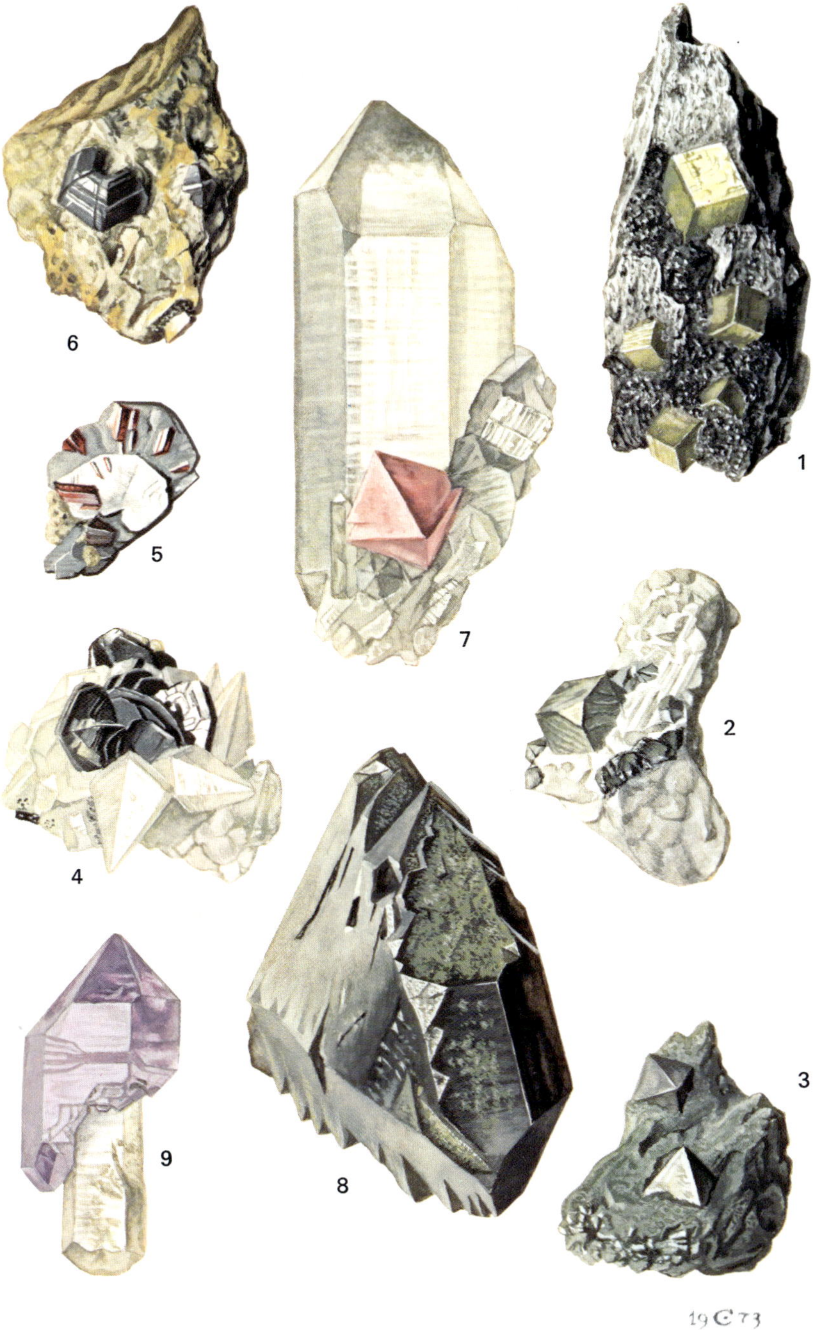
6
1
7
5
4
2
8
3
9
19©73

verschiedenen Gestalten. Nicht viele Eigenschaften einer Mineralart sind so charakteristisch, daß sie zur sicheren Identifizierung herangezogen werden können. So ist z. B. ausgerechnet die *Farbe* ein sehr wenig zuverlässiges Merkmal. Viele Mineralien können, je nach Gehalt an oft ganz winzigen Mengen von Verunreinigungen, völlig verschiedene Tönungen aufweisen. Der Fluorit z. B. wird in sämtlichen überhaupt denkbaren Farben gefunden, einschließlich wasserklar und tiefschwarz. — Sehr typisch wäre an sich die äußere *Kristallform;* sie ist jedoch oft schlecht erkennbar oder auch überhaupt nicht ausgebildet. Das Mineral ist dann als derb, knollig, faserig, körnig, dicht oder sonst wie zu beschreiben. — Charakteristisch und meist leicht feststellbar hingegen ist die *Härte* (H). Man gruppiert sämtliche Mineralien in 10 Härtestufen nach 10 gängigen Mineralien, deren jedes jeweils vom nächst härteren gerade noch geritzt werden kann: 1 — Talk, 2 — Gips (entspricht etwa dem Fingernagel), 3 — Calcit, 4 — Fluorit (läßt sich mit einem normalen Messer noch ritzen oder schaben), 5 — Apatit, 6 — Feldspat (ritzt bereits Fensterglas, das demnach Härte 5 besitzt), 7 — Quarz, 8 — Topas, 9 — Korund, 10 — Diamant. — Auffällig und typisch ist ferner der *Glanz.* Man unterscheidet Metallglanz

---

1 **Dolomit,** Rhomboeder, mit eingewachsenen Bergkristallen. Sunk bei Trieben/Steierm. Glgl., farblos bis trüb, Str. weiß, sehr gute Spaltbarkeit nach dem Rhomboeder, H $3^1/_2$. In Dolomitgesteinen verbreitet, große Kristalle eher selten: Vorkommen auf Zerrklüften, Magnesit- und Sideritlagerstätten.

2 **Aragonit,** »Eisenblüte«, orthorhombische Modifikation des Calciumcarbonats; Erzberg/Steierm. Glgl., weiß, gelblich, rötlich u. a., Str. weiß, H $3^1/_2$. Eisenblüte entsteht bei der Zersetzung von Siderit und Dolomit.

3 **Apatit,** sechsseitige Tafel; Stilluptal, Zillertaler A. Glgl., sehr verschieden gefärbt, H. 5. Auf Zerrklüften verbreitet, größere Kristalle selten. Spargelstein: gelbgrüne, stengelige Abart in Talk und Serpentin, Greiner, Zillertaler A., Kemmleten im Hospenthal (Aar-Gotthard).

4 **Disthen** und **Staurolith.** Alpe Sponda am Pizzo Forno/Tessin: Disthen: Glgl., meist blau, Str. weiß, H. 4 parallel, H. 7 senkrecht zur Längserstreckung. Staurolith: Glgl., braun bis rötlich, Str. weiß, H. 7. Beide in kristallinen Schiefern verbreitet, größere Kristalle nicht häufig.

5 **Almandin** (Granat-Gruppe), Rhombendodekaeder in Glimmerschiefer; Hornkees, Zillertaler A. Glgl., braunrot, Str. weiß, H. 7. In kristallinen Schiefern ungemein häufig, auch in großen, gut ausgebildeten Kristallen, ebenso in Pegmatiten.

6 **Demantoid** (Granat-Gruppe), Rhombendodekaeder, auf Serpentin. Val Malenco bei Chiesa/Norditalien. Diamantgl., grün, Str. weiß, H. 7, selten.

7 **Sphen** (Titanit) mit **Adular;** Prettau im Ahrntal (Val Aurine,) Zillertaler A./Südtirol. Diamantgl., gelbbraun, Str. weiß, H. 5. Keilförmige, klare Kristalle, typisches Zerrkluftmineral.

8 **Epidot;** Knappenwand im Untersulzbachtal, H. Tauern. Glgl., grün, Str. weiß, H. 6—7. Berühmter Fundort, bis 20 cm lange Kristalle mit haarförmigem Strahlstein, Apatit, Albit, Scheelit u. a. Derb und in kleinen Nädelchen in schwach metamorphen Schiefern verbreitet. Fundort ist ausgeräumt.

8
2
7
6
3
5
1
4
19C73

(Mgl.) und nichtmetallischen Glanz, der sich weiter in Glasglanz (Glgl.), Blendeglanz (Blgl.), Diamantglanz, perlmutterartigen Schiller und noch andere Arten aufteilen läßt. — Im Gegensatz zur Farbe ist die *Strichfarbe* (Str.) ein ziemlich gleichbleibendes Merkmal. Man erzeugt sie, indem man mit einer Ecke des zu prüfenden Stückes einen Strich auf einem unglasierten Porzellantäfelchen zieht. Das Ergebnis ist oft überraschend. Der goldgelbe Pyrit z. B. hat einen schwarzen Strich, Gold hingegen einen goldglänzenden, manches dunkle Mineral einen hellen, weißlichen. Sehr typisch schließlich ist die *Spaltbarkeit,* die allerdings nur einem Teil der Mineralien zukommt. Zerschlägt man beispielsweise einen Steinsalzkristall, so zerfällt er nicht in beliebige Stücke, sondern in lauter kleine Würfelchen, aus einer Glimmertafel kann man hauchdünne Blättchen herausspalten usw. Quarz dagegen besitzt keine Spaltbarkeit, er bricht rundlich-muschelig. — Selbstverständlich gibt es noch eine ganze Reihe weiterer Merkmale, die allerdings nicht, wie die bisher genannten, mit allereinfachsten Hilfsmitteln feststellbar sind.

---

1 **Smaragd,** hexagonale Säulen, in Biotitschiefer; Habachtal, H. Tauern. Glgl., grün, Str. weiß, H. 8. Einziges Vorkommen der Edelstein-Varietät des Berylls in den Alpen. Beryll in Pegmatiten, z. B. des Bergell-Massivs nicht selten.

2 **Turmalin** (Varietät Schörl), trigonale Säule, mit **Muskovit;** Piona am Comersee. Turmalin: Glgl., schwarz, Str. weiß, H. 7. Muskovit: Perlmutterglanz, auch silbrig-metallisch, farblos bis lichtgrau, Spaltbarkeit höchst vollkommen, H. 2. Turmalin- und Muskovit-führende Pegmatite sind in den Alpen verbreitet.

3 **Diopsid,** etwa rechteckige Säulen; Rothkopf/Zillertaler A. Glgl., grün, Str. weiß, Spaltbarkeit gut, H. 6. Unterschied zum sehr ähnlichen Strahlstein: Querschnitt der Säulen ist quadratisch bis rechteckig, beim Strahlstein etwa rautenförmig. Diopsid kommt vor allem in Serpentiniten vor und in Kontaktzonen der Plutonite gegen Kalke.

4 **Strahlstein** (Hornblende-Gruppe), säulig, in Talkschiefer; Zillertaler A. Glgl., grün, Str. weiß, Spaltbarkeit gut, H. 6. Unterschied zum Diopsid siehe 3. In Kristallingebieten häufig als Strahlsteinfels, Strahlstein- und Garbenschiefer u. a. »Gemeine« Hornblende verbreitet in den Amphiboliten.

5 **Albit,** als Periklin entwickelt. Naßfeld an der Glocknerstraße. Glgl., weiß bis gelblich, Str. weiß, H. 6. Als Periklin bezeichnet man mehrfach verzwillingte, meist gestreckte Albite. Auf vielen Zerrklüften verbreitet.

6 **Adular,** klare Orthoklasvarietät; Val Cristallina (Aar-Gotthard). Glgl., farblos bis weißlich, Str. weiß, gute Spaltbarkeit, H. 6. Nach Quarz das häufigste Zerrkluftmineral.

7 **Analcim,** Ikositetraeder, aus dem Triasmelaphyr der Südalpen. Seiseralm (Alpe Siusi), Grödenertal/Südtirol. Glgl., weißlich, rötlich, fleischfarben, Str. weiß, H. 5.

8 **Heulandit** blättrige Kristalle auf Melaphyr wie 7; Fassatal (Val di Fassa), Südtirol. Glgl., perlmutterartig z. T., weiß oder ziegelrot, Str. weiß, sehr gut spaltend, H. $3^1/_2$. Heulandit gehört zur Gruppe der Zeolithe; einige hierher gehörende Minerale, wie z. B. Desmin, finden sich auch auf Zerrklüften.

7
6
8
2
5
3
1
4
19 C 73

Die Zahl der Mineralien der Klasse 8, der Silikate, ist besonders groß; unter ihnen finden sich auch die wichtigsten gesteinsbildenden Mineralien, das sind nur etwa 30—40.
Wesentlich komplizierter ist die Einteilung der Gesteine: Sie erfolgt in erster Linie nach der Entstehungsweise, erst die weitere Untergliederung wird nach dem Mineralbestand vorgenommen. Nach der Entstehung unterscheidet man zunächst drei große Gruppen.

Magmatische oder Schmelzflußgesteine sind solche, die direkt aus einer sich abkühlenden Gesteinsschmelze auskristallisieren. Dies kann in der Tiefe der Erdkruste erfolgen, dann spricht man von Plutonen bzw. Intrusiv- oder Tiefengesteinen. Erstarren die Schmelzen hingegen an der Oberfläche, so entstehen Erguß- oder Eruptivgesteine; hierzu gehören die vulkanischen Laven. Magmatische Gesteine sind fein- bis grobkörnig, wobei die Mineralkörner meistens regellos angeordnet sind.

Sediment- oder Absatzgesteine entstehen durch die Ablagerung von Material, das bei der Zerstörung anderer Gesteine durch die Verwitterung anfällt und meistens im Wasser als Tontrübe, als Sand oder Geröll oder auch in gelöster Form über mehr oder weniger große Entfernung transportiert wird. Bei der Bildung eines Teiles der Sedimentgesteine, besonders im Meer, spielt die Tätigkeit von Lebewesen eine wichtige Rolle. Die Bestandteile der Absatzgesteine können feinste Mineralkörnchen bis grobe Gesteinsbrocken, Fossilbruchstücke usw. sein. Versteinerungen sind mit ganz wenigen Ausnahmen nur in Sedimenten zu erwarten.

Metamorphe oder Umwandlungsgesteine entstehen schließlich durch Veränderung bereits fertiger anderer Gesteine, wenn diese nachträglich unter höhere Temperaturen und höhere Drucke geraten. Charakteristisch ist eine lagige, schiefrige Anordnung der Bestandteile, man nennt sie daher auch *kristalline Schiefer*. Die Mineralien der Ausgangsgesteine unterliegen bei der Metamorphose zumindest einer starken Umkristallisation, z. B. in Marmoren. Meist jedoch werden ganz neue Mineralien gebildet: aus Tonmineralien entsteht Sericit und Muskovit in den Phylliten und Glimmerschiefern; aus Plagioklas und Augit eines Basalts wird Feldspat und Hornblende im Amphibolit, Augit und Granat im Eklogit — je nach der Stärke der Metamorphose. Magmatische und metamorphe Gesteine faßt man häufig unter der Bezeichnung »Kristallin« zusammen.
Die Benennung der Gesteine erfolgt nach recht verschiedenen Gesichtspunkten, je nachdem welche Momente man gerade hervorheben will. Zunächst haben alle Gesteine Artnamen, aus denen man die Zusammensetzung und die Entstehung ablesen kann. Das Wort »Granit« besagt, daß es sich um ein in der Tiefe erstarrtes, magmatisches Gestein aus Kalifeldspat, Quarz und Glimmer handelt, »Kalk« ist ein Sediment aus Calcit, »Glimmerschiefer« ist ein metamorphes Gestein, das sich aus Glimmer und Quarz zusammensetzt. Oft sind die Bezeichnungen recht alt, wie z. B. das Wort Granit; andere wurden nach dem Ort des Vorkommens gegeben — wie etwa Tonalit nach dem Tonalepaß — und später auf andere gleichartige Gesteine übertragen. Viele Gesteine sind einfach nach dem Hauptmineral benannt; Dolomit besteht überwiegend aus dem Mineral Dolomit, Serpentinit aus Serpentin, Glimmerschiefer aus Glimmer mit einem wechselnden Anteil von Quarz und Feldspat etc. Zusätzlich erhalten die Gesteine vielfach Eigennamen, z. B. heißt der jungpaläozoische Granit in der Umgebung von Brixen in Südtirol »Brixener

Die wichtigsten Gesteine

Mineralbestand der Magmatite und Sedimentgesteine	Magmatite Erguß-gesteine	Magmatite Tiefen-gesteine	Metamorphite: Orthogesteine → zunehmende Metamorphose	
Orthoklas, Mikroklin Quarz Muskovit, und/oder Biotit	Rhyolith (Quarz-porphyr)	Granit	Porphyroid Mylonit, Weißschiefer	Granitgneis
Plagioklas wenig Quarz Hornblende, Augit	Dazit (Quarz-porphyrit)	Tonalit	Porphyroid	Tonalitgneis
Plagioklas Biotit, Hornblende, Augit	Andesit (Porphyrit)	Diorit	Hornblende-schiefer	Hornblende-gneis
Plagioklas Augit und/oder Olivin	Basalt, Diabas (Melaphyr)	Gabbro	Grünschiefer »Ophiolith«	Amphibolit, Eklogit
	Sedimentgesteine		Metamorphite: Paragesteine	
Calcit	Kalkstein		Marmor	Marmor
Calcit Tonmineralien	Mergel		Kalkschiefer, Chlorit-schiefer	Amphibolit Eklogit
Tonmineralien	Tonschiefer		Phyllit Glimmer-schiefer	Gneis
Quarz	(Quarz-)Sandstein		Quarzit	Quarzit
Quarz, Feldspäte	Arkose		Arkosegneis	
Quarz, Feldspäte Gesteinsbruchstücke	Grauwacke		Quarz-phyllit Glimmer-schiefer	Para-gneis
Gesteinsbruchstücke (Gerölle usw.)	Konglomerate		phyllitische Konglo-merate	Geröll-gneis

Granit«, ein bestimmter Triaskalk, der in den Nördlichen Kalkalpen vorkommt, erhielt den Namen »Wettersteinkalk« usw.

Man faßt dann aber auch Gruppen oder Serien von Gesteinen, die bestimmte gemeinsame Züge aufweisen oder eine gleichartige Entwicklung erlebt haben, unter eigenen Bezeichnungen zusammen. Z. B. versteht man unter »Molasse« lockere, z. T. auch verfestigte Tone, Sande und Schotter, denen gemeinsam ist, daß sie der in sogenannten Vortiefen angesammelten Abtragsschutt eines gerade im Aufsteigen begriffenen Gebirges sind. Schließlich faßt man unter Namen wie »Helvetikum« oder »Südalpin« umfangreichere Serien zusammen, die zwar aus altermäßig sehr verschiedenen Gesteinen bestehen, aber eine gemeinsame geologische und vor allem tektonische Geschichte (siehe unten) aufzuweisen haben. Derartige Gesteinskomplexe sind (meist) in einem einheitlichen Bildungsraum entstanden und anschließend zu einer tektonischen Einheit geworden.

Die Tabelle (S. 221) enthält eine Reihe wichtiger Gesteinsarten, jedoch bei weitem nicht alle. So sind als weiterer Typ die *kontaktmetamorphen Gesteine* zu nennen. An der Berührungsstelle, am »Kontakt« eines Magmas, z. B. einer granitischen Schmelze mit Sedimenten, entstehen sehr vielfältige Mineralneubildungen wie Kalksilikatfelse, Hornfels, Fruchtschiefer usw. Zu den Sedimenten zählen auch sogenannte *Rückstandsgesteine,* die bei der Verwitterung an Ort und Stelle entstehen, z. B. Verwitterungslehme. Sedimentgesteine müssen nicht unbedingt verfestigt sein, auch loser Sand ist ein »Gestein«.

Zu den Magmatiten rechnet man noch eine Fülle von *Ganggesteinen.* Teils treten Vulkanite in Spalten auf, z. B. Diabasgänge, teils haben solche Bildungen aber auch eine von den Normalgesteinen recht abweichende Zusammensetzung. Da sind die hellen *Aplite,* die fast ausschließlich aus Quarz und Feldspat bestehen, und die *Lamprophyre* aus vorwiegend dunklen Mineralien, die oft in Scharen die Gesteine in der Umgebung von Plutonen, aber auch diese selbst durchschlagen. Lamprophyr bedeutet einfach dunkles Ganggestein, ohne daß damit eine bestimmte Zusammensetzung angegeben ist. Derartige Gänge sind meist sehr feinkörnig im Gegensatz zu den *Pegmatiten,* die aus gasreichen Schmelzen auskristallisieren. *Hydrothermale* Gangbildungen entstehen durch Ausscheidung aus überhitzten wäßrigen Lösungen.

Mineralien begegnen uns auf Schritt und Tritt. Sämtliche Gesteine, selbst so unscheinbare Stoffe wie Ton und Lehm, bestehen daraus. Wo aber sind die großen durchsichtigen Kristalle, die Stufen aus manchmal mehreren verschiedenen Mineralarten, in ebenmäßigen oder bizarren Formen, entstanden? Die Gesteine bestehen aus nur 30 bis 40 gesteinsbildenden Mineralien — wo finden sich die übrigen 2000 oder mehr Arten?

Es treten nicht selten Bedingungen ein, unter denen die üblichen Gesteinsbildner — die meist nur Bruchteile von Millimetern oder höchstens einige Zentimter messen — zu großen Individuen heranwachsen können. Das ist z. B. in den *Pegmatiten* der Fall, die bis meterlange Feldspäte und Quarze und quadratmeter-große Glimmerplatten — also die Hauptbestandteile eines Granites — enthalten können. Auf *Klüften* in Kalkstein findet man häufig zentimeter-große Calcitkristalle.

Außerdem haben die chemischen Elemente, aus denen alle Mineralien bestehen, die merkwürdige Neigung, sich unter bestimmten Bedingungen zu konzentrieren, anzureichern. Vielfach finden sich Mineralien, die seltene Elemente enthalten, zu bedeutsamen Massen angehäuft. Allein diesen Tatsachen ist es zu verdanken, daß wir nicht heute noch in der Steinzeit leben: Denn nur ganz wenige Elemente sind häufig, wie z. B. der Sauerstoff, der fast 50% und das Silicium, das 30% der festen Erdrinde ausmacht. Schon das Eisen, das nur mit 3,5% Anteil daran hat, muß konzentriert sein, um gewinnbar zu werden. Die Fülle der anderen Metalle aber kommt nur in winzigen Bruchteilen von

Prozenten vor, so etwa das Kupfer, das Blei, das Zink — von Gold und Silber ganz zu schweigen. Auch das Element Kohlenstoff ist nicht häufiger, obwohl wir es in riesigen Kohlenlagern angehäuft finden. Solche Konzentrationen bestimmter Stoffe nennt man *Lagerstätten.* Man unterscheidet Minerallagerstätten, wenn beliebige, interessante oder auch nutzbare Mineralien angereichert sind, bzw. Erzlagerstätten, wenn es sich um die Träger der wichtigen Metalle handelt. Lagerstättenbildungen bezeichnet man nicht als Gesteine, weil sie, bezogen auf die gesamte Erdkruste, doch recht selten sind.
Eine ganz eigentümliche Art von Minerallagerstätten sind die *alpinen Zerrklüfte.* In der letzten Phase der Entstehung der Alpen reißen vielfach Klüfte auf, in denen heiße Wässer zirkulieren und das Gestein der Umgebung zunächst auslaugen. Im Laufe der Abkühlung scheiden sich dann aus diesen Lösungen oft große Kristalle aus, die Bergkristalle und Rauchquarze, die Adulare, die Eisenrosen, Rutil und Sphen und viele andere, die diese Klüfte so berühmt gemacht haben.

Die Vorgänge in der festen Erdkruste

Es ergibt sich die Frage, warum die Fülle der Gesteine überhaupt an der Erdoberfläche sichtbar ist, weshalb uns z. B. die doch in der Tiefe entstandenen Granite als hohe Berge, wie etwa im Bergell, entgegen treten. Warum geraten andererseits Sedimentgesteine, die stets nahe der Erdoberfläche gebildet werden, unter so hohen Druck und so hohe Temperaturen, daß sie metamorphosiert werden?
Die »feste Erdrinde« ist eben keineswegs so starr, wie es den Anschein hat. Über die Jahrmillionen der geologischen Zeitrechnung hinweg ist sie in ständiger Bewegung, Umwälzung, Veränderung begriffen. In der Tiefe erstarren Schmelzen, werden gehoben und unterliegen der Zerstörung. Andere Massen sinken ab, werden umgewandelt, durchbewegt, metamorphosiert und wieder nach oben gebracht: der »Kreislauf« beginnt von neuem, ein Kreislauf, der durch die Vorgänge in der Erdkruste ständig in Gang gehalten wird. Schließlich kann es bei weiter fortschreitender Metamorphose sogar zur Aufschmelzung der Gesteine kommen und es entsteht ein neues Magma. Damit hat sich der Kreis erst völlig geschlossen.
Wahrscheinlich sind sogar die meisten Granite, die wir kennen, aus wiederaufgeschmolzenen Gesteinen entstanden; ganz sicher ist dies bei den granitischen Tiefengesteinen innerhalb der großen Faltengebirge, zu denen die Alpen gehören, der Fall. Für Basalte hingegen und die sogenannten Ophiolithe, die meist in den innersten Bereichen der Gebirge stecken, besteht die Möglichkeit, daß sie aus wesentlich größeren Tiefen der Erdkruste stammen, aus dem sogenannten oberen Mantel. — Viele dieser Vorgänge sind bis heute noch nicht hinreichend erforscht.
Schon in geringerer Tiefe werden die scheinbar starren Gesteine biegsam, plastisch, auch ohne daß schon wesentliche Mineralumbildungen einsetzen. Schichten werden in *Falten* gelegt, an *Störungen* zerbrochen, ganze Gesteinskomplexe werden gegeneinander verschoben und schließlich sogar in *Decken* übereinander gestapelt, so daß jüngere Serien unter ältere zu liegen kommen. Manchmal geraten auf diese Weise unveränderte Sedimente aus geologisch ganz junger Zeit unter alte, kristalline Gebirgsteile. Ein derartiger *Deckenbau* ist für die Alpen geradezu charakteristisch.

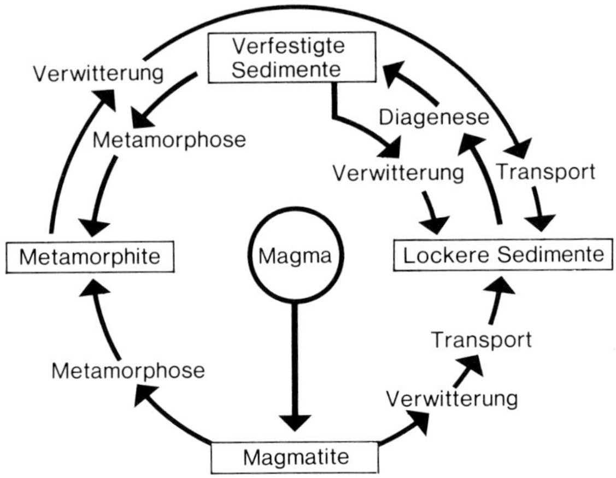

Der Kreislauf der Gesteine
Erstarrung der Magmatite, Verwitterung, Sedimentation und Metamorphose im Verein mit Hebung, Senkung und Umwälzung halten die Gesteine in der Erdkruste in einem ständigen Kreislauf. Wenn die Metamorphose schließlich zur Wiederaufschmelzung führt und die Gesteine zu einem neuen Magma geworden sind, hat sich der Kreis völlig geschlossen (aus W. Schumann, Steine und Mineralien, BLV-Bestimmungsbuch).

Gleichzeitig mit diesen Vorgängen tritt, meistens in größerer Tiefe, Metamorphose und Wiederaufschmelzung ein (wie oben beschrieben). Die Summe dieser Geschehnisse nennt man *Gebirgsbildung* oder *Orogenese*. Da diese unter der Erdoberfläche, wohl auch unter dem Meer, vor sich geht, bedarf das so entstandene »geologische Gebirge« erst noch der anschließend einsetzenden *Hebung*, um zu dem zu werden, was man landläufig unter Gebirge versteht. Die Vorgänge im einzelnen, Faltung, Schieferung, Zerbrechen und Verschiebungen an Störungen, Deckenüberschiebungen, Hebungen und Senkungen in der Erdkruste bezeichnet man als *Tektonik*. Gesteinskomplexe, die eine einheitliche tektonische Prägung erfahren haben, und sich in ihrer Entwicklung von benachbarten Bereichen unterscheiden, faßt man demzufolge gerne zu *tektonischen Einheiten* zusammen. Solche Einheiten spielen für die Auflösung, für das Verständnis der Architektur eines Gebirges, wie es die Alpen sind, eine sehr wesentliche Rolle.

Erdgeschichte

Alle diese Dinge, das Erstarren der Schmelzen, der Abtrag der Gebirge und der Absatz der Sedimente, die tektonischen Vorgänge, die Gebirgsbildung im Großen brauchen Zeit. Und wir haben gesehen, daß die Erdwissenschaften mit Millionen, ja Milliarden von Jahren rechnen. Nun ist die Geologie nicht nur eine beschreibende, sondern auch eine historische, geschichtliche Wissenschaft und es ist daher auch ihre Aufgabe, die zeitliche Abfolge der Ereignisse im Laufe dieser Jahrmilliarden zu erfassen, zu ordnen und in ein zeitliches Schema zu bringen. Damit tritt gleichzeitig als weiteres Einteilungsprinzip das nach dem Alter der Gesteine in Erscheinung. Mit Hilfe verschiedener Methoden

Erdgeschichtliche Zeittafel

Ära	Periode	Epoche	Alter in Million. Jahren	Ereignisse in den Alpen: Sedimentbildung	Ergußgesteine	Tiefengesteine	Tektonik
Känozoikum (Erdneuzeit)	Quartär		1,5	Eiszeitliche Ablagerungen			A
	Tertiär	Pliozän Miozän Oligoz. Eozän Paleoz.	67	Molasse-Ablagerungen	Basalte u. a. der Südalpen und Steierm. Basalte der Südalpen	Adamello, Rieserferner, Bergell u. a.	alpidischer Zyklus A H A × F, H A × F, Ü, M ×
Mesozoikum (Erdmittelalter)	Kreide	Ober- Unter-	137	Hauptmasse der helvetischen Sedimente Flysch Hauptmasse der penninischen Sedimente Hauptmasse der ost- und südalpinen Sedimente			F, Ü, M
	Jura	Malm Dogger Lias	195		Ophiolithe des Penninikums		
	Trias	Ober- Mittel- Unter-	225		südalpiner Vulkanismus	Monzoni u. Predazzo	(F)
Paläozoikum (Erdaltertum): Jungpaläoz.	Perm	Ober- Unter-	285	Verrucano in allen Ablagerungsbereichen	Quarzporphyr in allen Bereichen	Brixen, Cima d'Asta, Baveno u. a. Zentralgneis	
	Karbon	Ober- Unter-	350	Hauptmasse der alten kristallinen Kerne: Aar- und Gotthard-Massiv, Montblanc etc., pennin. Gneiskerne, ost- und südalpines Altkristallin Sedimente der Karnischen Alpen, Grazer Paläozoikum, Grauwackenzonen, pennin. Altpaläozoikum			variszischer Zyklus F,Ü,M,H,A
Altpaläoz.	Devon		405				
	Silur		440				
	Ordovizium		500		Porphyroide Diabase	Granitisationen?	M? H
	Kambrium		570				
Präkambrium					ältere magmatische Gesteine		? F, M ?

F Faltung, Ü große Überschiebungen, M Metamorphose, H Hebung, A Abtragung; × Bildung der alpinen Zerrklüfte

gelingt es festzustellen, welche Gesteine älter, welche jünger sind, zu welchen Zeiten die Gebirgsbildungen stattgefunden haben, wann bestimmte Pflanzen- und Tierarten gelebt haben und gegebenenfalls ausgestorben sind usw. Insbesondere die Versteinerungen, die Fossilien, die für bestimmte Zeitabschnitte charakteristisch sind, lehren uns, was älter und was jünger ist. Ihre Erforschung ist die Aufgabe der Paläontologie. Durch die Untersuchung radioaktiver Substanzen, die sich in allen Gesteinen und Mineralien, wenn auch in sehr geringen Mengen finden, kann man zu direkten Altersangaben nach Jahren, besser gesagt, nach Jahrmillionen kommen. Das Resultat aller dieser Forschungen ist eine erdgeschichtliche Zeittafel, die die Grundlage für alle weiteren geschichtlich-geologischen Studien ist.

Der Bau der Alpen

Die Alpen sind, geologisch gesehen, ein ungemein kompliziertes Gebilde. Gesteine aller Art, verschiedensten Alters und oft aus ganz unterschiedlichen Entwicklungsräumen stammend, sind eng aneinandergerückt, altes ist über jüngeres hinweggeschoben, Struktur und Fossilinhalt der Sedimente sind oft durch die Metamorphose zerstört worden, ja es sind im Laufe der Erdgeschichte wenigstens zwei große Gebirgsbildungen über das Gebiet der heutigen Alpen hinweggegangen. Und endlich sind, seitdem sich die Alpen in den letzten 20 Millionen Jahren gehoben haben, ungeheuere Mengen von Gesteinen abgetragen und als Schutt, bis zu 6 km dick, in den Vortiefen (Molasse, Poebene) beiderseits des Gebirges angesammelt worden.
Man könnte nun vielleicht fragen, weshalb es erforderlich ist, alle diese Dinge zu erörtern, wenn man etwas über die Mineralien und Gesteine der Alpen erfahren möchte. Doch ist die Kenntnis vom geologischen Bau eines Gebietes und von der Verbreitung der Gesteine ein wichtiger Schlüssel für das Auffinden der Mineralien und ihrer Lagerstätten. Außerdem sind in nicht geringem Maße auch die Standorte der Pflanzen von der geologischen Beschaffenheit des Untergrundes abhängig.
Wie die erdgeschichtliche Zeittafel zeigt, müssen wir die Geschichte der Alpen in Beziehung zu zwei Gebirgsbildungen sehen, der jüngeren *alpidischen* und der älteren *variszischen.* Dementsprechend kann man auch zwei Altersgruppen von Gesteinen unterscheiden, eine frühere, die im Karbon endet, und eine spätere, die im oberen Oberkarbon einsetzt und bis ins Tertiär, ja, im Grund genommen bis in die Jetztzeit reicht.
In diese zeitliche Folge sind auch die magmatischen Gesteine eingeordnet, ebenso wie die tektonischen und die metamorphen Vorgänge. Die Metamorphose hängt mit dem Alter der Gesteine nicht unmittelbar zusammen, so kennen wir nichtmetamorphe Sedimente des Altpaläozoikums ebenso, wie metamorphes Tertiär — allerdings ist die Regel, daß ältere Gesteine eher von Umwandlungen betroffen sind als jüngere.
Soweit sich die voralpidischen Gesteine durch Fossilfunde noch einigermaßen zeitlich einstufen lassen, handelt es sich um Ordovizium bis Unterkarbon, Kambrium ist bis jetzt nicht nachgewiesen. Die voralpidischen, höher metamorphen Glimmerschiefer, Gneise, Granitgneise usw. haben z. T. gleiches Alter, z. T. sind sie mit Sicherheit älter und reichen bis in das Präkambrium hinunter. Sie haben mindestens eine Gebirgsbildung, die variszische, erlebt, z. T. sogar eine, wenn nicht mehrere, noch frühere.

Zum Ende der variszischen Orogenese wird das alte Gebirge gehoben und tief hinunter abgetragen. Auf diesem alten Land setzt im höheren Oberkarbon ein neuer Zyklus, der alpidische ein. Zunächst bilden sich überwiegend festländische, in den Alpen als Verrucano bezeichnete Sedimente, teilweise verbunden mit ausgedehnten vulkanischen Ergüssen, wie dem Bozener Quarzporphyr. Bald jedoch versinkt der alte Gebirgsrumpf im Meer, es bilden sich mächtige Stapel von marinen Sedimenten, in die sich bereichsweise weitere vulkanische Gesteine einschalten.

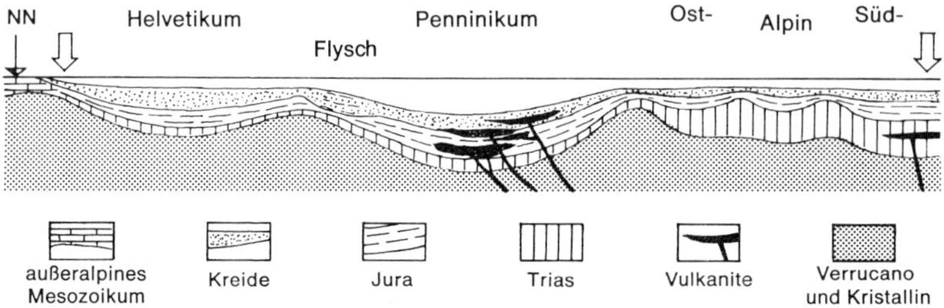

Profil durch die Ablagerungsbereiche der Alpen

Der Schnitt gibt schematisch die Aneinanderreihung der drei großen Ablagerungsbereiche (»Tröge«) im Mesozoikum der Alpen wieder, *vor* Einsetzen der tektonischen Bewegungen. Zeit: etwa Kreide, ohne Maßstab. Trias, Jura und Kreide sind in den einzelnen Trögen in sehr unterschiedlicher Mächtigkeit entwickelt; das penninische Meer ist deutlich tiefer als die beiden anderen Bereiche. Die Molassetröge sind nicht eingezeichnet, da sie erst dann einzusinken beginnen, wenn die großen, horizontalen Bewegungen bereits sehr weit fortgeschritten sind. Ihre spätere Lage ist durch die Pfeile angedeutet.

Diese Entwicklung vollzieht sich nun aber nicht etwa in einem einzigen, einheitlichen Meeresraum, dessen Boden ständig sinkt. Vielmehr ist das alpine Meer in verschiedene Ablagerungsbereiche, meist in langgestreckte, sogenannte Tröge gegliedert. Auch erfolgt die Absenkung recht ungleichmäßig, sie wird manchmal unterbrochen. Manche Gebiete heben sich zwischenzeitlich wieder heraus und werden sogar teilweise abgetragen. So entstehen gleichzeitig Serien von sehr verschiedenen Gesteinen mit verschiedenem Fossilinhalt, unterbrochen von vulkanischen Ereignissen usw.

In groben Zügen können wir die Alpen im Erdmittelalter und im älteren Tertiär in drei solche Tröge einteilen: Im Norden finden wir den *helvetischen Bereich,* der gewisse Beziehungen z. B. zum Juragebirge hat, in der Mitte das sehr tiefe, *penninische Meer* mit einer besonderen Fülle von dunklen, vulkanischen Gesteinen, den sogenannten Ophiolithen, und im Süden die *ost- und südalpine Flachsee,* in der mächtige Kalke und Dolomite vorherrschen.

Die Bildung jeweils der Hauptmasse der Gesteine in den drei Trögen erfolgte zu verschiedenen Zeiten: im Süden überwiegen mächtige Serien der Triaszeit, im penninischen Trog Ablagerungen des Jura und der tieferen Kreide und im Helvetikum schließlich Kreide und älteres Tertiär. Im jüngeren Tertiär bildeten sich dann beiderseits des nun schon »fertigen Gebirges« die *Vorlandsenken* oder *Molassetröge,* die zuletzt jedoch auch noch teilweise ge-

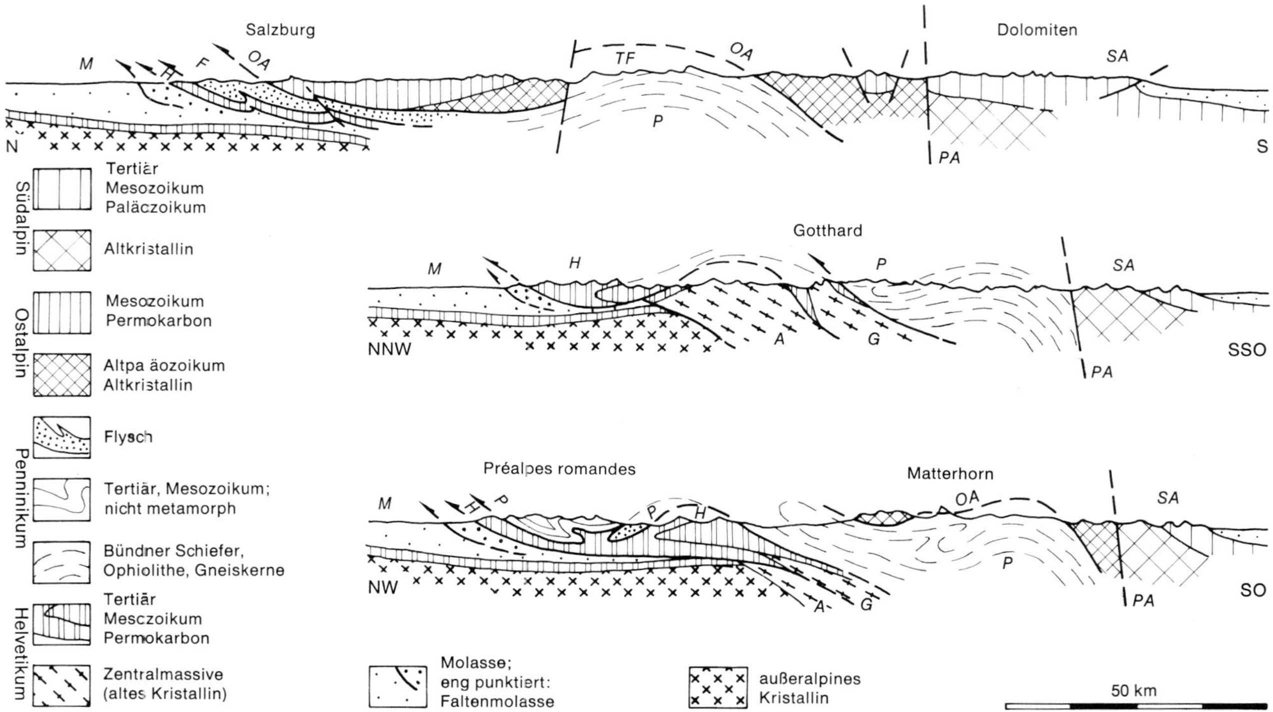

Profile durch die Ost- und Westalpen
(Erläuterung siehe folgende Seite)

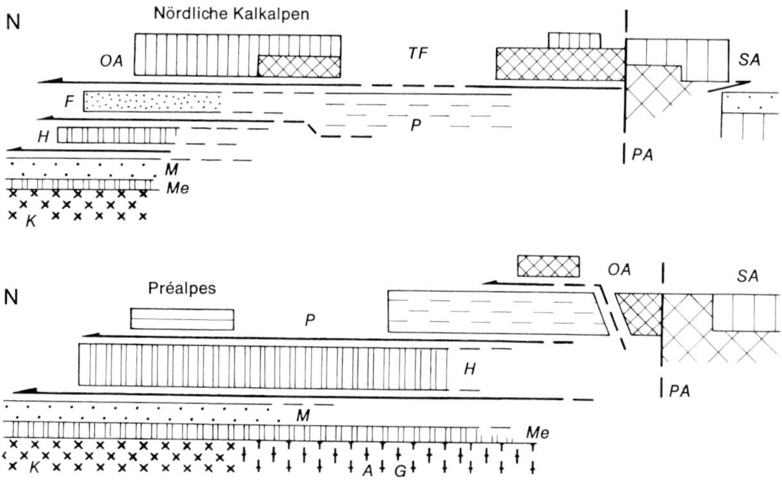

Diagramm zu den Profilen 1 und 3 (links)

Die Profile 1 bis 3 (vorhergehende Seite) stellen natürliche, wenn auch stark vereinfachte und etwas überhöhte Schnitte durch den Alpenkörper dar. Ihre Lage ist in der Karte durch Pfeile markiert. Die Diagramme (oben) zeigen schematisch (nicht maßstäblich!) das Übereinander der tektonischen Einheiten.

Buchstabenerklärung:

Ost- und Südalpin		*OA* Ostalpine Decke, *SA* Südalpin; *PA* Periadriatische Linie
Westalpin	Penninikum:	*P* Penninikum i.e.S. (Gneiskerne, Bündner Schiefer, Ophiolithe etc.), *F* Flysch; *TF* Tauernfenster
	Helvetikum:	*H* Helvetische Sedimente, *AG* Aar- und Gotthard-Massiv (Zentralmassive)
Vorland		*M* Molasse, *Me* Mesozoikum, teils in helvetischer, teils in außeralpiner Entwicklung, *K* außeralpines Kristallin

Die Profile veranschaulichen in Ergänzung zur Karte (S. 212/213) und der Abbildung S. 231 den Deckenbau der Alpen und die auffälligen Unterschiede zwischen Ost-, West- und Südalpen. Am Nordrand der Alpen sind mehrere tektonische Einheiten deckenartig, von Süden herankommend, übereinander gestapelt und weit auf das Vorland aufgeschoben. Die Lage der Einheiten in ihren Entstehungsräumen vor Beginn der tektonischen Bewegungen veranschaulicht der Profilschnitt S. 227.
Im Osten wird das Gebirge von der ostalpinen Decke beherrscht (Profil 1), während im Westen das Helvetikum und das Penninikum den Bau bestimmen. Die Kalkalpen Bayerns und Österreichs sind aus ostalpinen Sedimenten aufgerichtet; in der Schweiz übernehmen die Gesteine des Helvetikums diese Rolle. Der Block der Südalpen, von den übrigen Gebirgsteilen durch die Periadriatische Linie scharf getrennt, nimmt eher passiv an dem Geschehen teil. Deckentektonik ist hier, vergleichsweise, ganz untergeordnet. Eine spiegelbildliche Entwicklung der Alpen wird durch die Verteilung von Gesteins-Zonen nur vorgetäuscht. Die inneren, tektonischen Strukturen zeigen einwandfrei, daß der Bau des Gebirges einseitig nach Norden ausgerichtet, und gänzlich unsymmetrisch ist.

faltet und in die Gebirgsbildung einbezogen worden sind. In dem Profilschnitt auf Seite 227 sind die Molassetröge nicht eingezeichnet, da der Schnitt in etwa für die Oberkreide gilt, und die Ausbildung der Vorlandsenken zu dieser Zeit noch gar nicht eingesetzt hatte. Umgekehrt ist, wenn die Molasse-Sedimentation einsetzt, in den anderen Trögen die Gebirgsbildung schon in vollem Gange, ja teilweise bereits abgeschlossen.

Die Gebirgsbildung ist mit außerordentlich intensiven Umwälzungen innerhalb der Erdkruste verbunden. So versank der penninische Ablagerungsbereich, mit geringen Ausnahmen, in die Tiefe und seine Sedimente und Vulkanite liegen uns heute weitgehend in metamorpher Form vor, als Bündner Schiefer, Marmore und Ophiolithe. Die Gesteine des Helvetikums glitten, vor allem in den Westalpen, zum größten Teil von ihrer kristallinen Basis, etwa dem Aar- und Gotthard-Massiv, ab. Sie liegen nun weit nördlich ihres ursprünglichen Entstehungsraumes auf der Molasse und auf ihrer eigenen nördlichen Fortsetzung. Die penninischen Massen rückten dann nach und schoben sich z. T. über das Helvetikum. In den Ostalpen wälzte sich das Ostalpin samt seiner älteren kristallinen Basis als riesige tektonische Decke über das gesamte Penninikum und auch das Helvetikum hinweg. Letzteres spielt in den Ostalpen allerdings nur mehr eine bescheidene Rolle, ebenso andererseits das Ostalpin in den Westalpen (vgl. hierzu die geologische Karte, S. 212/213, und die Profile, S. 228). Im einzelnen sind die Verhältnisse noch weit komplizierter, weil die drei Haupteinheiten in zahlreiche Untereinheiten weiter aufzugliedern sind.

Gegenüber den West- und Ostalpen weisen die Südalpen eine gewisse Eigenständigkeit auf, insbesondere sind sie durch eine lang aushaltende, steile Störungszone von den übrigen Gebirgsteilen getrennt. Nahe dieser Störung drangen im Tertiär mächtige Tiefengesteine auf, in enger Nachbarschaft mit alten Graniten, deren überraschende zeitliche Einordnung erst in allerjüngster Zeit mit Hilfe radioaktiver Altersbestimmungen gelungen ist. Die Vorgänge an dieser Trennfuge sind nicht völlig geklärt. Jedenfalls ist der Baustil der Gebirge beiderseits im einzelnen recht verschieden. So zeigen die Südalpen eine gewisse Neigung zu südgerichteten Bewegungsvorgängen — ganz im Gegensatz zu den übrigen Alpen. Während am Nord- und Westrand der Ost- und Westalpen jeweils mehrere tektonische Einheiten übereinander gestapelt und weit über die Molasse nach Norden vorgerückt sind, taucht das Südalpin unter seine Vorlandsedimente unter oder ist nur ganz geringfügig »über sich selbst« überschoben (vgl. die Profile, S. 228).

Ein weiterer Unterschied zwischen Ost- und Südalpen besteht darin, daß die alpidische Tektonik in den Ostalpen im Verein mit einer kräftigen Metamorphose vor sich gegangen ist, von der südlich der Periadriatischen Linie aber keine Spur zu finden ist. Soweit in den Südalpen kristalline Schiefer vorhanden sind, verdanken sie ihre Metamorphose allein der variszischen Gebirgsbildung. Daher fehlen hier die alpinen Zerrklüfte.

Der scheinbar symmetrische Bau der Ost- und Südalpen — kristalline Schiefer im Inneren, im Zentralteil, Kalkalpen beiderseits, Molassezonen außen — entspricht den inneren Strukturen des Gebirges nicht im geringsten. Die alte Vorstellung vom »Urgebirge« und »Urgestein« im zentralen Teil der Alpen ist völlig unrichtig. Denn gerade in den innersten Bereichen der Ostalpen bestehen viele Gipfel, unter anderem der Großglockner, aus metamorphen Gesteinen des Erdmittelalters, die hier als tektonisches Fenster unter den überschobenen Massen wesentlich älterer Gesteine der ostalpinen Decke hervorkommen.

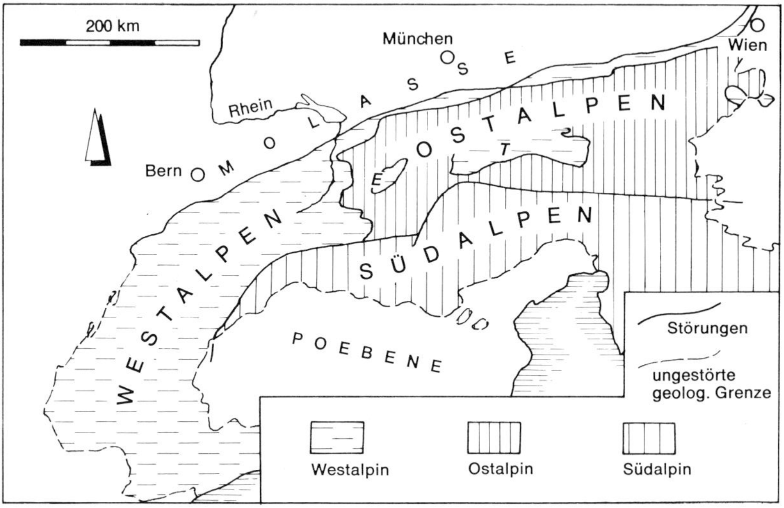

Geographische und geologisch-tektonische Großgliederung der Alpen

Die geographische Gliederung der Alpen in West-, Ost- und Süd-Alpen deckt sich nicht ganz mit der geologisch-tektonischen Einteilung. Zur besseren Unterscheidung werden die geologischen Einheiten mit der Endsilbe »in« gekennzeichnet. Die »westalpinen« Deckensysteme (Helvetikum + Penninikum) ziehen nach Osten unter die riesige »ostalpine« Decke hinein; nur am Nordrand, sowie im Engadiner Fenster *(E)* und Tauernfenster *(T)* tauchen sie noch einmal auf. Das Südalpin zeigt keine vergleichbare Deckenstruktur. Während die Alpen im Nordwesten und Norden ihrem Vorland kräftig aufgeschoben sind, verschwindet der Gebirgskörper im Osten und Süden unter jungen Ablagerungen. Im Südosten erfolgt der Übergang in die dinarischen Gebirge ohne deutliche tektonische Grenze.

Wir gelangen somit zu folgendem, stark vereinfachtem, geologisch-tektonischem Bild der Alpen: In den Westalpen sind die beherrschenden Elemente das Helvetikum und das Penninikum, beide durch charakteristische Gesteinsfolgen gekennzeichnet. Man kann sie auch als »Westalpin« zusammenfassen. Das durch ganz andere Entwicklungen gekennzeichnete »Ostalpin« spielt in den Westalpen eine ganz untergeordnete Rolle, dominiert dagegen in den Ostalpen. Hier haben Helvetikum und Penninikum, gewissermaßen als Fortsetzung des Westalpins nur als schmaler Zug am Nordrand bzw. in Form von Fenstern im Inneren am Aufbau des Gebirges teil. Das Südalpin, das nach dem Charakter der Gesteine dem Ostalpin eng verwandt ist, zeigt hingegen in tektonischer Hinsicht eine deutlich abweichende Entwicklung.

Gesteine und Mineralien der Alpen

Die Aufzählung einiger Mineralgesellschaften und der sie beherbergenden Gesteine erfolgt nach dem Alter der Gesteine und der beschriebenen Einteilung der Alpen in tektonische Einheiten. Dadurch werden die Mineralien in ihrem geologisch-gesteinskundlichen Verband betrachtet.

Mineralien in den voralpidischen Gesteinen Die jungpaläozoisch-mesozoischen Sedimente der Alpen haben eine Basis aus älteren Gesteinen, in denen teilweise noch Altpaläozoikum erkennbar ist (vgl. die erdgeschichtliche Zeittafel, S. 225), z. T. sind sie aber soweit metamorph — als Folge der variszischen Gebirgsbildung vor allem —, daß ihre genaue zeitliche Einstufung nicht mehr möglich ist. Diese alten, metamorphen Gesteine sind im allgemeinen mineralogisch sehr interessant.

Das gilt vor allem für die Granite, Gneise, Sericitschiefer usw. des Aar- und Gotthard-Massivs, die die alte Unterlage der helvetischen Sedimentfolge bilden. Im Gefolge einer schwachen alpidischen Metamorphose, die zusätzlich über die alten Gesteine hinweggegangen ist, sind zahlreiche alpine Zerrklüfte (s. o.) aufgerissen. Das heißt, die Mineralien dieser Klüfte sind nicht gleichzeitig mit den Gesteinen, die sie umgeben, entstanden, sondern wenigstens etwa 450 Millionen Jahre später. Darin liegt auch der Grund, warum im Schwarzwald und in den Vogesen — gesteins- und altersmäßig dem Aar- und Gotthard-Massiv durchaus vergleichbar — jede Spur von Kluftmineralien fehlt. Eine solche Zerrkluft ist der berühmte Kristallkeller am Zinggenstock, aus dem am Anfang des 18. Jahrhunderts weit über 50 Tonnen Bergkristalle geborgen wurden, oder die große Kluft am Tiefengletscher, die 1868 12 Tonnen dunkle Rauchquarze geliefert hat, darunter einen Kristall von 135 kg.

Das Aar- und Gotthard-Massiv ist das mineralreichste Gebiet der Alpen. Bergkristalle und Rauchquarze sind die häufigsten Mineralien, bilden jedoch zusammen mit einer ganzen Reihe weiterer Kristalle den »Grundstock« solcher Zerrkluft-Gemeinschaften oder *Paragenesen*. Die wichtigsten sind: Adular und Albit, Calcit, Siderit, Hämatit und Ilmenit, z. T. in Form der Eisenrosen, Apatit, Rutil, Anatas und Brookit. Häufig überstäubt Chlorit die Kristalle, oder füllt als feiner Sand die Zwischenräume aus. Von Ort zu Ort verschieden, kommen weitere Mineralien hinzu. Im Val Giuv finden sich Klüfte mit Apophyllit, Desmin, Heulandit und anderen Zeolithen zusammen mit Adular und Quarz; letzterer in Form der eigenartigen Gwindeln (Tafel 78). Aus dem Göschener Tal stammen die einmaligen, rosaroten Fluoritoktaeder (Tafel 78), die außerhalb der Alpen in vergleichbarer Ausbildung kaum gefunden werden. In der Cavradischlucht, die allerdings nicht im alten Kristallin selbst liegt, sondern eine mit alpidisch-metamorphem Verrucano gefüllte Mulde, die sogenannte Urseren-Mulde (s. Profil 2, S. 228) kreuzt, kommen sehr schöne Hämatitkristalle mit regelmäßig aufgewachsenem Rutil (Tafel 78) vor. Eisenrosen stammen von der Fibbia am Gotthardpaß. Der schönste Fund, eine Rose mit ca. 9 cm Durchmesser, wurde am Ritterpaß, dem Übergang vom Binnatal nach Italien, im penninischen Altkristallin gemacht.

Im Pelvoux-Massiv, bei Bourg d'Oisans in den französischen Westalpen, sitzt im Gneis ein Erzgang auf, nahe am Kontakt zu helvetischen Trias. Er enthielt Gold und sulfidische Erze, und die berühmten Bergkristalle vom Dauphiné-Typ, die statt der sechsseitigen Spitze nur eine einzige, große, schräge Endfläche besitzen.

Ähnliche Klüfte bergen die alten Gneise, die die Kerne der penninischen Decke bilden. Ungewöhnlich waren die Funde riesiger Anhydritkristalle, bis zu 30 cm lang, beim Bau des Simplon-Tunnels. In allen Sammlungen finden sich die prächtigen Disthen-Staurolith-Stufen in Hellglimmer oder auf Quarzknauern vom Pizzo Forno (Tafel 79) im Tessin.

In der Fortsetzung des Penninikums in den Ostalpen, im Tauernfenster, finden sich Zerrklüfte vergleichbarer Entwicklung, jedoch nicht ganz so reich. Trotzdem stammt der größte bekannte Bergkristall, der jemals in den Alpen gefunden wurde, aus den Hohen Tauern: 1965 entdeckten zwei Bergsteiger unter der Unteren Ödwinkelscharte eine Kluft, aus der im folgenden Jahr gegen 2000 kg Bergkristall geborgen wurden, darunter ein Stück, das aus mehreren sehr eng parallel verwachsenen Individuen besteht und 618 kg wiegt. Dieses und sechs weitere Kristalle — der kleinste mit »nur« 99 kg — sind im Haus der Natur in Salzburg aufgestellt.

Das Altpaläozoikum der Tauern enthält in der sogenannten Habachserie eine große Scheelit-Lagerstätte, in einem Biotitschiefer im Habachtal liegt die berühmte Smaragdfundstelle (Tafel 80) und im parallel laufenden Untersulzbachtal das weltbekannte, leider völlig ausgeräumte Epidotvorkommen an der Knappenwand (Tafel 79). Eine andere Mineralgesellschaft ist an die Serpentinite gebunden, etwa des Totenköpfls im Stuchbachtal: Apatit, Magnetit, Olivin, Scheelit, Diopsid und Strahlstein, dazu Bergleder (Chrysotil), das Knollen von verschiedenartigen Kupfersulfiden enthält.

Berühmt sind die Mineralfundpunkte in der Umgebung der Berliner Hütte in den Zillertaler Alpen: Apatit in Form kleiner, blauer Säulchen oder als grüner Spargelstein, Sphen und natürlich Bergkristalle, gestreckte Albite, sogenannte Perikline (Tafel 80), Amethyste als Zepter, schöner stengeliger Diopsid (Tafel 80), Strahlstein in Talkschiefer (Tafel 80) und als Strahlsteinfels, im Zentralgneis gelegentlich Molybdänglanz, und, vor allem, eine Fülle von Granaten (Almandin, Tafel 79), die früher dort sogar als Schleifmittel abgebaut worden sind. An Serpentinite ist Bergleder und Talk gebunden, der manchmal große Kristalle von Breunnerit einschließt.

Schließlich enthält der Kern des Tauernpenninikums, der Zentralgneis im Gasteiner- und im Rauriser Tal, neben Kluftmineralien, das berühmte Tauerngold, auf das ein uralter, jetzt erloschener Bergbau zurückzuführen ist.

Das ostalpine Altkristallin ist aus Paragneisen und Glimmerschiefern, aus Granitgneis und anderen Orthogesteinen und aus Amphiboliten aufgebaut. Zerrkluft-Mineralien sind weit seltener als in den Westalpen oder im Tauernpenninikum, da die junge alpidische Metamorphose diese Gesteine im allgemeinen nicht betroffen hat. Hornblenden in Garben, Disthen, Staurolith sind typische Mineralien der kristallinen Schiefer. Sehr häufig, manchmal bis faustgroß, finden sich Granate (Almandin) in Glimmerschiefern, z. B. am Granatkogel in den Ötztaler Alpen, auf der Saualpe in Kärnten — hier in einem Glimmer führenden Pegmatit —, oder auf der Stubalpe in der Steiermark, wo Almandin-Bruchstücke mit bis zu 30 cm Durchmesser gefunden werden können. Auf der Saualpe wurde übrigens das Mineral Zoisit entdeckt. Im Silvretta-Kristallin im Unterengadin steckt ein Pegmatit, der große Turmalinsäulen liefert. In dem Lithium-Pegmatit bei Edling in der Nähe von Spittal in Kärnten finden sich derbspätige Spodumene. Chromit, Magnetit in Würfeln und eine ganze Reihe von Mg-Mineralien kommen in dem serpentinisierten Dunit (Olivin-Gestein) von Kraubath in der Steiermark vor.

Das südalpine Altkristallin enthält ähnliche Mineralgesellschaften, Zerrklüfte fehlen. In den westlichen Südalpen treten Pegmatite mit Beryll und Turmalin auf, z. B. bei Piona am Comersee (Tafel 80).

Im weniger metamorphen Altpaläozoikum der Ostalpen, in den sogenannten Grauwackenzonen, sind mannigfache Lagerstätten enthalten. An erster Stelle zu nennen ist der Erzberg in der Steiermark, der größtenteils aus Siderit besteht und von dem die Eisenblüten (Tafel 79) stammen. Der Erzberg bei Hüttenberg in der Steiermark ist bekannt für eine ganze Anzahl sulfidischer

Mineralien. Die Magnesitlagerstätten der Grauwackenzone gehören zu den wichtigsten der ganzen Welt. In dem großen Tagebau von Sunk bei Trieben kommen neben zahlreichen Mineralien (Albit, Aragonit, flächenreiche Bergkriställchen in Bergleder u. a.), große Dolomitrhomboeder (Tafel 79) vor. Der Magnesit selbst ist häufig als fiedrig-blättriger Pinolitmagnesit ausgebildet. Die Kupferkiesgänge der Kitzbüheler Alpen, aus denen bereits vor 3500 Jahren, also in der Bronzezeit, Kupfer gewonnen wurde, enthalten außer Kupferkies eine ganze Anzahl anderer Erzmineralien. Die silberreichen Fahlerze (Tafel 78), die zusammen mit Baryt bei Brixlegg und Schwaz im Inntal vorkommen und dort jahrhundertelang — in den seinerzeit tiefsten Bergwerken der Welt — abgebaut wurden, waren eine der Quellen des Reichtums der Augsburger Fugger.

Mineralien der alpidischen Schichtfolge Die alpidischen Schichtfolgen, die Gesteine vom höheren Oberkarbon bis ins Tertiär umfassen, sind in einigen typischen Beispielen als sogenannte Säulenprofile dargestellt, wobei die Schichten, die besonders interessante Mineralvorkommen beinhalten, gekennzeichnet sind. Es handelt sich überwiegend um Sedimentgesteine, die jedoch, vor allem wenn sie von der alpidischen Metamorphose betroffen wurden, recht verschiedenartige Mineralgemeinschaften enthalten können.

Die ursprüngliche Basis des *Schweizer Helvetikums* war das Aar- und Gotthard-Massiv. Hier reicht die alpidische Metamorphose merklich nach Norden in die Kalkalpen hinaus — ganz im Gegensatz zu den Ostalpen. Calcite sind naturgemäß am weitesten verbreitet. Am Gonzen bei Sargans stand eine sedimentäre Hämatit-Mangan-Lagerstätte im Quintner Kalk im Abbau, in der schöne Rhodochrosite gefunden wurden. 1965, kurz vor der Stillegung, wurde eine Kristallhöhle angefahren, die zahlreiche Calcitrhomboeder mit 30 cm, in einzelnen Fällen bis zu 80 cm Kantenlänge enthielt. Quarz ist ebenfalls verbreitet, vor allem in Kieselkalken und Sandsteinen, aber auch in Kalken und dem Rötidolomit, oft in Kristallen vom Dauphiné-Typ (s. o.).

Ebenfalls im Quintner Kalk liegt das Fluoritvorkommen Oltschialp bei Brienz, aus dem große Würfel zum Vorschein kamen, und z. T. sogar sogenannter »optischer Spat«, der für Linsen verwendet wurde. Sehr bemerkenswert ist das Vorkommen von Gold, Arsenkies, Pyrit, Fluorit, Quarz und anderen Mineralien, das im Rötidolomit und im Doggerschiefer der Taminser Calanda, wenig westlich von Chur im Rheintal aufsitzt. Gediegen Gold in zentimeterlangen, zackigen Blechen in Quarz wurde dort noch in jüngster Zeit gefunden. Steinsalz, schöne flächenreiche Gipskristalle, Anhydrit, Schwefel, Magnesit und andere Mineralien stammen aus dem Salzbergwerk von Bex, das in der Trias an der Basis der Préalpes liegt. In dem völlig nicht metamorphen Helvetikum der Ostalpen kommen außer schönen Calcitkristallen kaum interessante Mineralien vor.

Sehr mineralreich hingegen sind die meist stärker metamorphen *penninischen Sedimente*. Vor allem die Dolomitenmarmore aus der Triaszeit beherbergen im Tessin zwei einzigartige Fundorte. An der Nordflanke des Pizzo Campolungo kommt im Marmor eine Mineralgemeinschaft mit Tremolit, Turmalin, Hellglimmer und Rutil vor, zu der an einer eng begrenzten Stelle große, gut ausgebildete, rote und blaue Korunde treten, die allerdings nicht in Edelsteinqualität ausgebildet sind.

In den Sammlungen der ganzen Welt liegen Mineralstufen vom Lengenbach im Binnatal: Neben hervorragend schönen, wenn auch meist kleinen Kristallen von Zinkblende, Realgar, Fahlerz und Pyrit werden im weißen Dolomit eine ganze Reihe von sogenannten Sulfosalzen gefunden; das sind komplizierte Verbindungen von Blei, Kupfer, Silber und anderen Metallen mit Schwefel, Arsen und Antimon. Am Lengenbach ist ein regelrechter Bergbau ausschließlich zur Gewinnung von Mineralstufen für Sammlungen und für wissenschaftliche Untersuchungen in Betrieb.

Ein weiteres interessantes Gebiet im Penninikum der Westalpen ist die mesozoische, ophiolithreiche Mulde im Monte Rosa Kristallin bei Zermatt. Hier wird eine hübsche Serpentinspielart, der »Schweizerit« gefunden, dann Magnetit, verschiedene Chlorite, Diopsid, Vesuvian, Talk und vor allem Grossular und Andradit. Knollige Massen von Andradit werden hier auch als Demantoid bezeichnet, wohl nicht ganz zu Recht. Der Grossular ist gelegentlich hier, wie auch an der bekannten Fundstelle Alpe Mussa in Piemont, in der Edelsteinvarietät Hessonit ausgebildet. Echter Demantoid kommt in guten kleinen Kristallen im Val Malenco, ebenfalls jenseits der italienischen Grenze vor. (Die große Fülle der Mineralien der Schweiz ist ausführlich beschrieben in Parker, Die Mineralfunde der Schweiz; 1973 in Neubearbeitung durch Stalder u. a.)

Unveränderte Absatzgesteine lassen naturgemäß weniger häufig Mineralfunde erwarten. Das trifft vor allem für die mächtigen Kalk- und Dolomitfolgen der Kalkalpen in den *Ost- und Südalpen* zu. Natürlich ist überall mit guten Calcitkristallen zu rechnen, wenn auch bei weitem nicht in den Größen wie im westalpinen Helvetikum. Gelegentlich findet sich in der Mitteltrias Coelestin, so bei Fischbach am Inn in derbspätigen Massen; an anderen Stellen auch in schönen Kriställchen. Zahlreich sind die Vorkommen von Bleiglanz, Zinkblende, Fluorit, Wulfenit und Vanadinit auf den Blei-Zink-Lagerstätten im Wettersteinkalk, z. B. des Wettersteingebirges und des Karwendels, bei Bleiberg und am Hochobir in Kärnten, bei Mežica in Slowenien.

In jurassischen Mergeln treten verschiedentlich Mangankarbonate auf, in roten Kalken des Jura auch derbe Krusten von schwarzen Manganoxiden. Sehr eigentümlich ist ein Vorkommen von Blauquarz und Krokydolith in den Werfener Schichten bei Kuchl in Salzburg. Etwas reicher an Mineralien sind schließlich die Gips- und Steinsalz-(Haselgebirgs-)Lager im oberen Perm und der tiefsten Trias mit Steinsalz, sehr schönen Anhydriten, Gips, reinem Schwefel in derben Massen, manchmal flächenreichen Magnesitkristallen, Hämatit und verschiedenen löslichen Salzen. Bekannt sind die Vorkommen bei Hall in Tirol, in Berchtesgaden und Hallein, bei Abtenau, im Salzkammergut und bei Hallstatt am Nordfuß des Dachsteinmassivs, wo bereits in der Hallstattzeit, also um 500 v. Chr., Salz im Bergbau gewonnen wurde.

Sehr mineralreich sind die, vor allem der mittleren Trias eingeschalteten, Vulkanite der Südalpen. In den Mandeln im »Melaphyr« der Seiser Alm und in den »Theiser Kugeln« treten Analcim, Apophyllit, Achat mit Bergkristall und Amethyst, Calcit und Zeolithe auf, im Fassatal die berühmten Heulandite. Gut ausgebildete Augitkriställchen sind häufig.

Zuletzt sind noch die Tiefengesteine und die damit verknüpften Mineralvorkommen zu erwähnen. Mineralreiche sogenannte hydrothermale Gänge, wie sie in den mitteleuropäischen Gebirgen, etwa im Schwarzwald oder im Harz an Granite gebunden sind, fehlen seltsamerweise. Auch die Pegmatite der alpinen Granitkörper sind bei weitem nicht mit den riesenhaften Pegmatitstöcken etwa der Oberpfalz zu vergleichen. Die Aufzählung der Tiefengesteinskörper (in der Karte S. 212/213 schwarz) erfolgt von Westen nach Osten.

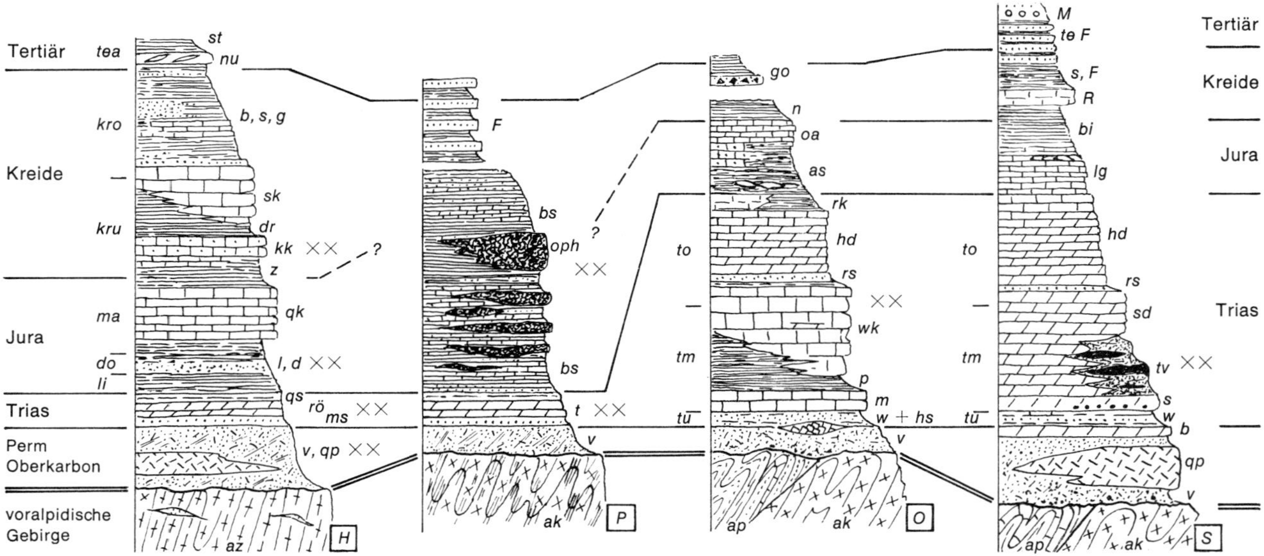

Tertiär
tea
st
nu
kro
b, s, g
Kreide
sk
kru
dr
kk
z
?
ma
qk
Jura
do
li
l, d
qs
Trias
rö
ms
Perm
Oberkarbon
v, qp
voralpidische
Gebirge
az
H
F
bs
oph
?
bs
t
v
ak
P
go
n
oa
as
rk
to
hd
rs
wk
tm
p
m
tū
w + hs
v
ap
ak
O
M
te F
s, F
R
bi
lg
hd
to
rs
sd
tm
tv
s
tū
w
b
qp
v
ap
ak
S
Tertiär
Kreide
Jura
Trias

◁ *Ausgewählte Schichtfolgen in Säulenprofilen* (ohne Maßstab)

In den verschiedenen Ablagerungsbereichen der Alpen entstanden gleichzeitig verschiedene Schichtfolgen. Auffallend ist die unterentwickelte Trias im helvetischen und penninischen Trog im Vergleich zur viel größeren Mächtigkeit der Trias im Ost- und Südalpin.

Zeitliche Gliederung: Tertiär: *tea* Alttertiär; Kreide: *kro* Ober-, *kru* Unterkreide; Jura: *ma* Malm, *do* Dogger, *li* Lias; Trias: *to* Ober-, *tm* Mittel-, *tu* Untertrias.

×× wichtige Mineralfundlagen.

Helvetische Serie (*H*): *st* Stadschiefer; *nu* Nummulitenkalk; *b, s, g* Grünsandsteine, Wangschichten, Seewerkalk, Brisisandstein; *sk* Schrattenkalk; *dr* Drusbergschichten; *kk* Kieselkalk; *z* Oolithkalk, Valendismergel, Zementsteinschichten; *qk* Quintner Kalk; *l, d* Schiltschichten, Doggersandstein, Liasmergel; *qs* Quartenschiefer; *rö* Rötidolomit; *ms* Melser Sandstein; *v, qp* Verrucano und Quarzporphyr; *az* altes Kristallin der Zentralmassive, alpidisch metamorph, mit Zerrklüften.

Penninische Serie (*P*): *F* rhythmisch geschichtete Flyschgesteine; *bs* Bündner Schiefer; *oph* Ophiolithe, Serpentinite; *t* Triasdolomit; *v* Verrucano; *ak* altes Kristallin, starke alpidische Metamorphose.

Ostalpine Serie (*O*): *go* Gosaukonglomerate etc.; *n* Neokommergel etc.; *oa* Oberalmer Kalk; *as* Fleckenmergel, Kieselkalke, Knollenkalke; *rk* Rätkalk und Kössener Mergel; *hd* Hauptdolomit und Dachsteinkalk; *rs* Raibler Sandstein; *wk* Wettersteinkalk; *p* Partnachschichten; *m* Alpiner Muschelkalk; *w+hs* Werfener Schichten und Haselgebirge; *ap* Altpaläozoikum; *ak* Altkristallin.

Südalpine Serie (*S*): *M* Molasse; *teF* alttertiärer Flysch; *s, F* Flysch und Scaglia; *R* Riffkalk; *bi* Biancone; *lg* Rosso ammonitico, grauer Liaskalk; *hd* Hauptdolomit und Dachsteinkalk; *rs* Raibler Sandstein; *sd* Schlerndolomit; *tv* Trias-Vulkanite (»Melaphyr«, Tuffe); *s* Sarldolomit; *w* Werfener Schichten; *b* Bellerophonschichten; *gr* Grödener Sandstein; *qp* Bozener Quarzporphyr; *v* Verrucano; *ap* Altpaläozoikum; *ak* Altkristallin.

Tertiären Alters ist der Quarzdiorit von Traversella und der Syenit (Hornblende-Kalifeldspat-Gestein) von Biella, während der schöne, große Kalifeldspäte führende Granit von Baveno im Jungpaläozoikum eingedrungen ist. Der Bergeller Granit ist wieder jung und hat ein Gefolge von Pegmatiten mit Beryll und Turmalin und Kontaktzonen mit Granat, Diopsid, Vesuvian und anderen Kontaktmineralien. Diese finden sich dann in sehr schöner Entwicklung am Südrand der gleichfalls jungen Adamello-Granite und -Tonalite in Aufschlüssen, die vom Passo di Croce Domini leicht erreichbar sind. Der Adamello-Pluton ist hier in Kalke und Dolomite der mittleren Trias eingedrungen. Sehr gut sind außerdem kilometerlange, völlig geradlinig verlaufende, lamprophyrische Gänge zu sehen. Jungpaläozoisch ist wiederum der Granit von Brixen, tertiär hingegen der Rieserferner Tonalit im Norden davon. Der etwas abseits der Periadriatischen Linie liegende Granit und Granodiorit der Cima d'Asta ist alt.

Ganz aus dem Rahmen fallen die kleinen Intrusivstöcke von Predazzo und Monzoni mitten in den Dolomiten mit Pyroxenit — das ist ein fast nur aus Augit bestehendes Gestein — Monzonit und Granit, die in der Obertrias aufgedrungen sind und sehr schöne Kontakte zu Kalken und Dolomiten entwickelt haben. In vielen Sammlungen sind große Stufen von Vesuvian in auffallend blau gefärbten Calcitmassen von diesen Fundorten anzutreffen.

Verhältnismäßig arm an Mineralien sind die tertiären Ergußgesteine; immerhin ist der Basalt von Weitendorf im oststeirischen Tertiärbecken bekannt für verschiedene Chalcedone, Aragonitkriställchen und Zeolithe.

Weiterführende Literatur

Mineralogie und Gesteinskunde

Bauer, J. und F. Tvrz: Der Kosmos-Mineralienführer. Stuttgart 1972
Betechtin, A: Lehrbuch der speziellen Mineralogie. Leipzig 1971
Bögel, H.: Knaurs Mineralienbuch. München 1968
Brauns, R. und K. F. Chudoba: Allgemeine Mineralogie, Sammlung Göschen. Berlin 1968
Spezielle Mineralogie, Sammlung Göschen. Berlin 1964
Bruhns, W. und P. Ramdohr: Petrographie, Sammlung Göschen. Berlin 1966
Gasser, G.: Die Mineralien Tirols, einschließlich Vorarlbergs und der Hohen Tauern. Innsbruck 1913 (F)
Kipfer, A.: Der Micromounter. Thun 1972 (+)
Königsberger, J. G.: Die zentralalpinen Lagerstätten. Unveränderter Nachdruck. Basel 1940 (F)
Lieber, W.: Mineralogie in Stichworten. Kiel 1969
Lieber, W.: Der Mineraliensammler. Thun und München 1971 (+)
Meixner, H.: Die Minerale Kärntens, 21. Sonderheft der Carinthia II. Klagenfurt 1957 (F)
Parker, R. L. und H. U. Bambauer: Mineralienkunde. Thun 1973 (+)
Ramdohr, R. und H. Strunz: Klockmann's Lehrbuch der Mineralogie. Stuttgart 1967
Schumann, W.: Steine und Mineralien, 2. Aufl. München 1973 (+)
Stalder, H. A. und F. Haverkamp: Mineralien. Verborgene Schätze unserer Alpen. Lausanne 1973 (+)
Stalder, H. A., de Quervain, F., Niggli, E. und St. Graeser: Die Mineralfunde der Schweiz. Basel 1973 (F)
Strunz, H.: Mineralogische Tabellen. Leipzig 1970
Weibel, M.: Die Mineralien der Schweiz. Basel und Stuttgart 1969 (F)

Allgemeine Geologie

Brinkmann, R.: Lehrbuch der allgemeinen Geologie, 3 Bände. Stuttgart 1964—1972
Brinkmann, R.: Abriß der Geologie, I. Band, Allgemeine Geologie 1967. II. Band, Historische Geologie. Stuttgart 1966
Kopp, K. O.: Geologie. Berlin und Darmstadt 1971 (+)
Lotze, F.: Geologie, Sammlung Göschen. Berlin 1968
Murawski, H.: Geologisches Wörterbuch. Stuttgart 1972
Rid, H.: Geologie erlebt. München 1969 (+)
Schmidt, Kl.: Erdgeschichte, Sammlung Göschen. Berlin 1972

Geologie der Alpen

Gwinner, M.: Geologie der Alpen. Stuttgart 1971
Heierli, H.: Geologische Wanderungen in der Schweiz, mit einer Einführung in die geologischen Grundlagen. Thun 1973 (+)
Koenig, M.: Kleine Geologie der Schweiz. Thun 1972 (+)
Ladurner, J. u. a.: Die Welt der Alpen. Frankfurt und Innsbruck 1970 (+)
Tollmann, A.: Ostalpensynthese. Wien 1963

Zeitschriften für Sammler

Der Aufschluß. Herausgeber: Vereinigung der Freunde der Mineralogie und Geologie, 69 Heidelberg, Kastellweg 6

Der Karinthin. Herausgeber: Naturwissenschaftlicher Verein für Kärnten, A 9010 Klagenfurt, Museumsgasse 2

Schweizer Strahler, F. B. Haverkamp, CH 6002 Luzern, Postfach

Urner Mineralienfreunde. L. Lussmann, CH 6460 Altdorf, Bessler Weg

(+) Allgemeinverständliche Einführungen

(F) Spezielle Fundort-Literatur

Beispiele einiger Kristallformen

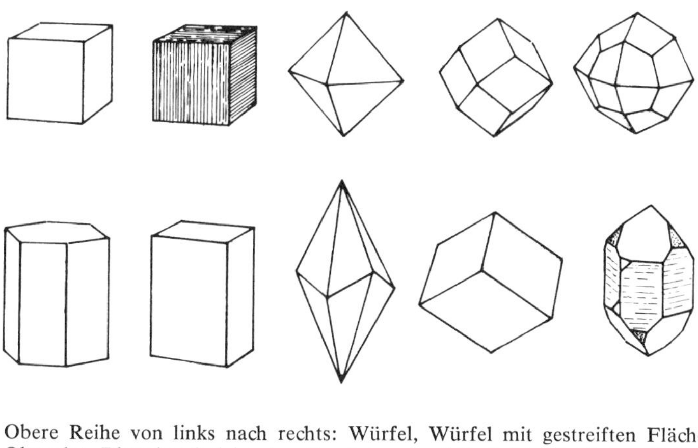

Obere Reihe von links nach rechts: Würfel, Würfel mit gestreiften Flächen (Pyrit), Oktaeder, Rhombendodekaeder, Ikositetraeder (alle kubisch). Untere Reihe: hexagonale Säule, tetragonale Säule, Skalenoeder, Rhomboeder (beide Calcit), Quarzkristall (trigonal).

Alphabetisches Verzeichnis der im Text und bei den Tafeln erwähnten Mineralien

Achat	SiO_2	trigon.	dichte Quarz-Varietät
Adular	$K[AlSi_3O_8]$	mono.	klare Var. v. K-Feldspat
Albit	$Na[AlSi_3O_8]$	trikl.	siehe Plagioklas
Almandin	$Fe_3Al_2[SiO_4]_3$	kub.	Granat-Gruppe
Amethyst	SiO_2	trigon.	violette Quarz-Var.
Amphibol	Gruppe der Hornblenden	siehe dort	Strahlstein, Tremolit
Analcim	$Na[AlSi_2O_6] \cdot H_2O$	kub.	
Anatas	TiO_2	tetra.	Modifikation von TiO_2
Andalusit	$Al_2[O \vert SiO_4]$	orthorh.	
Andradit	$Ca_3Fe_2[SiO_4]_3$	kub.	Granat-Gruppe
Anhydrit	$Ca[SO_4]$	orthorh.	
Antigorit	$Mg_6[(OH)_8 \vert Si_4O_{10}]$	mono.	Blätter-Serpentin
Apatit	$Ca_5[(Cl,F) \vert (PO_4)_3]$	hex.	
Apophyllit	$KCa_4[F \vert (Si_4O_{10})_2] \cdot 8\,H_2O$	tetra.	
Aragonit	$Ca[CO_3]$	orthorh.	Modifikation v. $Ca[CO_3]$
Arsenkies	FeAsS	orthorh.	
Asbest	teils Strahlstein, meist Chrysotil		siehe dort
Augit	Ca-Mg-Fe-Ti-Silikat	mono.	Augit-Gruppe
Baryt	$Ba[SO_4]$	orthorh.	
Bergkristall	SiO_2	trigon.	wasserklare Quarz-Var.
Bergleder	meist feinverfilzter Chrysotil		siehe Chrysotil
Beryll	$Al_2Be_3[Si_6O_{18}]$	hex.	
Biotit	$K(Mg,Fe,Mn)_3[(OH,F)_2 \vert AlSi_3O_{10}]$	mono.	Glimmer-Gruppe
Blauquarz	SiO_2	trigon.	seltene blaue Quarz-Var.
Bleiglanz	PbS	kub.	
Breunnerit	$Mg[CO_3]$	trigon.	eisenhaltiger Magnesit
Brookit	TiO_2	orthorh.	Modifikation von TiO_2
Calcit	$Ca[CO_3]$	trigon.	Modifikation v. $Ca[CO_3]$
Chalcedon	SiO_2	trigon.	dichte Quarz-Var.
Chlorit	Mg-Fe-Al-Silikat	mono.	Mischreihe
Chromit	$FeCr_2O_4$	kub.	
Chrysotil	$Mg_6[(OH)_8 \vert Si_4O_{10}]$	mono.	Faser-Serpentin, Asbest
Coelestin	$Sr[SO_4]$	orthorh.	
Demantoid	Cr-haltiger Grossular	kub.	siehe Grossular
Desmin	$Ca[Al_2Si_7O_{18}] \cdot 7\,H_2O$	mono.	Zeolith-Gruppe
Diopsid	$CaMg[Si_2O_6]$	mono.	Pyroxen-Gruppe
Disthen	$Al_2[O \vert SiO_4]$	trikl.	
Dolomit	$CaMg[CO_3]_2$	trigon.	
Eisenblüte	$Ca[CO_3]$	orthorh.	ästige Form v. Aragonit
Eisenrose	Fe_2O_3	trigon.	Var. von Hämatit
Epidot	$Ca(Fe,Al)Al_2[O \vert OH \vert SiO_4 \vert Si_2O_7]$	mono.	
Fahlerz	$(Cu,Ag,Hg)_3AsS_{3,25}$	kub.	
Feldspat-Familie	siehe Orthoklas, Mikroklin, Plagioklas, Adular, Albit		
Fluorit	CaF_2	kub.	
Gips	$Ca[SO_4] \cdot 2\,H_2O$	mono.	
Glimmer-Gruppe	siehe Biotit, Muskovit		

Granat-Gruppe	siehe Almandin, Andradit, Grossular u. a.		
Graphit	C	hex.	
Grossular	$Ca_3Al_2[SiO_4]_3$	kub.	Granat-Gruppe
Hämatit	Fe_2O_3	trigon.	
Hessonit	Fe-haltiger Grossular	kub.	Edelstein-Var.
Heulandit	$Ca[Al_2Si_7O_{18}] \cdot 6\,H_2O$	mono.	Zeolith-Gruppe
Hornblende	Ca-Mg-Al-Fe-Silikat	mono.	Amphibol-Gruppe
Kalifeldspat	Sammelname f. Orthoklas, Mikroklin, Adular u. a.		
Korund	Al_2O_3	trigon.	
Krokydolith	Na-Fe-Hornblende	mono.	Amphibol-Gruppe
Kupferkies	$CuFeS_2$	tetra.	
Magnesit	$Mg[CO_3]$	trigon.	
Magnetit	$FeFe_2O_4$	kub.	
Mikroklin	$K[AlSi_3O_8]$	trikl.	K-Feldspat
Molybdänglanz	MgS_2	hex.	
Muskovit	$KAl_2[(OH,F)_2 \mid AlSi_3O_{10}]$	mono.	Glimmer-Gruppe
Olivin	$(Mg,Fe)_2[SiO_4]$	orthorh.	
Orthoklas	$K[AlSi_3O_8]$	mono.	K-Feldspat
Paragonit	$NaAl_2[(OH,F)_2 \mid AlSi_3O_{10}]$	mono.	Glimmer-Gruppe
Plagioklas	$Na[AlSi_3O_8] \leftrightarrow Ca[Al_2Si_2O_8]$	trikl.	Mischungsreihe
Pyrit	FeS_2	kub.	
Pyroxen	Gruppe der Augite	siehe Augit, Diopsid, Spodumen	
Quarz	SiO_2	trigon.	
Rauchquarz	SiO_2	trigon.	graubraune Quarz-Var.
Realgar	As_4S_4	mono.	
Rhodochrosit	$Mn[CO]_4$	trigon.	
Rutil	TiO_2	tetra.	Modifikation von TiO_2
Scheelit	$Ca[WO_4]$	tetra.	
Schwefel	S	orthorh.	
Sericit	$KAl_2[(OH,F)_2 \mid AlSi_3O_{10}]$	mono.	feinschuppiger Muskovit
Serpentin	$Mg_6[(OH)_8 \mid Si_4O_{10}]$	mono.	
Siderit	$Fe[CO_3]$	trigon.	
Smaragd	$Al_2Be_3[Si_6O_{18}]$	hex.	Edelstein-Var. v. Beryll
Spargelstein	$Ca_5[(OH,F) \mid (PO_4)_3]$	hex.	Var. von Apatit
Sphen	$CaTi[O \mid SiO_4]$	mono.	Var. von Titanit
Spodumen	$LiAl[Si_2O_6]$	mono.	Pyroxen-Gruppe
Staurolith	Fe-Al-OH-Silikat	mono.	
Steinsalz	NaCl	kub.	
Strahlstein	$Ca_2(Mg,Fe)_5[(OH,F) \mid Si_4O_{11}]_2$	mono.	Amphibol-Gruppe
Talk	$Mg_3[(OH)_2 \mid Si_4O_{10}]$	mono.	
Titanit	$CaTi[O \mid SiO_4]$	mono.	
Tremolit	Fe-armer Strahlstein	mono.	Amphibol-Gruppe
Turmalin	Na-Li-Fe-Bor-Silikat	trigon.	
Vanadinit	$Pb_5[Cl \mid (VO_4)_3]$	hex.	
Vesuvian	Ca-Mg-Fe-Silikat	tetra.	
Wulfenit	$Pb[MoO_4]$	tetra.	
Zeolith-Gruppe	siehe Desmin, Heulandit		
Zinkblende	ZnS	kub.	
Zirkon	$Zr[SiO_4]$	tetra.	
Zoisit	$Ca_2Al_3[O \mid OH \mid SiO_4 \mid Si_2O_7]$	orthorh.	

Register

Das Register enthält die im Tafelteil aufgeführten Namen.

Abax ovalis 162, T 54
Abida secale 152, T 49
Abies alba 30, T I
Acanthis flammea
cabaret 202, T 74
f. flammea 202
Acer pseudoplatanus
30, T I
Achatschnecke Glatte
152, T 49
Achillea
atrata 48, T 7
clavenae 74, T 20
nana 56, T 11
Acmaeops pratensis 166
Aconitum
napellus 130, T 48
paniculatum 130, T 48
variegatum 130
vulparia 130, T 48
Adalia
bipunctata 164
decempunctata 164,
T 55
Adenostyles
alliariae 130
glabra 130, T 48
Adular 218, T 80
Aegopinella nitens
154, T 50
Aeschna juncea 158, T 52
Äskulapschlange 192,
T 69
Affodil Weißer 114, T 40
Afterskorpion
Joch- 156, T 51
Agabus solieri 162, T 54
Aglais urticae 174
Ahorn
Berg- 30, T I
Ajuga pyramidalis
108, T 37
Akelei
Alpen- 54
Bertolonis 54, T 10
Albit 218, T 80
Albulina orbitulus
176, T 61
Alectoria ochroleuca
122, T 44
Alectoris graeca 196, T 71
Allermannsharnisch
126, T 47
Allium
narcissiflorum 54, T 10
schoenoprasum 68,
T 17
victorialis 128, T 47
Almandin 216, T 79
Alnus viridis 130, T 48
Alpenapollo 174
Alpenbirkenzeisig
202, T 74
Alpenbläuling Dunkler
176, T 61
Alpenblattkäfer 168, T 57
Alpenbock 166, T 56
Alpenbraunelle 202, T 74
Alpendohle 194, T 70
Alpendost
Grauer 130
Kahler 130, T 48
Alpeneichenspinner
178, T 62
Alpenfledermaus
208, T 77
Alpengebirgsschrecke
160, T 53
Alpenglöckchen
Echtes 60, T 13
Kleines 64, T 15
Kleinstes 62, T 14
Alpenkiefernspinner
158, T 62
Alpenklee
Schneeweißer 96
Alpenkrähe 194, T 70
Alpenlattich
Gemeiner 122, T 44
Filziger 122
Alpenmistkäfer 164, T 55
Alpenmohn
Bündner 48, T 7
Weißer 48, T 7
Alpenmolch 190, T 68
Alpenohrwurm 140, T 53
Alpenperlmutterfalter
174, T 60
Alpenringelspinner
178, T 62
Alpenrose
Bewimperte 124, T 45
Rostblättrige 126, T 46
Zwerg- 70, T 18
Alpensalamander 190,
T 68
Alpenscharte
Gewöhnliche 120, T 43
Niedrige 118, T 42
Zwerg- 120
Alpenschneehuhn 196,
T 71
Alpensegler 200, T 73
Alpenspitzmaus 208, T 77
Alpenweißling 174, T 60
Alyssum alpestre 44, T 5
Amara erratica 162, T 54
Amelanchier ovalis
74, T 20
Amethyst 214, T 78
Anacrostichus bistortae
172, T 59
Anatis ocellata 164, T 55
Andrena
lapponica 170, T 58
hattorfiana 170, T 58
Androsace
alpina 56, T 11
carnea 108, T 37
chamaejasme 76, T 21
helvetica 36, T 1
lactea 76, T 21
vandellii 42, T 4
villosa 72, T 19
Anemone
Alpen- 90, T 28
baldensis 54, T 10
Frühlings- 110, T 38
narcissiflora 92, T 29
Schwefel- 110, T 38
Anguis fragilis 190, T 68
Anthomus varians
168, T 57
Anthophagus alpinus
164, T 55
Anthus spinoletta
202, T 74
Anthyllis
montana 84, T 25
vulneraria 82, T 24
Apatit 216, T 79
Aphidecta obliterata
164, T 55
Aphodius
fimetarius 164, T 55
fossor 164, T 55
Aphthona ovata 168, T 57
Apollo 174, T 60
Schwarzer 174, T 60
Apophyllit 218, T 80
Apus melba 200, T 73
Aquila chrysaetos
194, T 70
Aquilegia
alpina 54
bertolonii 54, T 10
Arabis
alpina 50, T 8
bellidifolia 66, T 16
coerulea 60, T 13
pumila 72, T 21
soyeri ssp. jacquinii
66, T 16
vochinensis 74, T 20

Aragonit 216, T 79
Araneus diadematus
stellatus 156, T 51
Arctia
caja 182
flavia 182, T 64
Arctiidae 182
Arctostaphylos alpina
124, T 45
Arenaria
biflora 64, T 15
ciliata 64
Arnica montana 102, T 34
Artemisia
genipi 58, T 12
glacialis 42
laxa 42, T 4
nivalis 58
petrosa 44, T 5
Arve 32, T II
Asphodelus albus
114, T 40
Aspisviper 192, T 69
Asplenium
seelosii 42
septentrionale 42, T 4
Aster
Alpen- 82, T 24
alpinus 82, T 24
bellidiastrum 82, T 24
Astragalus
alpinus 92, T 29
australis 84, T 25
frigidus 92, T 29
penduliflorus 92
sempervirens 84, T 25
Astrantia
bavarica 108
minor 108, T 37
Auerhuhn 196, T 71
Augenfalter 176
Augenmarienkäfer
164, T 55
Augentrost
Kleinster 104, T 35
Augit 218, T 80
Aurikel
Alpen- 36, T 1
Autographa
aemula 180, T 63
gamma 180
Azalee
Alpen- 122, T 44

Bachforelle 184, T 65
Bachsaibling 184, T 65
Bänderschnecke
Berg- 154, T 50
Bär
Brauner 182
Engadiner 182, T 64
Bärenspinner 182
Bärentraube
Alpen- 124, T 45
Baldrian
Felsen- 36, T 1
Verlängerter 62, T 14
Zwerg 48, T 7
Balea perversa 154, T 50
Bartgrundel 186, T 66
Bartkäfer 162, T 54
Baryt 214, T 78
Baummarder 206, T 76
Baumschnegel 154, T 50
Baumwanze 156, T 51
Bembidion tibiale
162, T 54
Bergeidechse 190, T 68
Bergkristall 214, T 78
Berglaubsänger 202, T 74
Bergmolch 190, T 68
Berufskraut
Alpen- 90, T 28
Drüsiges 90
Einblütiges 120, T 43
Verkanntes 90
Beryll 218, T 80
Binse
Dreispaltige 104, T 35
Dreispelzige 68
Gemsen- 68, T 17
Binsenjungfer 158, T 52
Birkhuhn 196, T 71
Biscuitella
laevigata 124, T 45
Bläulinge 176
Blatthornkäfer 164
Blaubock 166, T 56
Blaugras
Eiköpfiges 72
Gemeines 80, T 23
Rundköpfiges 72, T 18
Blaumerle 200, T 73
Blindschleiche 190, T 68
Blutauge
Wind- 122, T 44
Bodenwanze 156, T 51
Bohemanella frigida
160, T 53
Bohnenblattlaus 156
Bolaria pales 174, T 60
Bombina variegata
188, T 67
Bombus
elegans 170, T 58
gerstaeckeri 170, T 58
lapponicus 170, T 58
Boreus hyemalis 172, T 59
Borstgras 100, T 33
Bremse Schwarze
172, T 59
Brillenschötchen
124, T 45
Bryodema tuberculata
160, T 53
Bubo bubo 194, T 70
Buche
Hopfen- 34, T III
Rot- 30, T I
Bufo
bufo 188, T 67
viridis 188, T 67
Bupleurum
petraeum 86
ranunculoides 86, T 26

Calamintha alpina
80, T 23
Calcit 214, T 78
Callianthemum
coriandrifolium
62, T 14
Campanula
alpina 108, T 31
barbata 108, T 31
caespitosa 50
cenisia 54, T 10
cochleariifolia 50, T 8
morettiana 38, T 2
raineri 38
scheuchzeri 100, T 33
zoysii 40, T 3
Cantharis fibulata
164, T 55
Capa ibex 204, T 75
Capreolus capreolus
204, T 75
Carabus
auronitens 162, T 54
nemoralis 162, T 54
Cardamine alpina
64, T 15
Carex
atrata 120, T 42
curvula 106, T 36
ferruginea 90, T 28
firma 70, T 18
frigida 68, T 17
humilis 82
mucronata 70
rupestris 70
sempervirens 82, T 24
Carpocoris
melanocerus 156, T 51
pudicus melanocerus
156
Castanea sativa 34, T III
Celtis australis
34, T III
Centaurea
montana 94, T 30
rhaetica 114
triumfetti 94
uniflora 114, T 40
Centroptilum
luteolum 158, T 52
Cepaea silvatica 154, T 50
Cerastium
alpinum 120, T 42
cerastioides 56, T 11
latifolium 52, T 9
uniflorum 56
Cerinthe glabra 128, T 47
Cervus elaphus 204, T 75
Cetraria
cuculata 56, T 11
islandica 56
nivalis 56, T 11

Chamorchis alpina
76, T 21
Chelidura aptera
160, T 53
Cherosotis ocellina
180, T 63
Chloritschiefer 214, T 78
Chondrina avenacea
152, T 49
Chrysanthemum
alpinum 52, T 9
atratum 48, T 7
Chrysochloa
gloriosa gloriosa
168, T 57
speciosissima 168, T 57
Cicerbita alpina
130, T 48
Cicindela silvicola
124, T 54
Cidaria
flavicinctata 182, T 64
salicata 182, T 64
turbata 182, T 64
Cinclus cinclus 200, T 73
Cinxia lappona 170, T 58
Clausilia dubia
obsoleta 155, T 50
Clematis alpina 126, T 46
Clossiana thore 174, T 60
Cobitis taenia 186, T 66
Coccinella
septempunctata 164
Cochlicopa lubrica
152, T 49
Coeloglossum viride
102, T 34
Coenosia obscuricula
172, T 59
Collas phicomone
174, T 60
Columella edentula
152, T 49
Coronella austriaca
192, T 69
Cortusa matthioli
128, T 47
Corvus corax 194, T 70
Corymbites
cupreus 142, T 54
pectinicornis 142, T 54
Cottus gobio 166, T 66
Crepidodera peirolerii
168, T 52
Crepis
aurea 96, T 31
jacquini 72, T 19
pontana 94, T 30
pygmaea 54, T 10
rhaetica 46, T 6
Crocus albiflorus
98, T 32
Cryptocephalus aureolus
monticola 168, T 57
Cryptogramma crispa
58, T 12
Cychrus angustatus
162, T 54
Cycnia sordida 182, T 64
Cytisus ardoini 114, T 40
sesselifolius 114, T 40

Dachs 206, T 76
Dammläufer 162, T 54
Daphne
cneorum 124, T 45
petraea 124
striata 124, T 45
Dasypoda argentata
170, T 58
Dasypolia templi
alpina 180, T 63
Dasytes alpigradus
164, T 55
Decitus verrucivorus
160, T 53
Demantoid 216, T 79
Dendrocopos leucotos
198, T 72
Dendrolimus pini
montana 178, T 62
Dianthus
alpinus 120, T 43
furcatus 116, T 41
glacialis 118, T 42
monspessulanus
74, T 20
neglectus 116, T 41
sylvestris 112, T 39
Dickkopffalter 176
Diopsid 218, T 80
Discus
rotundatus 152, T 49
ruderatus 152, T 49
Diskusschnecke
Braune 152, T 49
Gefleckte 152, T 49
Distelfalter 174
Disthen 216, T 79
Dolomit 216, T 79
Dorngrundel 186, T 66
Dorntragant
Alpen- 84, T 25
Doronicum
glaciale 52
grandiflorum 52, T 9
Draba
aizoides 78, T 22
carinthiaca 38
dubia 38, T 2
fladnizensis 46, T 6
hoppeana 46, T 6
tomentosa 38
Drachenmaul
Pyrenäen- 88, T 27
Dreizehenspecht 198, T 72
Dryas octopetala 70, T 18
Dryocopos martius 198,
T 72
Dungfliege 172, T 59
Dungkäfer 164, T 55
Ectobius lapponicus
160, T 53
Edelkastanie 34, T III
Edelmarder 206, T 76
Edelraute
Echte 42, T 4
Felsen- 44, T 5
Gletscher- 42
Schwarze 58, T 12
Edelweiß 118, T 42
Ehrenpreis
Alpen- 98, T 32
Blattloser 120, T 43
Felsen- 102, T 34
Gelber 74, T 20
Maßliebchen- 102
Strauchiger 116, T 41
Eiche
Flaum- 34, T III
Stechpalmenblättrige 34
Stein- 34
Eilkäfer 162, T 54
Eintagsfliege 158, T 52
Eisenblüte 216, T 79
Eisenhut
Blauer 130, T 48
Bunter 130
Rispiger 130, T 48
Wolfs- 130, T 48
Elaphe longissima
192, T 69
Eliomys quercinus
208, T 77
Elritze 186, T 66
Elyma myosuroides
118, T 42
Empetrum nigrum
126, T 46
Ena montana 154, T 50
Endrosa aurita ramosa
182, T 64
Entomobrya nivalis
158, T 52
Enzian
Bayerischer 56, T 11
Breitblättriger 106, T 36
Dachziegeliger 72, T 19
Deutscher 80
Feld- 80
Frühlings- 82, T 24
Gelber 100, T 33
Karawanken 72, T 19
Kleiner 62, T 14
Kurzblättriger 46, T 6
Punktierter 100, T 33
Purpurroter 100, T 33
Rauher 80, T 23
Rundblättriger 78, T 22
Schmalblättriger
84, T 25
Schnee- 78, T 22
Steirischer 72
Stengelloser 78, T 22
Südalpen- 106
Ungarischer 100, T 33

Epidot 216, T 79
Epilobium
alsinifolium 66, T 16
anagallidifolium
68, T 17
fleischeri 54, T 10
Erbsenmuschel Gemeine
152, T 49
Erdkröte 188, T 67
Erdwanze 156, T 51
Erebia
gorge 176, T 61
manto 178, T 62
pandrose 178, T 62
pluto 176, T 61
pronoe 176, T 61
Erica carnea 124, T 45
Erigeron
alpinus 90, T 28
atticus 90
neglectus 90
uniflorus 120, T 43
Erinus alpinus 86, T 26
Eriophorum
angustifolium 68
scheuchzeri 68, T 17
vaginatum 68
Eristalomyia
cryptarum 170, T 58
tenax 170, T 58
Eritrichum nanum 42,
T 4
Erle
Grün- 130, T 48
Eucobresia diaphana
154, T 50
Eudromius morinellus
200, T 73
Eulen 178
Euphrasia minima
104, T 35
Euphydrias cynthia
176, T 61
Eurydema rotundicollis
156, T 51
Eurygaster fokkeri
156, T 51

Fagus silvatica 30, T I
Fahlerz 214, T 78
Faltenlilie
Spätblühende 118, T 42
Federgeistchen 182
Federkiemenschnecke
Alpen- 152, T 49
Federnelke
Alpen- 74, T 20
Felsenbirne
Gemeine 74, T 20
Felsenblümchen
Eis- 38, T 2
Filziges 38
Gemeines 74, T 20
Kärntner 38
Felsenschwalbe 200, T 73
Felsenspringer 158, T 52
Festuca
halleri 108, T 37
rupicaprina 108
violacea 96, T 31
Fetthenne 112, T 39
Fettkraut
Alpen- 66, T 16
Gemeines 66, T 16
Feuersalamander
190, T 68
Fichte 30, T I
Fingerkraut
Alpen- 40, T 3
Dolomiten- 74, T 20
Gletscher- 62
Gold- 76, T 21
Schmalkronblättriges
44, T 5
Schnee- 38, T 2
Schneeweißes 120, T 43
Stengel- 36, T 1
Zottiges 76
Zwerg- 62, T 14
Flechte
Faden- 122, T 44
Landkarten- 122, T 44
Nabel- 122, T 44
Flechtenbär Dunkler
182, T 64
Fleckenfalter 174, T 60
Fleischfliege 172, T 59
Flinkläufer 162, T 54
Flockenblume
Berg- 94, T 30
Bunte 94
Einköpfige 114, T 40
Südalpen- 114
Fluorit 214, T 78
Föhre, Berg- 32, T II
Engadiner 32
Wald- 32, T II
Forficula auricularia 160
Formica rufa 150, T 58
Fuchs Kleiner 154
Furchenwasserkäfer
164, T 55

Gänsegeier 194, T 70
Gänsekresse
Alpen- 50, T 8
Blaue 60, T 13
Glänzende 66, T 16
Wocheiner 74, T 20
Zwerg- 76, T 21
Galba truncatula
152, T 49
Gammaeule 180
Gartenschläfer 208, T 77
Gaurotes
excellens 166
virginea 166, T 56
Gebirgsflohkäfer
168, T 57
Gebirgsschnurfüßer
156, T 51
Gebirgsschrecke
Nordische 160, T 53
Gebirgsstelze 200, T 73
Gelbbauchunke 188, T 67
Gelbling
Alpen- 64, T 15
Gemse 204, T 75
Gemskresse
Alpen- 50, T 8
Gemswurz
Gletscher- 52
Großblütige 52, T 9
Genista radicata 114
Gentiana
alpina 106
angustifolia 84, T 25
aspera 80, T 23
bavarica 56, T 11
bavarica ssp.
subacaulis 56, T 11
brachyphylla 46, T 6
campestris 80
clusii 78, T 22
favrati 78, T 22
frigida 72
froelichii 72, T 19
germanica 80
kochiana 106, T 36
lutea 100, T 33
nivalis 78, T 22
orbicularis 78, T 22
panonica 100, T 33
pumila 62, T 14
punctata 100, T 33
purpurea 100, T 33
rotundifolia 46
terglouensis 72, T 19
verna 82, T 24
Geotrupes alpinus
164, T 55
Geometridae 182
Geranium
argenteum 86, T 26
phaeum 128, T 47
silvaticum 128
Germer Weißer 128,
T 47
Geum
montanum 102, T 34
reptans 58, T 12
Ginster
Kugel- 114
Meergrüner 114
Gipskraut
Kriechendes 50, T 8
Glanzschnecke
Geritzte 154, T 50
Weitmund- 154, T 50
Glasschnecke
Kugelige 154, T 50
Ohrförmige 154, T 50
Glattnatter 192, T 69
Gletscherfloh 158, T 52
Gletscherraute Kahle 58
Glimmerschiefer 216, T 79
Glis glis 208, T 77

Globularia
cordifolia 70, T 18
nana 38, T 2
nudicaulis 70, T 18
Glockenblume
Alpen- 108, T 37
Bärtige 108, T 37
Dolomiten- 38, T 2
Insubrische 38
Mt. Cenis- 54, T 10
Nickende 40, T 3
Rasen- 50
Scheuchzers 100, T 33
Zwerg- 50, T 8
Glöckel
Alpen- 128, T 47
Glucken 178
Gnaphalium
hoppeanum 60, T 13
supinum 64, T 15
Gomphocerus sibiricus 160, T 53
Granat 216, T 79
Grannenhafer
Silber- 54
Zweizeiliger 54, T 10
Grasfrosch 188, T 67
Grashüpfer 160, T 53
Gratlinse 92, T 29
Gregoria vitaliana 84, T 25
Greiskraut
Gemswurz- 76, T 21
Kopf- 86, T 26
Krainer 106, T 36
Groppe 186, T 66
Günsel
Pyramiden- 108, T 37
Gymnadenia odoratissima 124, T 45
Gyps fulvus 194, T 70
Gypsophila repens 50, T 8

Habichtskraut
Endivien- 42, T 4
Haartragendes 88
Orangerotes 102, T 34
Weißliches 42, T 4
Zottiges 88, T 27
Hadena tephroleuca 180, T 63
Hämatit 214, T 78
Haematomma ventosum 122, T 44
Händelwurz
Weiße 100, T 33
Wohlriechende 124, T 45
Hafer Immergrüner 80, T 23
Haferkornschnecke 152, T 49
Hahnenfuß
Alpen- 60, T 13
Bastard- 40, T 3
Berg- 96, T 31
Eisenhutblättriger 130, T 48
Gift- 84, T 25
Gletscher- 56, T 11
Pyrenäen- 104, T 35
Seguiers 84, T 25
Zwerg- 60
Hainlaufkäfer 162, T 54
Hainsimse 104, T 35
Halsbock 166, T 56
Haselhuhn 196, T 71
Hasenohr, Felsen- 86
Hahnenfuß- 86, T 26
Hauswurz
Berg- 112, T 39
Gelbe 112
Spinnweben- 112, T 39
Heckenkirsche
Alpen- 126
Blaue 126, T 46
Heckenrose
Alpen- 128, T 47
Hedysarum hedysaroides 92, T 29
Heide
Schnee- 124, T 45
Heidelbeere 126
Helianthemum
alpestre 70, T 18
nummularium 70
Helicigona arbustorum 154, T 50
Helictotrichon parlatorei 80, T 23
Heliosperma
eriophorum 66
quadridentatum 66, T 16
Helophorus nivalis 164, T 55
Helmkraut
Alpen- 86, T 26
Hermelin 208, T 77
Hesperidae 176
Heufalter Grünlicher 174, T 60
Heulandit 218, T 80
Heupferd
Grünes 160
Hieracium
aurantiacum 102, T 34
intybaceum 42, T 4
piliferum 88, T 27
villosum 88, T 27
Hilaria interstincta 172, T 59
Himmelsherold
Zwerg- 42, T 4
Hiptelia ochreago 180, T 63
Hohlzunge Grüne 102, T 34
Homogyne
alpina 122, T 44
discolor 122
Horminum pyrenaicum 88, T 27
Hornblende 218, T 80
Hornkraut
Alpen- 120, T 42
Breitblättriges 52, T 9
Dreigriffeliges 56, T 11
Eingriffeliges 56
Hosenbiene 170, T 58
Hungerblümchen
Fladnitzer 46, T 6
Hoppes 46, T 6
Immergrünes 78, T 22
Hutchinsia alpina 50, T 8
Hybomitra aterrimus 172, T 59
Hydroporus
foveolatus 162, T 54
Hyla arborea 188, T 67
Hylemia variata 172, T 59
Hylobius abietis 168, T 57
Hypsojulus alpivagus 156, T 51

Iberis
saxatilis 38, T 2
sempervirens 38
Iltis 206, T 76
Inachis io 174
Iphigena plicatula 154, T 50
Isognomostoma
holosericum 154, T 50
Isotoma saltans 158, T 52
Juncus
jacquini 68, T 17
trifidus 104, T 35
triglumis 68

Kammolch
Alpen- 190, T 68
Kernera saxatilis 36, T 1
Keulenschrecke 160, T 53
Kiefer, Schwarz- 32
Wald- 32, T II
Zirbel- 32, T II
Klee, Alpen- 104, T 35
Braun- 96, T 31
Rasiger 96, T 31
Knabenkraut
Kugelblütiges 90, T 28
Zwerg- 76, T 21
Knöterich
Knöllchen- 78, T 22
Knotenameise 170, T 58
Köcherfliege 158, T 52
Kohlröschen
Rotes 94, T 30
Schwarzes 94, T 30
Kohlweißling 174
Kolkrabe 194, T 70
Kopfgras Zweizeiliges 106, T 36
Koppe 186, T 66
Krähenbeere 126, T 46
Kreuzdorn
Zwerg- 38, T 2
Kreuzotter 192, T 69

Kreuzspinne 156, T 51
Krokus
Frühlings- 98, T 32
Küchenschelle 110, T 38
Kugelblume
Herzblättrige 70, T 18
Nacktstenglige 70, T 18
Zwerg- 38, T 2
Kugelschötchen
Felsen- 36, T 1

Lacerta
agilis 190, T 68
muralis 190, T 68
viridis 190, T 68
vivipara 190, T 68
Lärche 32, T II
Läusekraut
Farnblättriges 46, T 6
Fleischrotes 90, T 28
Geschnäbeltes 88, T 27
Gestutztes 88
Knolliges 108, T 31
Quirlblättriges 88, T 27
Reichblütiges 90
Rosarotes 72, T 19
Lagopus mutus 196, T 71
Langhornbock 166, T 56
Lapplandhummel
170, T 58
Larix decidua 32, T II
Lasiocampa quercus
alpina 178, T 62
Lasiocapidae 178
Latsche 32, T II
Latschenborkenkäfer
168, T 57
Laubfrosch 188, T 67
Laubschnecke
Seidenglänzende 154,
T 50
Lauch
Narzissenblütiger
54, T 10
Schnitt- 68, T 17
Laufkäfer Goldglänzender 162, T 54
Leberbalsam
Alpen- 86, T 26
Leberegelschnecke 152,
T 49
Leimkraut
Felsen- 112, T 39
Großblütiges 74, T 20
Steinbrech- 112
Stengelloses 78, T 22
Lein, Alpen- 80, T 23
Sanntaler 80
Leinkraut
Alpen- 48, T 7
Leistus nitidus 162, T 54
Leontopodium alpinum
118, T 42
Leptura sanguinolenta
166, T 56
Lepus tinidus 206, T 76
Lestes sponsa 158, T 52
Leucorchis albida
100, T 33
Lichtnelke
Alpen- 110, T 38
Lieschgras
Alpen- 98, T 32
Rauhes 98
Ligusticum mutellina
98, T 32
Lilie
Trichter- 114, T 40
Linaria alpina 48, T 7
Linum alpinum 80, T 23
ssp. julicum 80
Liparus
germanus 168, T 57
glabrirostris 168
Liponeura minor
172, T 59
Listera cordata 126, T 46
Lithobius lucifugus
156, T 51
Lloydia serotina
118, T 42
Loiseleuria procumbens
122, T 44
Longitarsus rubellus
168, T 57
Lonizera
alpigena 126
coerulea 126, T 46
Lota lota 186, T 66
Luperus viridipennis
168, T 57
Luzula spadicea 104, T 35
Lycaenidae 176
Lycastes exulans
182, T 64
Lychnis alpina 110, T 38
Lycosa monticola
156, T 51
Lygirocoris
sylvestris 156, T 52
Lygistopterus sanguineus
164, T 55
Lygus montanus 156, T 51
Lyrurus tetrix 196, T 71

Machilis spec. 158, T 52
Mänderle
Blaues 40, T 3
Gelbes 74, T 20
Magnetit 214, T 78
Maikäfer 164
Malacosoma
alpicola 178, T 62
neustria 178, T 62
Malthodes marginatus
164, T 55
Mannsschild
Gletscher- 56, T 11
Milchweißer 76, T 21
Schweizer 36, T 1
Vielblütiger 42, T 4
Zottiger 72, T 19
Zwerg- 76, T 21
Marmota marmota
206, T 76
Martes martes 206, T 76
Maskenschnecke
Genabelte 154, T 50
Maßliebchen
Alpen- 82, T 24
Mauerläufer 200, T 73
Mauerpfeffer
Alpen- 64, T 15
Dickblättriger 112
Rundblättriger
112, T 39
Weißer 112, T 39
Mauswiesel 208, T 77
Mecoptera 172
Melaphyr 218, T 80
Meles meles 206, T 76
Melolontha melolontha
164
Mesembrina mystacea
172, T 59
Microtus nivalis
208, T 77
Miere
Felsen- 40
Frühlings- 80, T 23
Krummblättrige 110
Österreichische 40, T 3
Zwerg- 110, T 38
Milchlattich
Alpen- 130, T 48
Minuartia
austriaca 40, T 3
recurva 110
rupestris 40
sedoides 110, T 38
verna 80, T 23
Miramella alpina
160, T 53
Mistbiene 170, T 58
Moehringia
ciliata 50, T 8
muscosa 50, T 8
Mohrenfalter
Eis- 176, T 61
Gelbfleckiger 178, T 62
Graubrauner 178, T 62
Monochamus
sutor 166, T 56
Monticola
saxatilis 202, T 74
solitarius 200, T 73
Montifringilla nivalis
202, T 74
Moos
Island- 56
Mornellregenpfeifer
200, T 73
Mosaikjungfer 158, T 52
Motacilla cinerea
200, T 73
Mufflon 204, T 75
Murmeltier 206, T 76
Muskovit 218, T 80

Mustela
erminea 208, T 77
nivalis 208, T 77
putorius 206, T 76
Mutterwurz
Alpen- 98, T 32
Myosotis alpestris
98, T 32
Myrmica sulcinodis
170, T 58
Mythimna andereggi
180, T 63

Nabelmiere
Bewimperte 50, T 8
Moos- 50, T 8
Nacerda fulvicollis
166, T 56
Nacktried 118, T 42
Nardus stricta 100, T 33
Natrix, natrix 192, T 69
tessellata 192, T 69
Nelke
Alpen- 120, T 43
Gletscher- 118, T 42
Stein- 112, T 39
Übersehene 116, T 41
Nelkenwurz
Berg- 102, T 34
Kriechende 58, T 12
Netzmücke 172, T 59
Neuroptereoidea 172
Nigritella
nigra 94, T 30
rubra 94, T 30
Noctuidae 178
Noemacheilus barbatus
186, T 66
Notiophilus aquaticus
162, T 54
Nucifraga
caryocatactes 198, T 72
c. macrorhynchos 198
Nymphalidae 174
Nymphalis antiopa 174

Obisium jugorum
156, T 51
Ocypus brevipennis
164, T 55
Oedemera subulata
166, T 56
Ohrwurm
Gewöhnlicher 160
Oreina gloriosa
gloriosa 168, T 57
Oreonebria castanea
162, T 54
Orthoklas 218, T 80
Ostrya carpinifolia
34, T III
Otiorrhynchus
gemmatus 168, T 57
morio 168, T 57
niger 168, T 57
squamosus 168, T 57
Ovis musimon 204, T 75
Oxyria digyna 58, T 12
Oxytropis
campestris 118, T 42
lapponica 88
montana 88, T 27
Pachyta quadrimaculata
166, T 56
Panurgus banksianus
170, T 58
Papaver
rhaeticum 48, T 7
sendtneri 48, T 7
Papilio machaon 174
Papilionidae 174, T 60
Paradisia liliastrum
114, T 40
Paregle radicum 172, T 59
Parnassius
apollo 174, T 60
mnemosyne 174, T 60
phoebus 174
Pedicularis
aspleniifolia 46, T 6
foliosa 90, T 28
recutita 88
rosea 72, T 19
rostrato-capitata
88, T 27
rostrato-spicata
90, T 28
tuberosa 108, T 37
verticillata 88, T 27
Periklin 218, T 80
Perla maxima 158, T 52
Petersbart
Gletscher- 58, T 12
Petrocallis pyrenaica
78, T 22
Phaca
frigida 92, T 29
penduliflorus 92
Phalangium opilio
156, T 51
Phleum
alpinum 98, T 32
hirsutum 98
Phaonia morio 172, T 59
Phosphuga atrata
164, T 55
Phoxinus phoxinus
186, T 66
Phylloscopus bonelli
202, T 74
Phyteuma
confusum 110
comosum 38, T 2
globulariaefolium
46, T 6
hemisphaericum
110, T 38
pedemontana 46
sieberi 72, T 19
Phytodecta linnaeana
168, T 57
Picea abies 30, T I
Picoides tridactylus
198, T 72
Pidonia lurida 166, T 56
Pieridae 174
Pieris brassicae 174
Pinguicula
alpina 66, T 16
vulgaris 66, T 16
Pinselkäfer 164, T 55
Pinus
cembra 32, T II
montana 32, T II
mugo 32, T II
nigra 32
silvestris 32, T II
silvestris ssp.
engadinensis 32
Pipistrellus savii
208, T 77
Pippau
Berg- 94, T 30
Felsen- 72, T 19
Gold- 96, T 31
Rhätischer 46, T 6
Zwerg- 54, T 10
Pityogenes alpinus
168, T 57
Pisidium cinereum
152, T 49
Plantago
alpina 96, T 31
atrata 96
Platychirus manicatus
170, T 58
Plectrocnemia spec.
158, T 52
Poa alpina 98, T 32
Poecilocampa alpina
178, T 62
Polygonum viviparum
78, T 22
Polyommatus
eros 176, T 61
icarus 176
Polytrichum
norvegicum 64, T 15
Pontia callidice
174, T 60
Potentilla
aurea 76, T 21
brauneana 62, T 14
caulescens 36, T 1
clusiana 40, T 3
crantzii 76
frigida 62
grammopetala 44, T 5
nitida 74, T 20
nivalis 38, T 2
nivea 120, T 43
valderia 116, T 41
Potosia cuprea 164, T 55
Propylaea quatuordecempunctata 164, T 55
Preiselbeere 126, T 46
Primel
Behaarte 44, T 5

Clusius 62, T 14
Ganzrandige 106, T 36
Gold- 84, T 25
Leim- 42, T 4
Mehl- 82, T 24
Piemonter 42
Weißrandige 44, T 5
Zwerg- 110, T 38
Primula
auricula 36, T 1
clusiana 62, T 14
farinosa 82, T 24
glutinosa 106, T 36
hirsuta 44, T 5
integrifolia 106, T 36
marginata 44, T 5
minima 110, T 38
pedemontana 42
viscosa 42, T 4
Prunella vulgaris 202, T 74
Psodos alpinata 182, T 64
Psophus stridulus 160
Pterophoridae 182
Pterophorus
tephradactylus 182, T 64
Pterostichus
panzeri 162, T 54
metallicus 162, T 54
Ptyonoprogne rupestris 200, T 73
Pulsatilla
alpina 90, T 28
ssp. apiifolia 110, T 38
vernalis 110, T 38
Pupilla alpicola 152, T 49
Pygmaena fusca 182, T 64
Pyramidenschnecke
Felsen- 152, T 49
Pyramidula rupestris 152, T 49
Pyrgus cacaliae 176, T 61
Pyrit 214, T 78
Pyrrhocorax
graculus 194, T 70
pyrrhocorax 194, T 70

Quappe 186, T 66
Quarz 214, T 78
Quedius punctatellus 164, T 55
Quercus
ilex 34
pubescens 34, T III

Rackelhuhn 196
Rana
dalmatina 188, T 67
esculenta 188, T 67
temporaria 188, T 67
Ranunculus
aconitifolius 130, T 48
alpestris 60, T 13
glacialis 56, T 11
hybridus 40, T 3
montanus 96, T 31
pygmaeus 60
pyrenaeus 104, T 35
seguierii 84, T 25
thora 84, T 25
Rauchquarz 214, T 78
Rauschbeere 126, T 46
Rebe
Alpen- 126, T 46
Reh 204, T 75
Rhamnus pumila 38, T 2
Rhizocarpon geographicum 122, T 44
Rhodiola rosea 116, T 41
Rhododendron
hirsutum 124, T 45
ferrugineum 126, T 46
Rhodothamnus
chamaecistus 70, T 18
Rhyacia helvetina 178, T 62
Rhyacophila spec. 158, T 52
Ringdrossel 198, T 72
Ringelnatter 192, T 69
Ringelspinner 178
Rispengras
Alpen- 98, T 32
Ritter 174
Roggenkornschnecke 152, T 49
Rollfarn Krauser 58, T 12
Rosa pendulina 128, T 47
Rosalia alpina 166, T 56
Rosenkäfer 164
Rosenwurz 116, T 41
Rotfuchs 206, T 76
Rothirsch 204, T 75
Rüsselkäfer Brauner 148, T 57
Ruhrkraut
Alpen- 60, T 13
Zwerg- 64, T 15
Rumex scutatus 58
Rupicapra rupicapra 204, T 75
Rutil 214, T 78
Rutte 186, T 66

Säuerling
Alpen- 58, T 12
Salamandra
atra 190, T 68
salamandra 190, T 68
Salda litoralis 156, T 51
Salix
herbacea 64, T 15
reticulata 60, T 13
retusa 60, T 13
ssp. serpyllifolia 60
Salmo
trutta fario 184, T 65
trutta lacustris 184, T 65
Salvelinus
alpinus salvelinus 184, T 65
fontinalis 184, T 65
Sandbiene 170, T 58
Sandkraut
Wimper- 64
Zweiblütiges 64, T 15
Sandlaufkäfer 162, T 54
Sandviper 192, T 69
Saponaria
pumila 104, T 35
Sarcophaga carnaria 172, T 59
Satyridae 176
Sauerampfer
Schildblättriger 58
Saussurea
alpina 120, T 43
depressa 118, T 42
pygmaea 120
Saxifraga
aizoides 66, T 16
androsacea 60, T 13
aspera 58, T 12
biflora 52, T 9
bryoides 58, T 12
burseriana 40, T 3
caesia 70, T 18
exarata 42, T 4
moschata 36, T 1
oppositifolia 52, T 9
paniculata 36, T 1
pedemontana 44, T 5
retusa 52
rotundifolia 128, T 47
rudolphiana 46, T 6
sedoides 62, T 14
squarrosa 70
stellaris 66, T 16
vandellii 40
Scabiosa lucida 82, T 24
Schafgarbe
Schwarze 48, T 7
Weiße 74, T 20
Zwerg- 56, T 11
Schaumkraut
Alpen- 64, T 15
Scheinbockkäfer 166, T 56
Schlammschnecke
Zwerg- 152, T 49
Schleifenblume
Felsen- 38, T 2
Immergrüne 38
Schließmundschnecke
Faltenlose 154, T 50
Feingefältelte 154, T 50
Feingerippte 154, T 50
Schlingnatter 192, T 69
Schmalbock 166, T 56
Schmerle 186, T 66
Schmuckblume
Korianderblättrige 62, T 14
Schnake 170, T 58

Schnarrheuschrecke
Gefleckte 160, T 53
Rotflügelige 160
Schneckenfresser
162, T 54
Schneefink 202, T 74
Schneefloh 158, T 52
Schneehase 206, T 76
Schneemaus 208, T 77
Schnellschwimmer
162, T 54
Schnirkelschnecke
Gefleckte 154, T 50
Schwalbenschwanz 174
Schwarzspecht 198, T 72
Schwingel
Felsen- 108, T 37
Gemsen- 108
Violetter 96, T 31
Scopeuma stercoraria
172, T 59
Scotia
fatidica 180, T 63
simplonia 180, T 63
Scutellaria alpina
86, T 26
Sedum
album 112, T 39
alpestre 64, T 15
anacampseros 112, T 39
dasyphyllum 112
rosea 116, T 41
Seeforelle 184, T 65
Seesaibling 184, T 65
Segge
Eis- 68, T 17
Erd- 82
Felsen- 70
Horst- 82 T 24
Krumm- 106, T 36
Polster- 70, T 18
Rost- 90, T 28
Stachelspitze 68
Trauer- 120, T 42
Sehirus dubius 156, T 51
Seidelbast
Felsen- 124
Gestreifter 124, T 45
Rosmarin- 124, T 45
Seifenkraut Niedriges
104, T 35
Semiadalia alpina
164, T 55
Sempervivum
arachnoideum 112, T 39
montanum 112, T 39
wulfenii 112
Senecio
capitatus 86, T 26
carniolicus 106, T 36
doronicum 76, T 21
Serinus citrinella
202, T 74
Serpentin 216, T 79
Sesleria
coerulea 80, T 23
disticha 106, T 36
ovata 72
sphaerocephala 72, T 19
Sibbaldia procumbens
64, T 15
Siebenpunkt 164
Siebenschläfer 208, T 77
Siegwurz 128, T 47
Silberwurz 70, T 18
Silene
acaulis 78, T 22
elisabethae 74, T 20
rupestris 112, T 39
saxifraga 112
vallesia 116, T 41
Silo spec. 158, T 52
Simsenlilie
Gewöhnliche 68
Kleine 68, T 17
Skabiose Glänzende
82, T 24
Smaragd 218, T 80
Smaragdeidechse
190, T 68
Soldanella
alpina 60, T 13
minima 62, T 14
pusilla 64, T 15
Soldatenkäfer 164, T 55
Sonnenröschen
Alpen- 70, T 18
Gemeines 70
Sorex alpinus 208, T 77
Spanner 182
Speik Blauer 106, T 36
Sphen 216, T 79
Spitzkiel
Alpen- 118, T 42
Gebirgs- 88, T 27
Lappländer- 88
Springfrosch 188, T 67
Springwanze 156, T 51
Staurolith 216, T 79
Steinadler 194, T 70
Steinbeißer 186, T 66
Steinbock 204, T 75
Steinbrech
Blaugrüner 70, T 18
Fetthennen- 66, T 16
Fettkraut- 62, T 14
Furchen- 42, T 4
Krusten- 40, T 3
Mannsschild- 60, T 13
Moos- 58, T 12
Moschus- 36, T 1
Piemonteser 44, T 5
Rauher 58, T 12
Roter 52, T 9
Rudolphis 46, T 6
Rundblättriger
128, T 47
Sparriger 70
Stachelblättriger 40, T 3
Sternblütiger 66, T 16
Stumpfer 52
Trauben- 36, T 1
Vandellis 40
Zweiblütiger 52, T 9
Steinbrechspanner
182, T 64
Steinfliege 158, T 52
Steinhuhn 196, T 71
Steinkraut
Alpen- 44, T 5
Walliser 116, T 41
Steinkriecher 156, T 51
Steinquendel
Alpen- 80, T 23
Steinraute Weiße 74, T 20
Steinrötel 202, T 74
Steinröserl 124, T 45
Steinschmückel 74, T 22
Stenobothrus rubicundus
160, T 53
Stereocaulon alpinum
56, T 11
Sterndolde
Bayerische 108
Kleine 108, T 37
Storchschnabel
Purpur- 128, T 47
Silber- 86, T 26
Wald- 128
Strahlensame
Vierzähniger 66, T 16
Wolliger 66
Strahlstein 218, T 80
Strangalia maculata
166, T 56
Streifenfarn
Dolomit- 42
Nordischer 42, T 4
Süßklee
Alpen- 92, T 29
Sympistis nigrita 160, T 63
Synchloe callidice
174, T 60
Systoechus sulphureus
172, T 59

Täschelkraut
Rundblättriges 48, T 7
Tagpfauenauge 174
Talkschiefer 218, T 80
Tanne
Rot- 30, T I
Weiß- 30, T I
Tannenhäher 198, T 72
Tanzfliege 172, T 59
Gewürfelte 172, T 59
Teichfrosch 188, T 67
Tenthredo olivacea
170, T 58
Tetrao urogallus
196, T 71
Tetrastes bonasia
196, T 71
Tettigonia
cantans 160, T 53
viridissima 160

Teufelskralle
Armblütige 46, T 6
Dolomiten- 72, T 19
Halbkugelige 110, T 38
Piemonter 46
Schopf- 38, T 2
Verwechselte 110
Thlaspi rotundifolium 48, T 7
Thricops aculeipes 172, T 59
Tichodroma muraria 200, T 73
Timarcha metallica 168, T 57
Tipula excisa 170, T 58
Tofieldia
calyculata 68
pusilla 68, T 17
Tragant
Alpen- 92, T 29
Südlicher 84, T 25
Trapezonotus arenarius 156, T 51
Trauermantel 174
Traunsteinera globosa 90, T 28
Trechus glacialis 162, T 54
Trichia sericea 154, T 50
Trichius fasciatus 164, T 55
Trifolium
alpinum 104, T 35
badium 96, T 31
pratense ssp. nivale 96
thalii 96, T 31
Trisetum
argenteum 54
distichophyllum 54, T 10
Triturus cristatus 190, T 68
Turdus
torquatus alpestris 198, T 72
t. torquatus 198
Turmalin 218, T 80

Uhu 194, T 70
Umbilicaria crustulosa 122, T 44

Vaccinium
myrtillus 126
uliginosum 126, T 46
vitis idaea 126, T 46
Valeriana
elongata 62, T 14
saxatilis 36, T 1
supina 48, T 7
Vallonia costata 152, T 49
Valvata piscinalis alpestris 152, T 49
Vanessa cardui 174
Veilchen
Gelbes 52, T 9
Geröll- 50, T 8
Langsporniges 52, T 9
Mt. Cenis- 50, T 8
Veilchenscheckenfalter 176, T 61
Veratrum album 128, T 47
Vergißmeinnicht
Alpen- 98, T 32
Veronica
alpina 98, T 32
aphylla 120, T 43
bellidioides 102
bonarota 40, T 3
fruticans 102, T 34
fruticulosa 116, T 41
lutea 74, T 20
Vertigo alpestris 152, T 49
Vielfraßschnecke
Berg- 154, T 50
Vierfleckbock 166, T 56
Vierzehnpunktmarienkäfer 164, T 55
Viola
biflora 52, T 9
calcarata 52, T 9
cenisia 50, T 8
Vipera
ammodytes 192, T 69
aspis 192, T 69
berus 192, T 69
ursinii 192, T 69
Viscaria alpina 110, T 38
Vitrea subrimata 154, T 50
Vitrina pellucida 154, T 50
Vulpes vulpes 206, T 76

Wachsblume
Alpen- 128, T 47
Waldameise Rote 170
Waldschabe 160, T 53
Warzenbeißer 160, T 53
Wasserpieper 202, T 74
Weberknecht 156, T 51
Wechselkröte 188, T 67
Wegerich
Alpen- 96, T 31
Berg- 96
Weichkäfer 164, T 55
Weichwanze 156, T 51
Weide
Kraut- 64, T 15
Netz- 60, T 13
Quendelblättrige 60
Teppich- 60, T 13
Weidenröschen
Alpen- 68, T 17
Fleischers 54, T 10
Mierenblättriges 66, T 16
Weißlinge 174
Weißrückenspecht 198, T 72
Widderchen 182
Widertonmoos 64, T 15
Wiesenotter 192, T 69
Windelschnecke
Alpen- 152, T 49
Berg- 152, T 49
Zahnlose 152, T 49
Windröschen
Narzissenblütiges 92, T 29
Tiroler 54, T 10
Winterhaft 172, T 59
Wohlverleih
Berg- 102, T 34
Wolfsmilchflohkäfer 168, T 57
Wolfsspinne 156, T 51
Wollgras
Scheidiges 68
Scheuchzers 68, T 17
Schmalblättriges 68
Wollweber 172, T 59
Wucherblume
Alpen- 52, T 9
Schwarzrandige 48, T 7
Würfelfalter 176, T 61
Würfelnatter 192, T 69
Wundklee
Alpen- 82, T 24
Berg- 84, T 25

Zauneidechse 190, T 68
Zehnpunktmarienkäfer 164, T 55
Zirbe 32, T II
Zitronengirlitz 202, T 74
Zitronenzeisig 202, T 74
Zürgelbaum 34, T III
Zweiblatt
Herz- 126, T 46
Zwerghermelin 208
Zwergschwimmer 162, T 54
Zwitscherschrecke 160, T 53
Zygaena exulans 182, T 64
Zygaenidae 182

Rhein
Donau
Bodensee
ZÜRICH
Allgäuer
Säntis
Aare
Parseier Sp.
Jura Gebirge
Neuenburger See
BERN
Nördl. Kalkalpen
Glarner A.
Rhein
Silvretta
Inn
Genfer See
Berner Oberland
Aar
Jungfrau
Gotthard
Adula
Prealpes
Bernina
Saône
GENF
Rhône
Tessin
Lug. See
Comer See
Bergell
Wallis
Rhône
L. Maggiore
Mont Blank
Monte Rosa
Bergamasker A.
Savoier Alpen
Grajische Alpen
Gran Paradiso
MAILAND
Isère
GRENOBLE
Po
Poebene
Dauphiné
BRIANÇON
Cottische A.
TURIN
Pelvoux
Meer Alpen
GENUA
Apennin
Provencalische A.
Ligurisches Meer